教育部职业教育与成人教育司推荐教材
全国卫生职业院校规划教材

供高职(五年制)护理、涉外护理、助产、检验、药学、药剂、卫生保健、康复、口腔医学、口腔工艺技术、社区医学、眼视光、中医、中西医结合、影像技术等专业使用

医学微生物学

(第二版)

主　编　刘宗生　肖守仁
副主编　宋庆华　唐和生　常冰梅
编　者　(按姓氏汉语拼音排序)
常冰梅　山西医科大学晋中学院
李裕福　井冈山大学医学院
刘宗生　井冈山大学医学院
米　伟　信阳职业技术学院
宋庆华　聊城职业技术学院
唐和生　井冈山大学医学院
肖守仁　潍坊卫生学校

科学出版社
北　京

内 容 简 介

本教材是教育部职业教育与成人教育司推荐教材和全国卫生职业院校规划教材之一。第一版自2003年出版以来，对培养高职高专院校护理等相关医学专业人才起到了积极的作用。此次再版在保持第一版优点的基础上，进行了充实和修改，使教材内容更加符合就业岗位需求、学校的教育教学发展，注重与护士执业资格考试、各种执业准入考试、岗位证书考试的接轨，也使教材更加体现实用、创新、领先的特色。

全书共6章，包括微生物学概述、细菌概述、常见病原菌、病毒概述、常见病毒及其他微生物等内容。章前确立学习目标；在相关的正文中插入"链接"和"案例"，融知识性、趣味性、实用性于一体；章后有小结及目标检测题（选择题配有参考答案）；书后附实验指导和教学基本要求。此外，本书还配套课件。全书内容易学易懂，构思新颖，图文并茂，方便教学。

本教材适用于初中毕业起点五年制高职护理、涉外护理、助产、检验、药学、药剂、卫生保健、康复、口腔医学、口腔工艺技术、社区医学、眼视光、中医、中西医结合、影像技术等专业学生使用。

图书在版编目（CIP）数据

医学微生物学/刘宗生，肖守仁主编．—2版．—北京：科学出版社，2008
教育部职业教育与成人教育司推荐教材·全国卫生职业院校规划教材
ISBN 978-7-03-020852-1

Ⅰ．医…Ⅱ．①刘…②肖… Ⅲ．医药学：微生物学-高等学校：技术学校-教材 Ⅳ．R37

中国版本图书馆CIP数据核字（2008）第003320号

责任编辑：邱　波　李　婷　李　君／责任校对：陈丽珠
责任印制：刘士平／封面设计：黄　超

科学出版社 出版
北京东黄城根北街16号
邮政编码：100717
http://www.sciencep.com

铭浩彩色印装有限公司印刷

科学出版社发行　各地新华书店经销

*

2003年8月第　一　版　开本：850×1168　1/16
2008年1月第　二　版　印张：10　插页：1
2012年1月第十二次印刷　字数：262 000

定价：24.00元

如有印装质量问题，我社负责调换

技能型紧缺人才培养培训教材
全国卫生职业院校规划教材
五年制高职教材建设指导委员会委员名单

第二版前言

全国卫生职业教学新模式改革取得了可喜的进展。本教材是教育部职业教育与成人教育司推荐教材之一，供五年制高职护理、涉外护理、助产、检验、药学、药剂、卫生保健、康复、口腔工艺技术、影像技术等相关医学专业教学使用，也适用于其他年制、专业教学及在职医务工作者继续教育和知识更新。

本教材的宗旨是提供平台性模块的医学微生物学教学内容，在此基础上相关专业可以进一步学习专业性模块的内容。教材内容的设置分为三大模块：基础模块、实践模块和选学模块。基础模块是必学内容，实践模块明确了基本技能，实践模块中的部分内容和选学模块视实际情况选择使用并加注了“示教”或“△”符号以示区别。

本教材坚持“贴近学生、贴近社会、贴近岗位”的基本原则，保证思想性、科学性、实用性、可读性和创新性，即体现社会对职业教育的需求和对专业人才能力的要求，体现与学生的心理取向和知识、方法、情感前提的有效连接，体现开放、发展的观念以及专业的思维和行为方式，培养创新意识。因此，突出表现两个方面：一是努力体现本套系列教改教材特色，正文部分坚持“宽、精、新”的知识面而保证模块在课程体系中的定位，非正文部分除了精心编写“学习目标”、“小结”等内容外，主要重视图表的绘制及“链接”、临床案例、练习题的选用和设置，使内容易学、易懂、适用、实用而有趣，帮助学生开阔视野、激活思维、提高兴趣、热爱专业、完善知识、拓宽能力，培养科学与人文精神相结合的专业素质；二是在教材内容处理上进行了大胆创新，全书分为微生物学概述、细菌概述、常见病原菌、病毒概述、常见病毒、其他微生物和医学微生物学实验七大部分，“细菌概述”和“病毒概述”包括基本性状、感染与免疫、微生物学检查与防治原则三部分，以与“个论”对应。

本教材编写是在全国卫生职业教学新模式研究课题组指导下，在第一版基础上进行了进一步创新，增加了大量案例、A 型题、X 型题，尽量与临床和执业考试接轨；同时得到了井冈山大学医学院、潍坊卫生学校、聊城职业技术学院、山西医科大学晋中学院、信阳职业技术学院的大力支持，井冈山大学医学院李裕福等老师对全书进行了校对并提出了许多宝贵意见，在此深表感谢。

由于编者水平有限，编写时间仓促，本教材肯定还会有不少欠缺之处，恳请广大师生给予批评指正。

编　者

2007 年 8 月

第一版前言

近些年来，一些高职、高专院校开展了模块化教学的课程模式改革与学分制，取得了可喜的研究性进展。本教材是教育部职业教育与成人教育司推荐教材之一，供高职5年制护理、英护、助产、检验、药剂、卫生保健、康复、口腔、影像技术、中医、中西医结合等相关医学专业教学使用，也适用于其他年制、专业教学以及在职医务工作者继续教育和知识更新。

本教材的宗旨是提供平台性模块的医学微生物学教学内容，在此基础上相关专业可以进一步学习专业性模块的内容。教材内容的设置分为三大模块：基础模块、实践模块和选学模块。基础模块是必学内容，实践模块明确了基本技能，实践模块中的部分内容和选学模块可视实际情况选择使用。

本教材坚持"贴近学生、贴近社会、贴近岗位"的基本原则，保证思想性、科学性、实用性、可读性和创新性，即体现社会对职业教育的需求和对专业人才能力的要求，体现与学生的心理取向和知识、方法、情感前提的有效连接，体现开放、发展的观念以及专业思维和行为的方式，培养创新意识。因此，突出表现两个方面：一是努力体现本系列教改教材的特色，正文部分坚持"宽、精、新"的知识面而保证模块在课程体系中的定位，非正文部分除了"学习目标"、"小结"等内容的精心编制外，主要重视图、表、"链接"、"接口"以及临床病例练习题的选用、设计，使学生易学、易懂、适用、实用而有趣，帮助同学开阔视野、激活思维、提高兴趣、热爱专业、完善知识、拓宽能力，培养科学与人文精神相结合的专业素质。二是在教材内容处理上进行了大胆创新，全书分为微生物学概述、细菌概述、常见病原菌、病毒概述、常见病毒、其他微生物、消毒灭菌和实验八大部分，细菌概述和病毒概述部分包括基本性状、致病性与免疫性、检查方法与防治原则三部分以与各论对应，并且层次分明，如致病性分感染源与感染途径、致病物质、所致疾病三部分，首次将感染源与感染途径单列，使学生一目了然；消毒灭菌放到最后，既避免了以往将其放在前面时将其看做是细菌某一特性的误解和学习本门课程愈到后面愈觉得单调的感觉，又起到了突出、强调作用。

本教材的编写是在全国卫生职业教学新模式研究课题组指导下进行的，得到了山东省聊城职业技术学院、江西省井冈山医学高等专科学校、深圳卫生学校、山西晋中市卫生学校、北京护士学校的大力支持，北京护士学校刘晨老师的亲自指导；科学出版社范谦老师提供了资料，井冈山医学高等专科学校左永昌、乌幼鸯、刘景杰、习娅琦老师对全书进行了校对并提出了许多宝贵意见，在此深表感谢。

由于编者水平有限，编写时间仓促，本教材肯定会有不少欠缺之处，恳请广大师生给予批评指正。

编　者

2003年6月

目 录

第 1 章 微生物学概述 …… 1
第 1 节 微生物 …… 1
第 2 节 医学微生物学 …… 2
第 2 章 细菌概述 …… 4
第 1 节 细菌的基本性状 …… 4
第 2 节 细菌的感染与免疫 …… 19
第 3 节 细菌感染的微生物学检查与防治原则 …… 24
第 3 章 常见病原菌 …… 27
第 1 节 化脓性球菌 …… 27
第 2 节 肠道杆菌 …… 35
第 3 节 弧菌属 …… 42
第 4 节 厌氧性细菌 …… 44
第 5 节 分枝杆菌属 …… 49
第 6 节 白喉棒状杆菌 …… 53
第 7 节 动物源性细菌 …… 55
第 8 节 其他病原菌 …… 57
第 4 章 病毒概述 …… 62
第 1 节 病毒的基本性状 …… 62
第 2 节 病毒的感染与免疫 …… 68
第 3 节 病毒感染的微生物学检查与防治原则 …… 71
第 5 章 常见病毒 …… 75
第 1 节 呼吸道病毒 …… 75
第 2 节 肠道病毒 …… 82
第 3 节 肝炎病毒 …… 85
第 4 节 黄病毒 …… 92
第 5 节 出血热病毒 …… 94
第 6 节 疱疹病毒 …… 96
第 7 节 反转录病毒 …… 98
第 8 节 其他病毒 …… 102
第 6 章 其他微生物 …… 106
第 1 节 支原体 …… 106
第 2 节 衣原体 …… 108
第 3 节 立克次体 …… 111
第 4 节 螺旋体 …… 114
第 5 节 放线菌 …… 119
第 6 节 真菌 …… 120
医学微生物学实验 …… 127
实验一 细菌的形态与结构观察 …… 127
实验二 细菌的培养与生化反应鉴定 …… 130
实验三 消毒灭菌 …… 134
实验四 细菌的感染、检查与防治 …… 136
实验五 常见病原菌 …… 139
实验六 病毒及其他微生物 …… 141
主要参考文献 …… 144
医学微生物学教学基本要求 …… 145
目标检测选择题参考答案 …… 149
彩图

第1章 微生物学概述

学习目标

1. 解释微生物、病原微生物、条件致病菌、医学微生物学的概念
2. 列出微生物的种类及主要特征
3. 说出微生物的作用、医学微生物学发展史中主要科学家及其成就

我们生活在一个微生物的世界里，空气中、桌子上、书籍里都有许多看不见的生物体存在，甚至在人身上也有数不清的微小生物。在这众多的微生物中，多数是人类生存的益友，它们可以为人类提供各种各样的食物、饮料，甚至在金属冶炼中也有它的功绩；但是，有少数微生物可造成人类疾病的流行、动植物死亡、食品腐败变质，直接或间接危及人类的安全。让我们走进微生物的神秘世界，去探究它们的奥秘。

第1节 微 生 物

(一) 概念

微生物(microoganism)是广泛存在于自然界中的一类肉眼不能直接看见而必须借助光学显微镜或电子显微镜放大数百倍、数千倍甚至数万倍才能观察到的微小生物。它们具有个体微小、结构简单、数量多、分布广、繁殖快、可遗传、易变异、与人类关系密切等特点。

(二) 分类

微生物种类繁多，依其分化程度、化学结构不同分为三型(图1-1)：

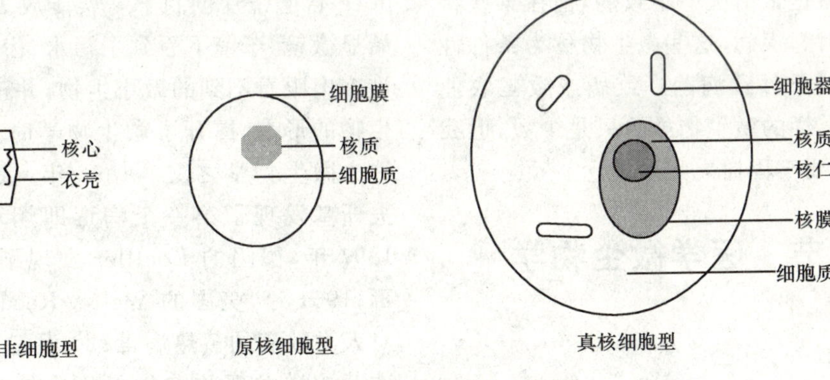

图1-1 各型微生物形态示意图

1. 非细胞型微生物 体积最小，能通过细菌滤器；分化程度低，结构最简单，无典型的细胞结构，由单一核酸(DNA或RNA)核心和蛋白质外壳构成，缺乏酶系统，不能人工培养而只能在活细胞内生长繁殖，如病毒。

2. 原核细胞型微生物 此类微生物众多，包括细菌、衣原体、支原体、立克次体、螺旋体、放线菌。体积大小不一，L型细菌、衣原体、支原体与病毒一样能通过细菌滤器，而细菌、立克次体、螺旋体、放线菌体积较大，不能通过细菌滤器。分化程度和结构介于病毒与真菌之间，仅有原始核质，无核膜、核仁，缺乏完整的细胞器，细菌、支原体、螺旋体、放线菌能人工培养，而衣原体、立克次体只能在活细胞内生长繁殖。

3. 真核细胞型微生物 体积最大，不能通过细菌滤器；分化程度高，有典型的细胞结构，细胞核有核膜、核仁和染色体，细胞器完

整,有内质网、线粒体、核糖体等,能人工培养,如真菌。

(三) 作用

微生物在自然界中的分布极其广泛,空气、土壤、水、物体表面、人和动物的体表以及与外界相通的腔道,均有种类不同、数量不等的微生物存在。绝大多数微生物对人类、动物和植物是有益无害的,有些甚至是必需的。自然界的物质循环要靠微生物的代谢活动来进行,没有微生物,植物就不能进行新陈代谢,人和动物也将无法生存。目前,人类已充分利用微生物,农业方面开辟了以菌造肥、以菌催长、以菌防病、以菌治病的农业增产新途径,工业方面以菌探矿、以菌开采、以菌冶炼、以菌制药,生活中以菌酿酒、以菌制醋、以菌防污等应用日趋广泛。人体身上的微生物亦有消化、营养、防病等作用,微生物与我们的日常生活、衣食住行、政治经济、未来发展有着极其密切的关系。因此,自然界中广泛存在的各种微生物并不可怕,不应把微生物同疾病、死亡和灾难联系在一起而产生恐惧心理。

当然,微生物中确有一小部分可引起人类与动植物疾病,这些微生物称为病原微生物。有些微生物在正常情况下不致病,但在某些特定条件下可引起疾病,这些微生物称为条件性病原微生物或条件致病菌。致病或致工农业产品腐蚀和霉烂的微生物虽然只是少数,但我们不能忽视,要牢固树立无菌观念。

第2节 医学微生物学

(一) 概念

微生物学(microbiology)是研究微生物在一定条件下的形态结构、生命活动和规律以及与人类、动物、植物、自然界相互关系的一门学科,是生物学的一个重要分支。微生物学工作者应开发、利用有益的微生物,控制、消灭有害的微生物,使微生物学朝向人类需要的方向发展。

医学微生物学(medical microbiology)是微生物学的一个分支,主要阐述与医学有关的病原微生物及条件性病原微生物的生物学特性、致病性、免疫性、微生物学检查和防治原则的一门学科。它是一门基础医学课程,主要包括细菌学、病毒学和真菌学三部分。学习医学微生物学的目的,在于认识病原微生物的致病性,掌握病原微生物性疾病的防治原则,为学习其他基础医学、临床医学、护理学、预防医学,尤其是为预防、控制和消灭传染病打下良好的基础。

(二) 发展史

微生物学的发展经历了经验时期、实验时期和现代微生物学时期,其中实验微生物学时期又历经了形态学时期、生理学时期、免疫学时期三个发展阶段。

古代人类虽未观察到微生物,但早已将微生物学知识用于工农业生产和疾病防治中。公元前两千多年的夏禹时代就有仪狄酿酒的记载,北魏(公元386～534年)贾思勰《齐民要术》一书中详细记载了制醋方法。自古以来,民间就有盐腌、糖渍、烟熏、风干保存食物和水煮沸后饮用、患者衣服蒸过再穿以抑制或消灭微生物。我国明代隆庆年间(1567～1572年)已广泛应用人痘预防天花。

1676年,荷兰人Anthony Van Leeuwenhoek自磨镜片创制了一架能放大266倍的原始显微镜,于镜下看到了污水、齿垢、粪便等中许多肉眼看不到的微小生物,并正确描述了微生物的形态,揭开了微生物学时代的序幕,被称为微生物学之父。1892年,俄国的伊凡诺夫斯基发现了第一个病毒即烟草花叶病毒;1897年,德国的Loeffler发现了牛口蹄疫病毒;1901年,美国的Walter-Reed首先分离出对人类致病的黄热病毒;20世纪30年代中国的黄祯祥发现并首创了病毒体外培养技术。20世纪40年代电子显微镜问世后,病毒的研究有了很大发展。1956年,中国的汤飞凡采用鸡胚卵黄囊接种法在世界上首次分离培养出沙眼衣原体,促进了对沙眼的研究。

1857年,法国的Louis Pasteur证实酿酒中的发酵与腐败均由微生物引起,并创用巴氏消毒法来处理酿酒过程中的污染,开创了微生物生理学时代。同期德国的Robert Koch创用固体培养基、细菌染色和实验动物感染,从患者排泄物中分离培养、鉴定出各种病原菌,并提出了著名的科赫法则，此后相继分离出炭疽杆菌、结核杆菌、霍乱弧菌、白喉杆菌、伤寒沙门菌等传染性病原菌。因此，Louis Pasteur 和 Robert Koch 是医学微生物学的奠基人。

化学疗法的黄金时代

1820 年法国的 Pelletier 和 Caventou 首先提取出了化学治疗药物——南非金鸡纳树皮中治疗疟疾药物奎宁。1910 年德国的 Paul Ehrlich 首先合成了治疗梅毒的砷凡纳明(606)，开创了传染性疾病的化学治疗时代。1909 年德国的 Gerard Domagk 发现一种用于纺织品的染料加磺胺基团后有抗菌作用，并于 1932 年成功合成磺胺药(Protosil)，1935 年投入使用，他因德国政府某些莫明其妙的法律条文而未获诺贝尔奖，但用此药救活了按当时医疗条件几乎没有生存希望的患蜂窝织炎的唯一女儿。1929 年英国的 Alexander Fleming 发现了青霉素，1940 年英国的 Haward Florey 和德国的 Ernst Chain 提纯出了青霉素，标志着抗生素"黄金时代"的到来。之后，科学家们先后发现了链霉素、氯霉素、金霉素、土霉素、四环素、红霉素等，出现了寻找新的、更好的抗生素的"淘金热"。

1798 年英国的 Jenner 开创了牛痘预防天花，1883 年俄国的 Mitchnikoff 发现了白细胞吞噬作用并提出细胞免疫学说，1890 年德国的 Behring 创用白喉抗毒素治疗白喉，1897 年德国的 Ehrlich 提出了体液免疫学说，1903 年英国的 Wright 发现了调理素而统一了两种免疫学说。

近年来，由于科学技术的发展，尤其是细胞生物学、分子生物学、遗传学、生物化学等学科的发展，以及电镜、色谱、免疫标记、分子生物学技术、电子计算机技术的进步，大大促进了医学微生物学的发展，微生物的研究进入了分子水平。1971 年美国的 Diener 发现了 RNA 致病因子——类病毒，1982 年美国的 Prusiner 分离出传染性蛋白质分子——朊粒，1975 年德国的 Kohler 和英国的 Milstein 制备了单克隆抗体。20 世纪 80 年代末的聚合酶链反应(PCR)技术等实验检测向着快速、准确、微量、高度灵敏的方向发展。多种减毒活疫苗、基因工程疫苗等人工自动免疫生物制品亦用于传染病预防。

但是，医学微生物学中细菌耐药性的顽瘤、抗病毒药物的匮乏、"非典"病原体冠状病毒新变异株的出现等问题有待于我们进一步去研究解决。因此，必须加强学习、深入研究，为促进医学微生物学的发展、保障人类的健康做出应有的贡献。

微生物是自然界中微小生物的总称，必须借助光学显微镜或电子显微镜才能观察到。它分为三型八大类。绝大多数微生物对人类是有益的，甚至是必需的，但少数微生物可引起人类和动植物疾病，称为病原微生物。

医学微生物学的研究对象是病原微生物。医学微生物学的发展经历了经验时期、实验时期和现代微生物时期，许多科学家做出了不朽业绩。我国首创人痘预防天花，首先分离出沙眼衣原体，这是我国对医学的重大贡献。

小结

一、名词解释

1. 微生物　2. 病原微生物　3. 条件致病菌

二、选择题

A 型题

1. 属于原核细胞型微生物的特征是
   A. 有细胞壁但不含肽聚糖
   B. 仅含一种核酸
   C. 无核膜
   D. 具有自身酶系统
2. 不能通过滤菌器的病原体是
   A. 支原体　　B. 衣原体
   C. 立克次体　　D. 噬菌体
3. 能人工培养的微生物是
   A. 支原体　　B. 衣原体
   C. 病毒　　D. 立克次体

X 型题

4. 属于原核生物的是
   A. 支原体　　B. 衣原体
   C. 病毒　　D. 细菌
   E. 螺旋体

三、简答题

1. 试述微生物的种类及特点。
2. 简述微生物与人类的关系。

四、思考题

生活中有哪些现象与微生物有关？

(刘宗生)

第2章 细菌概述

细菌(bacterium)是一类具有细胞壁和核质的单细胞原核细胞型微生物，在八大类微生物中最常见。生活中，人们常常把细菌当作令人厌恶的东西来看待，新闻界的宣传也总是把细菌同疾病、死亡和灾难联系在一起，商业广告、亲朋好友也常会向你推荐一种好的抗生素、消毒剂或防腐剂，以杀灭或终止细菌的生长。其实，细菌与我们人类休戚相关，大多数对人类有益无害甚至是必需的，只有极少数对人不利。让我们走进细菌的“王国”，去看看细菌的“真面目”吧！

第1节 细菌的基本性状

学习目标

1. 列出细菌的测量单位、基本形态和基本结构；说出革兰阳性菌与革兰阴性菌细菌壁的区别及意义；简述质粒的特征、核糖体的结构与功能；说出细菌特殊结构的意义

2. 叙述细菌生长繁殖的条件、方式和速度；分析细菌代谢产物的意义；描述细菌在培养基中的生长现象

3. 简述影响细菌的外界因素；解释消毒、灭菌、防腐、无菌操作、清洁概念；列出常用物理消毒灭菌法的条件及适用范围；说出常用消毒剂的作用原理及适用范围；简述影响消毒灭菌效果的因素

4. 简述细菌的变异现象及在医学上的意义

一、形态与结构

(一) 大小

细菌体形微小，需在光学显微镜下才能看到。通常以微米(μm)为测量单位。多数球菌直径约1μm，中等大小杆菌长约2～3μm、宽约0.3～0.5μm。

(二) 形态

细菌的基本形态有球形、杆形和螺旋形三种，分别称为球菌、杆菌和螺形菌(图2-1)。

1. 球菌(coccus)　呈球形或近似球形(如肾形、豆形、矛头形等)。根据分裂平面和分裂后的排列方式不同分为双球菌、链球菌、四联球菌、八叠球菌、葡萄球菌等。

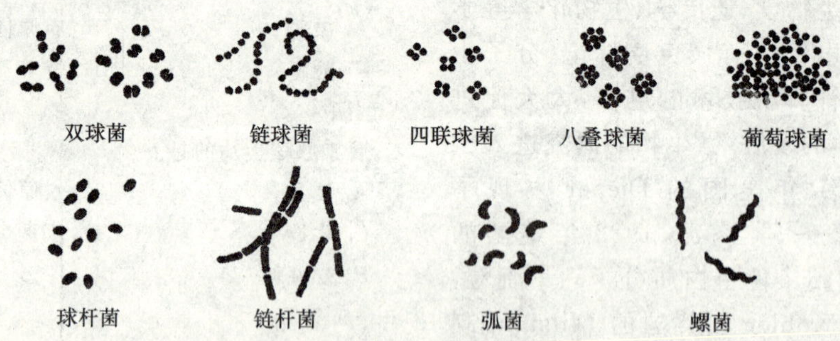

图2-1　细菌基本形态示意图

2. 杆菌(bacillus)　呈杆状或近似杆状，也有的菌体细长弯曲。多数为分散存在，少数呈链状、栅栏状或分枝状排列，主要有小杆菌、球杆菌、链杆菌、棒状杆菌、分枝杆菌、芽孢杆菌和螺杆菌等。

3. 螺形菌(spirillar bacterium)　呈弧形或螺形。菌体只有一个弯曲称弧菌(vibro)；菌体有数个弯曲称螺菌(spirillum)。

(三) 化学组成

细菌的化学组成与其他生物细胞相似，包括水、无机盐、蛋白质、糖类、脂类和核酸等，尚含有肽聚糖、磷壁酸、二氨基庚二酸、吡啶二羧酸等原核细胞所特有的成分。核酸相对稳定，DNA碱基配对中的鸟嘌呤(G)和胞嘧啶(C)在四种碱基总量中所占的百分比变化不大，故可利用G+C组分mol%测定作为细菌分类的主要依据之一。

(四) 结构

细菌的结构分为细菌生存不可缺少的或所有细菌都具有的基本结构和某些细菌在一定条件下所形成的特殊结构(图 2-2)。

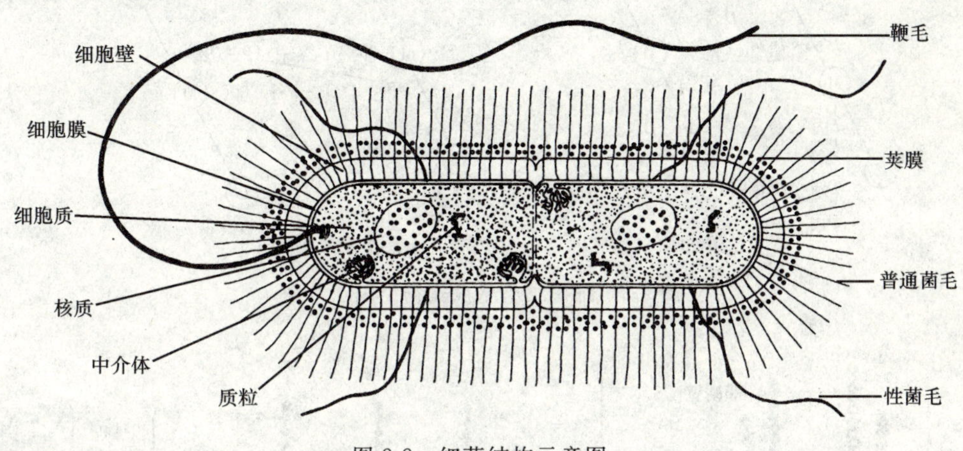

图 2-2　细菌结构示意图

1. 基本结构　从外向内依次为细胞壁、细胞膜、细胞质和核质。

(1) 细胞壁(cell wall)：位于细菌最外层，包绕在细胞膜的周围，是一层坚韧而富有弹性的膜状结构。

细菌的物理性状

表面积大：有利于同外界进行物质交换，故细菌代谢旺盛、繁殖迅速。

半透性：允许水和小分子物质通过，外界物质选择性通过。

带电现象：细菌固体成分的50%～80%是蛋白质，含兼性离子氨基酸而有带电现象。革兰阳性菌的等电点为pI 2～3，革兰阴性菌的等电点为pI 4～5，故在近中性或弱碱性溶液中，细菌均带负电荷，但革兰阳性菌所带负电荷比革兰阴性菌多，这与细菌的染色性、凝集反应等有密切关系。

高渗透压：细菌体内因含高浓度的营养物质和无机盐而呈现较高的渗透压。革兰阳性菌体内的渗透压高达20～25atm(1atm＝101.325kPa)，革兰阴性菌为5～6atm。因此，培养L型细菌需提高培养基的渗透压。

链接

1) 化学组成和结构：主要成分是肽聚糖(peptidoglycan)，又称黏肽(mucopeptide)、糖肽(glycopeptide)或胞壁质(murein)，为原核生物细胞所特有，但不同种类其含量有显著差异。革兰阳性菌的肽聚糖含量多，可达50层，占细胞壁干重的50%～80%，由*N*-乙酰葡萄糖胺(G)和*N*-乙酰胞壁酸(M)重复间隔排列，借β-1,4糖苷键连接成聚糖骨架，在*N*-乙酰胞壁酸分子上连接四肽侧链，甘氨酸五肽桥与四肽侧链桥联，构成坚固致密的三维空间网状结构(图 2-3A)。革兰阴性菌的聚糖含量少，仅1～2层，占细胞壁干重5%～20%，聚糖骨架与革兰阳性菌相同，但没有五肽桥，四肽侧链上第三位氨基酸不是赖氨酸而是二氨基庚二酸(DAP)，相邻的四肽侧链直接相连，形成较疏松的二维平面结构(图 2-3B)。

革兰阳性菌的特殊成分磷壁酸是重要的抗原物质，并有黏附作用而与致病有关。此外，某些革兰阳性菌细胞壁表面还有一些特殊的蛋白，如金黄色葡萄球菌的A蛋白、A群链球菌的M蛋白。革兰阴性菌的特殊成分是外膜，位于肽聚糖外层，由内向外依次为脂蛋白、脂质双层和脂多糖(LPS)。LPS即革兰阴性菌的内毒素，位于

外膜的最外侧，由内向外包括脂质A、核心多糖、特异性多糖三部分，脂质A是LPS的毒性部分，核心多糖是革兰阴性菌的属特异性抗原，特异性多糖是革兰阴性菌的种特异性菌体(O)抗原（图2-4）。

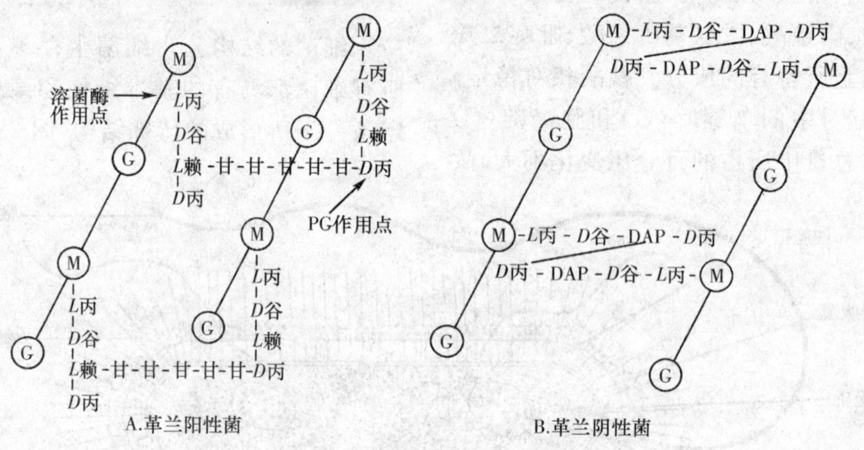

图2-3　细菌细胞壁肽聚糖结构示意图

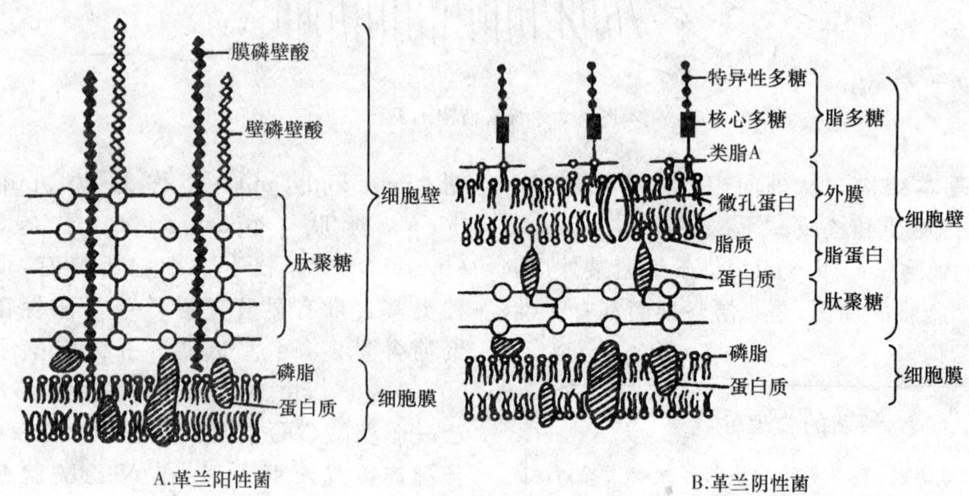

图2-4　细菌细胞壁结构示意图

溶菌酶破坏革兰阳性菌聚糖骨架的β-1,4糖苷键，使细菌裂解；青霉素干扰五肽桥与四肽侧链上的*D*-丙氨酸之间的连接，使细胞壁不能合成致细菌死亡。革兰阳性菌一般对青霉素和溶菌酶敏感；革兰阴性菌含肽聚糖少，又有外膜保护，故对青霉素和溶菌酶不敏感。可见，革兰阳性菌与革兰阴性菌的细胞壁化学组成和结构不同（表2-1），导致这两类细菌的染色性、抗原性、致病性和对药物的敏感性等不同。

2）功能：维持细菌的固有外形；保护细菌抵抗低渗、抗菌物质等的破坏作用；参与细胞内外的物质交换；带有多种抗原决定簇，具有免疫原作用，同时也决定了抗原特异性而用于细菌的鉴别；革兰阳性菌的表面蛋白、革兰阴性菌的LPS等与细菌的致病性有关。

表2-1　革兰阳性菌与革兰阴性菌细胞壁化学组成和结构的比较

鉴别点	革兰阳性菌	革兰阴性菌
厚度或含量	较厚，可达50层，占细胞壁干重50%～80%	较薄，仅1～2层，占细胞壁干重5%～20%
结构	由聚糖骨架、四肽侧链、五肽桥构成坚固致密的三维空间结构	由聚糖骨架、四肽侧链构成疏松的二维平面结构
磷壁酸	有	无
外膜(3层)	无	有

（2）细胞膜(cell membrane)：位于细胞壁

内侧包绕细胞质的一层柔软、富有弹性具有半渗透性的生物膜。其化学组成、结构和功能与其他生物细胞膜基本相同，为脂质双层，其间镶嵌着有多种特殊功能的载体蛋白和酶蛋白，主要起物质转运、生物合成、分泌和呼吸等作用。有些细菌细胞膜向内凹陷、折叠形成中介体，从而扩大了细胞膜的表面积，增加了细胞膜的功能。许多化学药物如苯扎溴铵（新洁尔灭）、酚类、表面活性剂等可破坏细菌细胞膜上的蛋白质而起到消毒作用。

（3）细胞质（cytoplasm）：由细胞膜所包绕的无色透明胶状物，化学组成主要是水、蛋白质、脂类、核酸及少量的糖和无机盐，内含多种酶系统和核糖体、质粒等亚显微结构，是细菌新陈代谢的重要场所。

1）核糖体（ribosome）：又称核蛋白体，是细菌仅有的细胞器，数量达数万个，其化学成分为RNA和蛋白质，是合成蛋白质的场所。细菌核糖体的沉降系数为70S，由30S和50S两个亚基组成；真核细胞核糖体的沉降系数为80S，由40S和60S两个亚基组成。有些抗生素如链霉素、红霉素分别与30S和50S亚基结合，干扰蛋白质合成导致细菌死亡，而对人体细胞无影响。

2）质粒（plasmid）：染色体外的遗传物质，为闭合环状的双股DNA，携带少量遗传信息，控制细菌某些特定的遗传性状。质粒具有自我复制、传给子代、自然丢失、菌间传递、多种质粒共存等特点，它不是细菌生长所必需的结构，但是研究细菌遗传变异的重要工具。医学上重要的质粒有R质粒、F质粒和Col质粒，分别决定细菌的耐药性、性菌毛和大肠菌素等。

3）胞质颗粒（cytoplasmic granule）：大多为营养储存物，包括多糖、脂类、多磷酸盐等，可随菌种、菌龄及环境而不同，并非是细菌生命所必需或恒定的结构。用特殊染色可将它染成与细菌其他部位不同的颜色，故称异染颗粒，如白喉杆菌异染颗粒的形态和位置有助于鉴别细菌。

（4）核质（nuclear material）：由一条细长的闭合双股DNA反复盘绕卷曲而成的松散状结构，无核膜、核仁，故称核质或拟核，为细菌的遗传物质，控制细菌的遗传性状，是细菌遗传变异的物质基础。紫外线可损伤细菌的DNA而达到消毒灭菌作用。

2. 特殊结构

（1）荚膜（capsule）：某些细菌在动物体内和营养丰富的培养基中合成分泌到细胞壁外的一层黏液性物质。其化学成分为多糖、多肽、透明质酸等，普通染色不着色而在光学显微镜下仅见菌体周围一层透明圈（图2-5），特殊染色可将荚膜染成与菌体不同的颜色。荚膜本身无毒性，但具有抗吞噬细胞的吞噬作用，保护细菌免受或抑制体内杀菌物质的杀伤作用，使细菌易在体内大量繁殖致病，增加细菌的侵袭力；荚膜具有特异性抗原，可用来鉴别细菌。

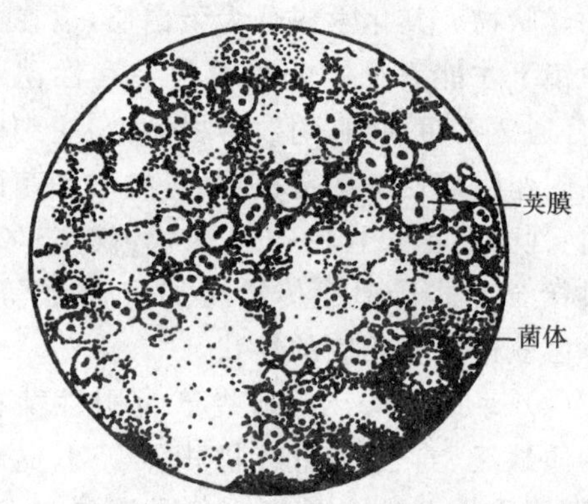

图2-5　细菌的荚膜

（2）鞭毛（flagellum）：某些细菌表面附着的细长呈波状弯曲的丝状物。其化学成分主要为蛋白质，特殊染色后在光学显微镜下可见（图2-6）。按鞭毛数目和排列方式分为单毛菌、双毛菌、丛毛菌和周毛菌四种（图2-7）。鞭毛是细菌的运动器官，并有很强的抗原性（称H抗原），可用来鉴别细菌；某些细菌鞭毛与致病性有关。

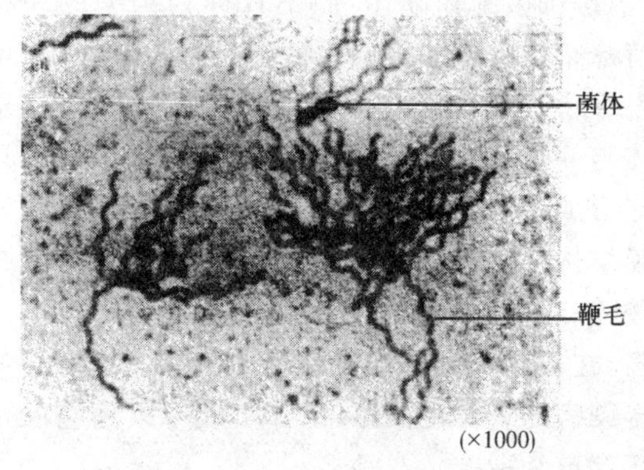

图2-6　细菌的鞭毛

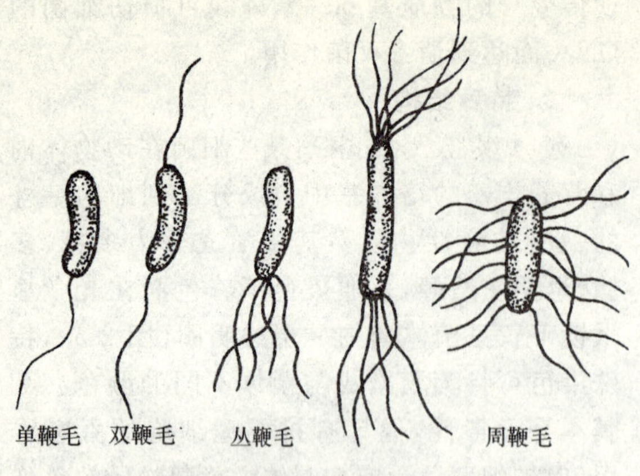

图 2-7 细菌的鞭毛类型示意图

(3) 菌毛(pilus):许多革兰阴性菌、少数革兰阳性菌菌体表面附着的比鞭毛更细、短而直的丝状物。其化学成分为蛋白质,需在电子显微镜下才能看见。分普通菌毛和性菌毛两种,普通菌毛短而细,约数百根,对宿主细胞具有黏附作用而使细菌定植致病,构成细菌的侵袭力;性菌毛粗长且中空呈管状,仅1~4根,通过接合方式传递遗传物质如R质粒等,使受体菌获得某些相应的性状。

(4) 芽孢(spore):某些革兰阳性菌在营养物质缺乏、毒性代谢产物积聚等不良环境下,细胞质脱水浓缩形成的多层膜包裹、通透性低的、折光性强的圆形或椭圆形小体。其化学成分与菌体相似,普通染色不着色而在光学显微镜下只见菌体内有一无色透明的小体,其大小、形态和位置随菌种不同而有差异,可以帮助鉴别细菌(图 2-8)。芽孢形成后菌体即失去活性,芽孢可暂留于菌体或脱落游离。芽孢带有细菌完整的核质、酶系统和合成菌体成分的亚显微结构,能保持细菌的全部生命活性,因此,芽孢是细菌抵抗恶劣环境的特殊存活方式,即细菌的休眠体,而不宜称为细菌的一种特殊结构。但芽孢不繁殖,若遇适宜的条件可发芽形成新的菌体(菌体具繁殖能力称繁殖体),一个细菌只形成一个芽孢,一个芽孢也只能形成一个繁殖体。芽孢具多层厚而致密的膜结构(图 2-9)、水量少、含大量耐热的吡啶二羧酸,对热、干燥、辐射和化学消毒剂等抵抗力强,在自然界可存活数年至数十年,成为某些传染病的重要传染源,医疗实践中灭菌应以杀死芽孢为标准。

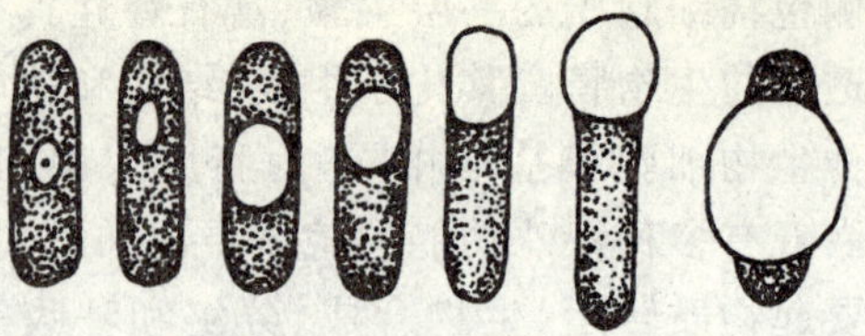
图 2-8 细菌的芽孢形态与位置示意图

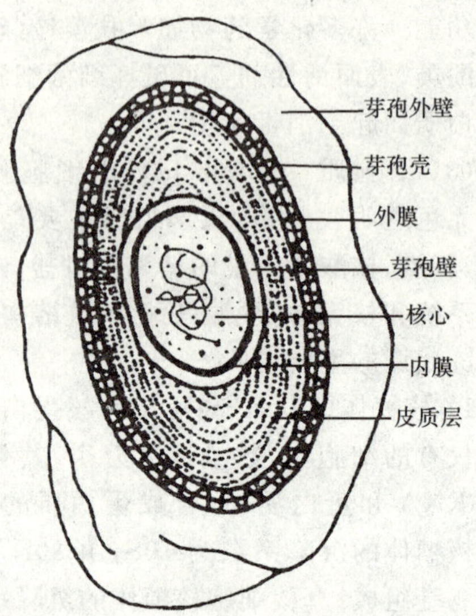

图 2-9 细菌的芽孢结构示意图

细菌的特殊存在方式

细菌在不利条件下形成的特殊存在方式,包括芽孢、L型细菌、细菌活的非可培养状态。

芽孢是某些革兰阳性菌在不良环境下,胞质脱水浓缩形成的多层膜包裹、通透性低的、折光性强的圆形或椭圆形小体,是细菌的休眠体,能抵抗恶劣环境而在自然界长期存在,增加了灭菌难度,从而成为重要传染源。

L型细菌是在青霉素、溶菌酶等因素影响下,细胞壁合成受阻形成的细胞壁缺陷型细菌,其对青霉素不敏感,所致疾病易转为慢性,检查L型细菌可提高疾病诊断率。

细菌活的非可培养状态是某些革兰阴性菌在不良环境下,整个细胞缩小形成的用常规培养不能培养但仍然是活的小球形体,亦是细菌的休眠体,可帮助解释某些疾病的流行规律和菌种在冰箱中"死亡"等现象。

二、生　　理

细菌虽是单细胞原核细胞型微生物,但具

有独立完成生命活动的能力。细菌的生长、繁殖、代谢、培养与环境条件密切相关。

(一) 生长繁殖

1. 条件 包括营养条件和温度、酸碱度、气体等环境条件。

(1) 营养条件:需要水、碳源、氮源、无机盐等多数细菌生长繁殖所需的基本营养物质。但不同类型的细菌对营养要求不同,某些细菌营养要求高而需要葡萄糖、血液等营养丰富的物质,还有一些细菌需要自身不能合成的B族维生素、某些氨基酸、嘌呤、嘧啶、X因子、V因子等生长因子。

(2) 温度:多数病原菌生长繁殖的最适温度为人的体温,即37℃。

(3) 酸碱度:大多数病原菌生长繁殖的最适pH为7.2～7.4。个别细菌例外,如结核杆菌的最适pH为6.5～6.8、霍乱弧菌的最适pH为8.4～9.2。

(4) 气体环境:病原菌生长繁殖所需要的气体主要是氧和二氧化碳。根据细菌对氧的需要不同,分为:①需氧菌:必须在有氧的环境下才能生长繁殖,如霍乱弧菌;②厌氧菌:必须在无氧的环境中才能生长繁殖,如破伤风梭菌;③兼性厌氧菌:在有氧和无氧的环境中都能生长繁殖,大多数病原菌属于此类;④微需氧菌:在低氧分压(5%左右)环境中生长最好,当氧分压>10%时对其有抑制作用,如幽门螺杆菌。细菌厌氧的原因是缺乏过氧化氢酶/过氧化物酶和细胞色素/细胞色素氧化酶。某些细菌如脑膜炎奈瑟菌、布氏杆菌初次分离时需供给5%～10%二氧化碳才能生长。

2. 规律

(1) 繁殖方式:无性二分裂。细菌生长到一定时间,在细胞中间逐渐形成横隔,将一个细胞分裂成两个等大的子细胞。

(2) 繁殖速度:大多数细菌繁殖一代需20～30min,个别细菌繁殖速度较慢,如结核杆菌繁殖一代需18～20h。

(3) 细菌群体生长曲线:细菌繁殖速度极快,但有一定的规律性。将细菌接种于适宜的液体培养基中,间隔不同时间取样测定活菌数,以培养时间为横坐标、活菌数的对数为纵坐标,可绘出一条反映细菌群体生长繁殖规律的曲线,称生长曲线(图2-10)。细菌群体生长繁殖大致分为四个时期:①迟缓期:培养最初的1～4h。此期细菌菌体增大、代谢活跃,但分裂迟缓,菌数增加不明显,是细菌适应新环境的阶段。②对数期:培养至8～18h。此期细菌生长迅速、繁殖极快,菌数呈对数直线上升,细菌的形态、染色性等较典型,对抗生素最敏感,是研究细菌的最佳时期。③稳定期:由于培养基中营养物质的消耗、毒性代谢产物的积聚,细菌繁殖速度减慢,而死亡数上升,繁殖数与死亡数大致平衡,活菌数保持相对稳定,细菌可产生外毒素或抗生素、形成芽孢等。④衰退期:细菌繁殖速度继续减慢或停止,死亡数继续上升,死菌数超过繁殖数,活菌数下降,细菌的性状变异明显,形态不易辨认、代谢活动停滞,难以鉴定。

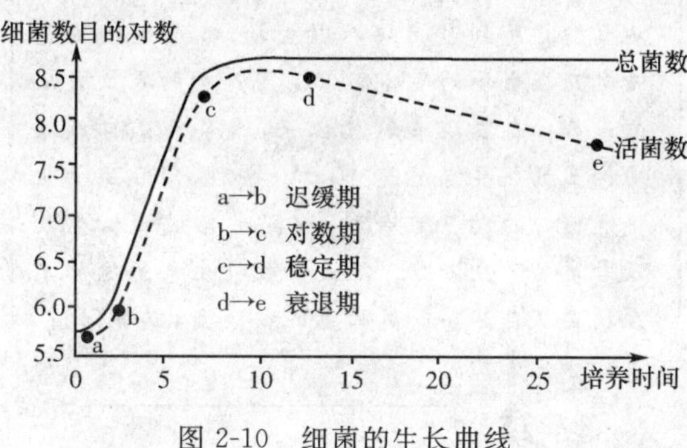

图2-10 细菌的生长曲线

(二) 代谢

细菌代谢活跃、方式多样。不同细菌的酶系统不同,因而其代谢产物也不同,主要有毒素、侵袭性酶、热原质、色素、抗生素、细菌素、维生素等合成代谢产物和酸、二氧化碳、靛基质、硫化氢等糖、蛋白质分解代谢产物,在医学上有重要意义。

1. 与致病有关的代谢产物

(1) 毒素:病原菌合成的对机体有毒性作用的物质,有内毒素和外毒素两种。内毒素是革兰阴性菌细菌壁中的LPS,菌体死亡或裂解后游离出来;外毒素是多数革兰阳性菌、少数革兰阴性菌合成分泌到菌体外的蛋白质。

(2) 侵袭性酶:病原菌合成分泌的保护细菌或有利于细菌扩散或破坏机体组织的酶,如金黄色葡萄球菌的血浆凝固酶、化脓性链球菌的透明质酸酶等。

(3) 热原质:大多数革兰阴性菌、少数革

兰阳性菌合成的致机体发热的物质。革兰阴性菌的热原质即其细胞壁中的LPS。热原质耐热，不被高压蒸汽灭菌所破坏，需用250℃干烤或特殊石棉滤板过滤或离子交换剂吸附等方法除去。因此，在制备和使用注射药品过程中应严格无菌操作，防止细菌热原质污染。

2. 与治疗有关的代谢产物

(1) 抗生素：多数放线菌、真菌和少数细菌在代谢过程中合成的能抑制或杀灭其他微生物的物质。如放线菌、真菌产生的链霉素、青霉素，细菌产生的多黏菌素、杆菌肽等。

微生物与制药

目前在医药生产中已广泛利用微生物发酵制备各种药物，如抗生素、维生素、氨基酸、酶制剂、酶抑制剂、核酸类药物、生物碱和微生态制剂等。所谓发酵，原来指无氧酵解，现代工业上把发酵扩展到利用培养微生物，甚至生物细胞或利用微生物的某些酶来制得产物的需氧或厌氧过程。自发现青霉素以来，迄今已从自然界中分离的抗生素已达10 000余种，实际用于生产和医疗的约100余种，连同半合成的衍生物及盐类约300余种。绝大多数抗生素的原始产生菌是从自然界分离筛选的放线菌，亦有细菌、真菌等微生物。

链 接

(2) 维生素：某些细菌能合成自身所需并能分泌到菌体外供人体吸收利用的维生素。如人体肠道内大肠埃希菌能合成维生素B_6、B_{12}、K等。

3. 与鉴别细菌有关的代谢产物

(1) 色素：某些细菌在营养丰富、氧气充足等条件下合成的有色物质，如金黄色葡萄球菌产生的脂溶性金黄色色素、铜绿假单胞菌（绿脓杆菌）产生的水溶性绿色色素等。

(2) 细菌素：某些细菌产生的、仅对与产生菌有近缘关系的菌株有抗菌作用的蛋白质。因其具有种和型的特异性，故多用于细菌分型的流行病学调查。

(3) 糖的分解产物：主要有酸、醛、醇、酮和二氧化碳等产物。不同细菌对糖的分解能力和代谢产物不同，故糖发酵试验可对细菌进行鉴定，如大肠埃希菌发酵葡萄糖和乳糖，产酸产气，用“⊕”表示；而伤寒沙门菌和痢疾志贺菌发酵葡萄糖产酸不产气用“+”表示，不发酵乳糖用“-”表示。甲基红(M)试验和V-P试验也可用于检测细菌分解糖的能力。

(4) 蛋白质的分解产物：不同细菌分解蛋白质和氨基酸的能力不同，某些细菌分解氨基酸产生某些特殊产物，亦可借此进行生化反应试验鉴定细菌。如大肠埃希菌、变形杆菌、霍乱弧菌等含色氨酸酶，能分解色氨酸产生靛基质（吲哚），加入对二甲基氨基苯甲醛试剂后形成玫瑰红色，为靛基质试验阳性；而产气杆菌无色氨酸酶，靛基质试验阴性。乙型副伤寒沙门菌、变形杆菌含胱氨酸酶，能分解胱氨酸产生硫化氢(H_2S)，加入硫酸亚铁或醋酸铅等化合物后形成黑色硫化物沉淀，为硫化氢试验阳性；而痢疾杆菌无胱氨酸酶，硫化氢试验阴性。

(三) 培养

满足细菌生长繁殖的条件，减少细菌生长繁殖的不利因素，可在体外对细菌进行人工培养，以鉴定细菌、制备生物制品和化学制剂及用于工农业生产等。

1. 培养基(culture medium) 人工配制的具有适宜pH和渗透压的适合细菌生长繁殖的营养基质。培养基制成后需经灭菌处理。根据培养基的物理性状不同分为液体、固体和半固体三大类，在液体培养基中加入2%～3%和0.2%～0.5%琼脂即可分别制成固体、半固体培养基，液体培养基主要用于增菌、鉴别和纯培养，固体平板培养基主要用于分离培养，固体斜面培养基主要用于鉴别和纯培养，而半固体培养基则用于观察细菌动力和短期保存菌种。根据培养基的性质和用途不同分五大类：①基础培养基：含有多数细菌生长繁殖所需要的基本营养成分，如肉汤和普通琼脂平板。②营养培养基：在基础培养基中加入葡萄糖、血液、血清、酵母浸液等营养物质，供营养要求较高或有特殊营养要求的细菌培养用，如培养链球菌、肺炎球菌的血平板。③选择培养基：在基础或营养培养基中加入某种化学物质，以抑制杂菌生长而促进目的菌的生长。如用于肠道致病菌分离培养的SS平板。④鉴别培养基：在培养基中加入特定的底物和指示剂，测定细菌对糖、蛋白质的分解能力和代谢产物以鉴别细菌，如糖发酵管、双糖铁管、SS平板等。⑤厌氧培养基：在培养基中加入还原

剂，并以石蜡或凡士林封口，造成无氧环境，专供厌氧菌培养用，如疱肉培养基、巯基乙酸钠培养基等。

2. 培养结果 通常将细菌接种到适宜的培养基中，置37℃18～24h即可观察到培养结果，包括细菌的生长现象和代谢产物。不同细菌在不同培养基中的生长现象和代谢产物不同，借此可鉴别细菌。

细菌在液体培养基中生长可出现均匀混浊、沉淀或表面菌膜三种现象，在半固体培养基中生长可出现穿刺线清晰或模糊两种现象，在固体培养基上生长则出现单个细菌生长繁殖形成的肉眼可见的细菌集团即菌落和多个菌落融合而成的菌苔；同时可产生色素、酸、二氧化碳、靛基质或硫化氢等重要代谢产物。

三、抵 抗 力

不同细菌对外界因素的抵抗力不同，据此可进行消毒灭菌以造福于人类。

(一) 外界因素对细菌的影响

细菌的生长繁殖易受外界因素的影响。适宜的因素能促进其生长繁殖，不利的因素可使其发生变异、生长受抑制甚至死亡。

1. 物理因素

(1) 温度：高温可杀菌而用于消毒灭菌，低温可抑菌而用于防腐或保存菌种。各种细菌或毒物对温度的抵抗力不同。外毒素不耐热，肉毒毒素煮沸1min即被破坏。芽孢对热的抵抗力强，煮沸1～2h才能被杀灭，杀灭芽孢最可靠的方法是高压蒸汽灭菌。热原质耐热，不被高压蒸汽灭菌所破坏，需用250℃干烤或特殊石棉滤板过滤或离子交换剂吸附等方法除去。

(2) 干燥：有些细菌繁殖体在空气中干燥时会很快死亡，如脑膜炎奈瑟菌、淋病奈瑟菌、霍乱弧菌等。但有些细菌的抗干燥能力强，如溶血性链球菌在尘埃中存活25d，结核杆菌在干痰中数月不死；芽孢抗干燥能力更强，如破伤风梭菌在干燥的土壤和尘埃中可存活数年。冷冻真空干燥法是目前保存菌种的最好方法。

(3) 电离辐射和超声波：紫外线、X射线、γ射线和阴极射线等能杀灭各种细菌，但芽孢相对耐辐射。超声波通过液体时发生空化作用而造成压力改变致细菌死亡，尤其对革兰阴性菌更为敏感，但往往有残存者，因此其在消毒灭菌方面无实用价值，主要用以裂解细胞分离提取细胞组分或制备抗原。

2. 化学因素

(1) 消毒剂、防腐剂：用于消毒的化学药物称为消毒剂(disinfectant)，用于防腐的化学药物称为防腐剂(antiseptic)，一般对人体组织有害而只能外用或用于环境的消毒。不同细菌对消毒剂的敏感性不同，如金黄色葡萄球菌对甲紫(龙胆紫)敏感，肠道杆菌、霍乱弧菌对含氯石灰(漂白粉)敏感；幼龄菌比老龄菌、无芽孢菌比芽孢菌对消毒剂敏感。某些低浓度消毒剂可用作防腐剂，但防腐剂的关键应是无毒性，常用的0.01%硫柳汞、0.5%苯酚(石炭酸)和0.1%～0.2%甲醛适用于生物制品等的防腐。

(2) 化学治疗剂：选择性地干扰病原体新陈代谢的某些环节而致病原菌死亡的化学药物，一般对人体的毒性小或无，可内服或注射。常用的有磺胺类、呋喃类、异烟肼等，不同细菌对其敏感性不同。

李斯特与无菌外科

Holmes于1843年即证明接生前低浓度苯酚洗手可降低产褥热的死亡率，但无菌外科的先驱者应推Joseph Lister。

Lister，一个伦敦酒商的儿子，爱丁堡大学的外科教授。当他读到Pasteur对细菌研究的发现，尤其是得知细菌的广泛存在，立刻想到外科伤口感染可能是由于体外的微生物引起，并开始寻找杀死这些细菌的化学物质。

Lister也选择了低浓度的苯酚，1865年3月第1次在一位下肢复合骨折患者的手术中使用消毒技术，并获得成功。他先后进行了11例消毒外科手术，仅1例死亡。这无疑是一个巨大成就，是外科学史上的一个里程碑。

然而，Lister却不得不面对来自各方面的批评，他的理论和技术被世界许多地方接受和采用，伦敦是个例外。1877年，他辞去爱丁堡大学的教授职务去伦敦谋职以推广他的技术。1902年，他以85岁高龄去世，亲眼看到了他的技术在世界范围内被广泛使用。

3. 生物因素

(1) 抗生素：细菌对抗生素均敏感，一般革兰阳性菌对青霉素类等抗生素敏感，革兰阴性菌对氨基糖苷类等抗生素敏感，但耐药菌株越来越多，临床上应根据药敏试验合理使用抗生素。

(2) 中草药：鱼腥草、小檗碱(黄连素)等清热解毒中草药对细菌有杀菌或抑菌作用。

(二) 消毒灭菌

微生物广泛存在于自然界，甚至人体身上，其中可能存在少量病原微生物或条件致病菌。在注射、输液、换药、穿刺、插管、手术等过程中，如不采取一定措施，微生物即可通过直接接触、飞沫和空气进入伤口，引起感染。临床上常采用物理、化学或生物方法，造成不利于微生物生长的环境，抑制或杀死微生物以达到消毒灭菌、控制感染的目的。

1. 基本概念

(1) 消毒(disinfection)：杀灭物体上病原微生物繁殖体的方法。

(2) 灭菌(sterilizeation)：杀灭物体上包括芽孢在内所有微生物的方法。因此，灭菌比消毒的要求高，但在日常生活中，消毒、灭菌两个术语往往通用。

(3) 防腐(antisepsis)：防止或抑制微生物生长繁殖的方法。

(4) 无菌(asepsis)和无菌操作(asepsis technique)：物体上没有活的微生物存在称为无菌。防止微生物进入机体或物品的方法称为无菌操作或无菌术，是医学最基本的技术。

(5) 清洁(cleaning)：清除物体表面污垢、尘埃、有机物和空气中灰尘、浓烟等，以去除或减少微生物的方法。常用的有冲洗、擦拭、通风、滤过等，有一定的消毒作用，适用于地面、墙壁、家具等物体表面的清洁、消毒和物品消毒灭菌前的处理。

2. 消毒灭菌方法

消毒与灭菌技术的选择，取决于多种因素。在实际工作中应根据消毒灭菌对象、目的要求以及条件，选择合适的方法。

(1) 物理消毒灭菌法：

1) 热力消毒灭菌法：利用热力破坏微生物的蛋白质、核酸、细胞壁和细胞膜，从而导致其死亡。分干热法和湿热法两种，湿热灭菌效果比干热好是因为湿热穿透力强、细菌易吸收水分使蛋白质凝固以及蒸汽含有潜热。

a. 干热灭菌法：①焚烧：加燃料直接点燃或在焚烧炉内焚烧，适用于废弃的污染物品、有传染性的尸体等灭菌。②烧灼：燃料点燃后在火焰上直接烧灼，适用于接种环、试管口、急用刀剪等灭菌。③干烤：利用密闭的干烤箱风干并加热至160～170℃、2h可达灭菌目的，适用于玻璃器皿、瓷器等耐高温物品灭菌。

b. 湿热消毒灭菌法：①煮沸消毒法：水煮沸(100℃)经5min可杀死细菌繁殖体，是生活中最简便、实用的消毒方法，常用于食具、饮水、刀剪、注射器、胶管和一般外科器械等的消毒。水中加入2%碳酸氢钠，可提高沸点达105℃，既可增强杀菌作用、又能防止金属生锈。②流通蒸汽消毒法：用蒸笼或Arnold蒸锅，100℃经15～30min可杀灭细菌繁殖体，适用于含糖、血清等不耐高温营养培养基等的消毒。③间歇灭菌法：流通蒸汽消毒物品放置37℃孵箱过夜，使芽孢发育成繁殖体，次日再流通蒸汽消毒，如此反复3次，可达灭菌目的，适用于上述不耐高温营养培养基等的灭菌。若某些物品不耐100℃，则可将温度降到75～80℃，每次加热时间延长至30～60min，次数增加至3次以上，也可达灭菌目的。④高压蒸汽灭菌法：用密闭的高压蒸汽灭菌器，通常在103.4kPa(1.05kg/cm^2)的压力下，器内温度可达121.3℃，维持15～30min，可达灭菌目的，是临床上最常用、有效的灭菌方法，适用于手术器械、敷料、橡皮手套、导管、手术衣、瓷器、生理盐水和普通培养基等耐高温、耐湿物品的灭菌。⑤巴氏消毒法：加热至61.1～62.8℃、30min或71.7℃、15～30s，可达消毒目的，由巴斯德创用而得名，适用于牛奶、酒类等不耐热食品的消毒。

2) 日光消毒法：日光直接暴晒数小时，由于其热、干燥和紫外线作用而有一定的杀菌力或消毒效果。常用于衣服、被褥、书报等物品的消毒。

3) 紫外线消毒法：用紫外线灯，照射有效距离2m、时间30～60min可对空气消毒；照射有效距离25～60cm、时间20～30min可对物品消毒。265～266nm 波长范围内的紫外线杀菌力最强，原因是由于细菌 DNA 吸收此波长范围内的紫外线最多而干扰其复制与转录。但紫外线的穿透力差，玻璃、纸张、尘埃等均能阻挡紫外线，故只适用于手术室、病房、治疗室、实验室等空气消毒或不耐热物品表面消毒；对人体皮肤、眼睛有损伤而应注意防护。

4）电离辐射灭菌法：用辐射源产生足够剂量的 X 射线、γ 射线和阴极射线等广谱灭菌，此法又称"冷灭菌"，是较先进的灭菌方法，其机制在于产生游离基而破坏 DNA 致细菌死亡，适用于敷料、高分子材料（一次性注射器、聚乙烯心瓣膜、人造血管）、精密医疗器械（内镜插管、导管）、生物制品、中药、食品等不耐热物品的灭菌。

5）微波消毒法：波长 1mm 至 1m 的电磁波在有水分条件下通过热效应、光化学效应、电磁共振效应综合作用致微生物死亡而达消毒目的，常用波长有 2450MHz 和 915MHz 两种，多用于餐具、食品、医疗药品、非金属器械、中药丸剂等的消毒。

6）滤过消毒法：用滤菌器将液体或空气中的微生物除去以达消毒目的，适用于血清、抗毒素、药液等不耐热物品及某些洁净程序要求较高的工业、实验室的消毒、净化。它不能除去病毒、衣原体、支原体和缺乏细胞壁的 L 型细菌等小型微生物，因此是一种不彻底的消毒。

7）臭氧消毒法：用臭氧灭菌灯，在电场作用下产生臭氧而氧化杀菌以达消毒目的，适用于手术室、病房等空气消毒。消毒时，人员须离开现场，消毒结束后 20～30min 方可进入。

纳米消毒剂

纳米消毒剂是以纳米技术为基础研制而成的新型消毒剂，常用的有 WXP-2415 纳米消毒新材料，它不但具有传统消毒剂的抗菌或杀菌作用，还具有纳米材料的基本特性，主要具有以下优点：

（1）抗菌谱广：能杀灭大肠埃希菌、金黄色葡萄球菌、白色念珠菌、细菌芽孢、乙肝病毒等。

（2）杀菌效果好：30min 内杀菌率可以达到消毒行业国际通用标准 99.9%。

（3）有效期长：WXP 不溶解、不溶出、不挥发，能长期保持杀菌作用，有效期达 3 年。

（4）体积小：颗粒直径只有 30～80nm，其粉末可掺入油墨、涂料、皮革或化纤原料等中，印出的纸币、刷出的公共设施、制出的皮鞋或衣服自带消毒功能。

（5）无害无污染：对人无害，对环境无污染，而且特别适用于流通货币、公共环境等消毒，因此有人将其称为"环境疫苗"。

接 链

（2）化学消毒法：用化学消毒剂杀死微生物以达消毒目的。其杀菌机制：①使菌体蛋白质变性凝固，如重金属盐类、醇类、醛类、酸、碱、染料等；②干扰细菌的酶系统，如某些氧化剂、重金属盐类与细菌酶蛋白的巯基结合使酶失活；③改变细胞膜的通透性，如苯扎溴铵（新洁尔灭）、酚类、表面活性剂等。常用的方法有擦拭、浸泡、喷雾及熏蒸等。消毒剂的种类很多，用途各异（表 2-2）。要达到安全可靠的消毒效果，应根据消毒对象、要达到的消毒水平以及可能影响消毒效果的因素选择最适宜、有效的消毒剂，并严格遵守其使用原则进行消毒。

表 2-2 常用消毒剂的种类及用途

类别	常用种类及浓度	用途	备注
酚类	3%～5%苯酚	地面擦洗、器皿浸泡消毒	有特殊气味
	2%甲酚皂（来苏）	地面擦洗、器皿浸泡消毒	腐蚀性强
	0.02%～0.05%氯己定（洗必泰）	术前洗手	不能与升汞同用
	0.01%～0.02%氯己定	膀胱、阴道、内脏冲洗	
醇类	70%～75%乙醇（酒精）	皮肤擦拭、体温计浸泡消毒	有刺激性，易燃易挥发
重金属盐类	0.05%～0.1%升汞	非金属器皿浸泡消毒	腐蚀金属，遇肥皂失效
	2%红汞	皮肤黏膜小创伤擦拭消毒	作用小但无刺激性
	0.1%硫柳汞	皮肤手术部位擦拭消毒	杀菌力弱，抑菌力强

续表

类别	常用种类及浓度	用途	备注
氧化剂	1%硝酸银	新生儿滴眼	预防淋病奈瑟菌感染
	0.1%高锰酸钾	皮肤尿道阴道及水果冲洗消毒	久置失效,随用随配
	3%过氧化氢(双氧水)	创口、皮肤黏膜清洗消毒	原液有腐蚀性
	0.2%~0.5%过氧乙酸	塑料、玻璃浸泡消毒及洗手	原液对皮肤、金属有腐蚀
	2.0%~2.5%碘酊	皮肤、脐带断端擦拭消毒	不能与红汞同用,有刺激性,用后用75%乙醇脱碘
	0.5%碘伏	皮肤擦拭、术前洗手	稳定性差,现用现配
	10%~20%含氯石灰	地面冲洗,饮水、排泄物撒入	有腐蚀及退色作用
表面活性剂	0.05%~0.1%苯扎溴铵	外科洗手、手术器械浸泡及皮肤黏膜擦拭消毒	遇肥皂及其他合成洗涤剂作用减弱
	0.5%~0.1%度米芬	皮肤创伤冲洗,金属塑料浸泡	亦遇肥皂等作用减弱
烷化剂	10%甲醛	物品标本浸泡、空气熏蒸消毒	
	2%戊二醛	精密仪器、内镜等浸泡消毒	
染料	2%~4%甲紫(龙胆紫)	浅表创伤擦拭消毒	对葡萄球菌作用较好
酸类	5~10ml/m^2 醋酸	空气熏蒸消毒	
	1∶4或1∶8生石灰	地面冲洗、排泄物撒入	腐蚀性大,应新鲜配制

(3) 生物消毒法:用抗生素杀灭微生物以达到消毒或预防性治疗的目的,如各种抗生素软膏适用于浅表创伤的消毒。

3. 影响消毒灭菌效果的因素

(1) 微生物:与微生物种类、状态、数量有关。如金黄色葡萄球菌在无芽孢细菌中抵抗力最强,结核杆菌比其他细菌繁殖体抵抗力强,细菌芽孢比繁殖体、老龄菌比幼龄菌抵抗力强;或微生物数量多,所需消毒灭菌温度或药物浓度高、作用时间长,否则消毒灭菌效果差。

消毒灭菌效果的监测指标

物理温度计:直接观察其读数以判断是否达到消毒或灭菌效果。

化学指示剂:高压蒸汽灭菌可通过化学指示剂灭菌后化学反应呈现的颜色变化来判断是否达到灭菌效果,常用化学指示带或卡。过去曾用熔点与高压蒸汽灭菌所需温度相当的药物如硫磺、苯甲酸做指示剂进行监测。

生物指示菌:是最可靠的监测指标。通常湿热灭菌以嗜热脂肪杆菌芽孢做指示菌,干热灭菌以枯草杆菌黑色变种做指示菌,制成每片含10^6个细菌纸片,灭菌后将放入的10片菌片取出培养,若全部菌片均无菌则表示灭菌合格。

链 接

(2) 消毒灭菌方法:一般消毒灭菌温度或药物浓度越高、射线剂量越大、滤菌器滤孔越小,作用时间越长,消毒灭菌效果越好。但70%~75%乙醇杀菌力最强,因为高浓度的乙醇使菌体表面蛋白迅速脱水凝固而影响乙醇继续进入菌体杀菌。

(3) 环境因素:环境中的温度、湿度、pH、有机物等可影响消毒灭菌效果。如环境中的血液、脓液、痰液、粪尿等遮蔽和保护微生物免受消毒灭菌剂或射线等作用,而且有机物本身可结合、消耗某些药物,影响消毒灭菌效果。另有一些拮抗物,如表面活性剂可被阴离子洗涤剂中和、过氧乙酸可被还原剂中和而影响消毒效果。

四、变　异

细菌与其他生物一样,具有遗传和变异的生命特征。在一定条件下,细菌生物学性状相对稳定地传给子代的现象称为遗传(heredity),遗传使细菌的种属得以保存;在传代过程中,子代生物学性状与亲代之间存在不同程度的差异称为变异(variation),变异保证了细菌在自然界不断地进化,以适应生存的需要。研究细菌的变异对传染病的诊断、预防和治疗以及致癌物质的测定、基因工程的研究有重要意义。

卡介苗的历史

20世纪初，在法国巴斯德研究院工作的Calmette和Guerin二人，根据巴斯德提出的改变培养条件可以改变细菌毒力的学说，进行了结核杆菌定向变异的探索，希望制备出一种无毒的活疫苗预防结核病。

1908年，他们把从牛奶中分离出来的牛型结核杆菌接种到含胆汁、甘油、马铃薯的培养基上培养，每隔2～3周把生长的细菌转种到同样的培养基，并不断做毒力试验，到1921年经过13年230代，终于获得了失去毒力、保留抗原性的结核杆菌，将其制成疫苗。人们为了纪念这两位科学家，将此疫苗命名为卡介苗(BCG)。法国的Well Halle首次将卡介苗用于人体。1933年我国的王良医师首次从国外引进，开始小范围使用，解放后婴儿和儿童普遍接种，对预防结核病起到了重要作用。

(一) 变异现象

细菌在环境条件改变后容易发生各种变异，主要有形态、结构、菌落、毒力、耐药性、抗原性、酶活性等变异。

1. 形态与结构变异　细菌在青霉素、溶菌酶等因素影响下，细胞壁合成受阻，成为细胞壁缺陷型细菌，即L型细菌，其形态不规则，革兰染色阴性，需用高渗培养基培养，对青霉素不敏感，所致疾病易反复发作。细菌的荚膜、鞭毛、芽孢等也可发生变异，如肺炎球菌在机体或含血清培养基内可形成荚膜，而在普通培养基上培养或传代，荚膜逐渐消失；有鞭毛的变形杆菌在0.1%苯酚琼脂培养基上生长可失去鞭毛，称为H-O变异。在临床实践中应注意细菌变异出现的非典型特征，以免造成误诊。

2. 菌落变异　细菌在固体培养基上生长的菌落可发生S-R变异。通常从人体内新分离的细菌菌落表面光滑、湿润、边缘整齐，为光滑型(S型)；经多次人工培养后菌落可逐渐变成表面粗糙、干皱、边缘不整齐，为粗糙型(R型)，并常伴有生化反应、毒力、抗原性等改变。

3. 毒力变异　细菌在一定条件下毒力的减弱或增强。如有毒的牛型结核杆菌在含胆汁、甘油、马铃薯的培养基中经过13年230代传代培养，即获得失去毒力的牛型结核杆菌——卡介苗(BCG)；无毒的白喉杆菌感染了β棒状杆菌噬菌体后可产生毒素而使毒力增强。

4. 耐药性变异　细菌对某种药物由敏感变成耐药。如金黄色葡萄球菌对青霉素的耐药菌株目前已高达95%以上，常见的耐药菌还有结核杆菌、痢疾杆菌、铜绿假单胞菌等，这给临床治疗带来了极大困难。

(二) 物质基础

1. 细菌染色体　细菌生命活动所必需的遗传物质，为一条不含组蛋白的闭合环状双链DNA。如大肠埃希菌染色体约有5000多个基因，控制其全部遗传性状。

2. 质粒　染色体外的遗传物质，为闭合环状的双链DNA，携带少量遗传信息，控制细菌某些特定的遗传性状。质粒具有自我复制、传给子代、自然丢失、菌间传递、多种质粒共存等特点，它是研究细菌遗传变异的重要工具。医学上重要的质粒有R质粒、F质粒和Col质粒，分别决定细菌的耐药性、性菌毛和大肠菌素等。

(三) 噬菌体

噬菌体(bacteriophage)是一类侵袭细菌、螺旋体、真菌等微生物的病毒，因能使敏感菌裂解而称噬菌体。某些噬菌体基因可整合到细菌染色体上导致细菌基因型发生改变；另有少数噬菌体基因整合到细菌染色体上后可脱离，脱离时可能带上宿主菌的遗传物质感染新的细菌，通过转导使新感染的受体菌出现基因型改变，导致变异，因此，噬菌体与细菌的变异密切相关，是细菌变异的基因载体。

噬菌体在电镜下有蝌蚪形、微球形和丝形三种基本形态。大多数噬菌体呈蝌蚪形，由头部和尾部组成。头部为六棱柱体，由蛋白质衣壳和核酸核心构成；尾部呈管状，由尾髓、尾鞘、尾板组成，尾板附有尾刺和尾丝，尾丝为噬菌体的吸附器官，能识别宿主菌表面的特殊受体(图2-11)。

噬菌体与细菌作用可出现两种结果：一种是噬菌体在宿主菌内复制增殖，产生许多子代

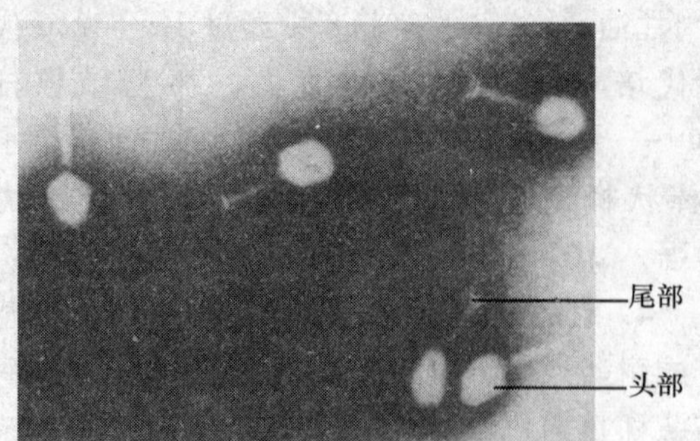

图 2-11　噬菌体(×40 000)

噬菌体，最终裂解细菌，形成溶菌状态，此种噬菌体称毒性噬菌体，整合到宿主菌 DNA 上的毒性噬菌体基因称繁殖噬菌体；另一种是噬菌体基因与宿主菌基因整合不增殖而随细菌 DNA 复制、传代，不产生子代噬菌体，不裂解细菌，形成溶原状态，此种噬菌体称温和噬菌体，整合在宿主菌 DNA 上的温和噬菌体基因称前噬菌体。溶原性细菌中有个别细菌可能中止溶原状态，发生率仅为 10^{-5}，因此，温和噬菌体既有溶原周期又有溶菌周期，但毒性噬菌体只有溶菌周期。

噬菌体有严格的宿主特异性，故可用于细菌的鉴定和分型；作为外源性基因的重要载体而用于基因工程的研究；因其裂解细菌而用于某些耐药菌感染或局部感染的辅助治疗；还可利用溶原性细菌的诱导现象和抗噬菌体现象进行抗肿瘤药物的筛选和致癌物质的检测。

(四) 机制

细菌变异按其发生机制分非遗传性变异和遗传性变异。非遗传性变异可能是一种生理适应现象，遗传性变异则主要通过基因突变、转移与重组来实现，以遗传性变异多见。

1. 基因突变　细菌基因结构发生突然而稳定的改变，导致细菌性状的改变，并可传给子代。突变有两种类型，即点突变和染色体畸变。点突变是由个别氨基酸的置换、插入或丢失而引起，染色体畸变是由于大段 DNA 发生缺失、重复、倒位或移位而引起。细菌自发突变的频率为 10^{-9}～10^{-6}，诱变剂可使突变频率提高 10～1000 倍。突变是随机的、不定向的。

细菌的耐药机制

(1) 产生灭活抗菌药物的水解酶和钝切酶：如β-内酰胺酶、氨基糖苷类钝化酶。由染色体突变和质粒介导，耐药性质粒几乎存在于所有病原菌中，质粒传递是引起耐药现象最主要最常见的机制。

(2) 改变细胞壁或细胞膜的通透性：革兰阳性菌因细胞壁通透性限制而耐多黏菌素，革兰阴性菌因外膜通透性限制而耐青霉素；铜绿假单胞菌等染色体突变失去外膜上孔蛋白 OprF 和 OprD 而耐多种抗生素。由质粒控制的细菌细胞膜改变可耐四环素、氯霉素、磺胺药和某些氨基糖苷类等许多抗菌药物。

(3) 改变抗菌药物作用的靶位：某些细菌改变二氢叶酸合成酶而耐磺胺药，某些肠杆菌科和铜绿假单胞菌改变 DNA 旋转酶而耐喹酮类药。

(4) 增加对抗菌药物拮抗物的产量：某些细菌可通过增加对磺胺药具有拮抗作用的对氨苯甲酸(PAPB)量而耐磺胺药。

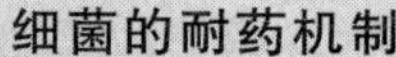

2. 基因转移与重组　细菌从外源获得 DNA，并与自身染色体 DNA 进行重组，引起细菌原有基因组的改变，导致细菌变异。基因转移与重组可通过转化、转导、接合和溶原性转换等方式实现。

(1) 转化：受体菌摄取供体菌游离的 DNA 片段获得新的性状。如Ⅱ型无荚膜的肺炎球菌摄取Ⅲ型有荚膜的肺炎球菌 DNA 后，即转化为Ⅲ型有荚膜的肺炎球菌。

(2) 转导：以温和噬菌体为载体，将供体菌的一段 DNA 转移到受体菌内，使受体菌获得新的性状。

(3) 接合：供体菌遗传物质(主要是质粒 DNA)通过性菌毛转移给受体菌，使受体菌获得新的性状。①F 质粒的接合：F^+ 菌的性菌毛与 F^- 菌表面的相应受体接合，然后 F 质粒中的一股 DNA 断开，通过性菌毛进入 F^- 菌，继而两菌以滚动模式复制成为双链 DNA 的 F 质粒，结果使 F^- 菌获得 F 质粒，原来的 F^+ 菌仍保留 F 质粒。②R 质粒的接合：R 质粒可分为接合性和非接合性两种，接合性 R 质粒由耐药决定因子和耐药传递因子两部分组成，前者编码对抗菌药物的耐药性，后者编码性菌毛，故可通过接合转移 R 质粒；非接合性 R 质粒不含耐药传递因子，故不能通过接合方式转移，但可通过转导或转化方式转移。

(4) 溶原性转换：温和噬菌体的DNA整合到宿主菌染色体DNA上后，宿主菌的基因发生改变而获得新的性状。如β棒状杆菌噬菌体感染白喉杆菌后，由于编码毒素的噬菌体基因与细菌DNA整合，使无毒的白喉杆菌获得产生白喉外毒素的能力。

五、分 类

细菌的分类层次与其他生物相同，也是界、门、纲、目、科、属、种，其中种和属最常用。种是细菌分类的基本单位。生物学性状基本相同的细菌群体构成一个菌种；性状相近关系密切的若干菌种组成一个菌属。同一菌种的各个细菌虽性状基本相同，但在某些方面仍有一定差异，差异较明显的称为亚种，差异小的称为型，例如按抗原结构不同分血清型，对噬菌体和细菌素敏感性不同分噬菌体型和细菌素型，生化反应和其他某些生物学性状不同分生物型。对不同来源的同一菌种的细菌称为该菌的不同菌株，其中具有某种细菌典型特征的菌株称为该菌的标准菌株或模式菌株。

核酸分类是最可靠的依据，而抗原构造分类最具有实用价值，其他形态、结构、培养（色素、溶血现象等）、生化反应、生长习性、致病性等亦有分类学意义。细菌的命名采用拉丁双名法，每个菌名由两个拉丁名组成。前一名为属名，用名词，大写；后一名为种名，用形容词，小写。一般属名表示细菌的形态或发现者或有贡献者，种名表明细菌的性状特征、寄居部位或所致疾病等。中文的命名次序与拉丁文相反，是种名在前，属名在后。

细菌是原核生物，按形态分为球菌、杆菌、螺形菌，有细胞壁、细胞膜、细胞质和核质四种基本结构，革兰阳性菌与革兰阴性菌细胞壁不同，染色性、致病性、治疗药物亦不同。某些细菌还有特殊结构，其中荚膜和普通菌毛构成细菌侵袭力，性菌毛传递遗传物质，鞭毛与运动有关，芽孢抵抗力强。

细菌以无性二分裂繁殖，在适宜条件下繁殖速度极快。细菌生长繁殖需要基本的营养条件和一定的环境条件，生长繁殖过程中可产生一些有重要意义的代谢产物，其中色素、细菌素和分解产物有助于鉴别细菌，毒素、侵袭性酶和热原质与致病有关，抗生素、维生素可用于治疗。

细菌受外界多种因素影响，据此可进行消毒灭菌。消毒是杀灭物体上病原微生物繁殖体的方法，灭菌是杀灭物体上包括芽孢在内所有微生物的方法，无菌操作是防止微生物进入机体或物品的操作技术。消毒灭菌方法有焚烧灭菌、烧灼灭菌、干烤灭菌、间歇灭菌、高压蒸汽灭菌、电离辐射灭菌、煮沸消毒、流通蒸汽消毒、巴氏消毒、日光消毒、紫外线消毒、微波消毒、滤过消毒、臭氧消毒、化学消毒、抗生素消毒等，其中临床上高压蒸汽灭菌最常用、有效，煮沸消毒最简便、实用，电离辐射灭菌是除纳米消毒剂外最先进的方法，紫外线消毒、化学消毒亦较常用。微生物的种类和数量、消毒灭菌法的温度或浓度或作用时间及环境中的有机物等影响消毒灭菌效果。

细菌可发生变异，常见的有毒力变异和耐药性变异，在医学上有重要意义。噬菌体是细菌变异的基因载体，它通过转导和溶原性转换而引起细菌变异。

目标检测

一、名词解释

1. 质粒 2. L型细菌 3. 热原质 4. 灭菌 5. 无菌术 6. 耐药性变异 7. 噬菌体

二、选择题

A型题

1. 细菌细胞壁的主要成分是
   A. 脂多糖　B. 肽聚糖
   C. 磷壁酸　D. 分枝菌酸
2. 革兰阴性菌的特有成分是
   A. 肽聚糖　B. 质粒
   C. 磷壁酸　D. 外膜
3. 青霉素的抗菌机制是
   A. 切断聚糖骨架，细菌细胞壁合成受损
   B. 干扰DNA复制
   C. 抑制四肽侧链与五肽桥的连接，细胞壁合成受损
   D. 损伤细胞膜
4. 细菌荚膜的致病机制是
   A. 可吸附于易感细胞表面
   B. 能保持菌体内的水分
   C. 无抗原性
   D. 可帮助细菌不被吞噬
5. 在碱性条件下生长良好的细菌是

A. 葡萄球菌　　B. 霍乱弧菌
C. 结核杆菌　　D. 大肠埃希菌

6. H_2S试验是用来检测细菌对什么的分解能力
A. 色氨酸　　B. 含硫氨基酸
C. 尿素　　D. 硝酸盐

7. 保存菌种最好的方法是
A. 4℃冰箱
B. 甘油盐水保存液
C. −20℃冰箱
D. 冷冻真空干燥

8. 用于耐高温、耐湿的手术器械最佳灭菌方法是
A. 高压蒸汽灭菌法
B. 间歇蒸汽灭菌法
C. 流通蒸汽法
D. 煮沸法

9. 紫外线杀菌的最佳波长是
A. 200～300nm　　B. 265～266nm
C. 300～365nm　　D. 350～400nm

10. 去掉液体中热原质用下列哪种方法？
A. 高压蒸汽灭菌
B. 煮沸法
C. 流通蒸汽法
D. 滤过法

11. 下列哪种物品不能用高压蒸汽灭菌
A. 普通培养基　　B. 玻璃器皿
C. 生理盐水　　D. 血清

12. 乙醇消毒最适宜的浓度是
A. 25％　　B. 50％
C. 75％　　D. 95％

13. 玻璃器皿、瓷器干烤 2h 灭菌的最佳温度是
A. 100～150℃　　B. 160～170℃
C. 170～250℃　　D. 250～300℃

14. 编码耐药性的质粒是
A. F 质粒　　B. R 质粒
C. Col 质粒　　D. Vi 质粒

15. 受菌直接摄取供菌游离 DNA 而获得新性状的过程称
A. 转导　　B. 转换
C. 接合　　D. 转化

16. 下列哪种是预防耐药菌株产生和扩散的主要措施
A. 大剂量使用抗生素
B. 使用广谱抗生素
C. 多种抗生素长期联合使用
D. 根据药敏试验合理使用抗生素

X 型题

17. 关于革兰阴性菌细胞壁的叙述，下列哪些是正确的
A. 肽聚糖含量多
B. 肽聚糖为二维平面结构
C. 缺乏五肽交联桥
D. 有磷壁酸
E. 对青霉素敏感

18. 与致病有关的细菌代谢产物有
A. 脂多糖　　B. 色素
C. 细菌素　　D. 热原质
E. 外毒素

19. 滤过除菌能除去下列哪些微生物
A. 结核杆菌 L 型
B. 钩端螺旋体
C. 大肠埃希菌噬菌体
D. 霍乱弧菌
E. 甲肝病毒

20. 能杀死细菌芽孢的方法有
A. 高压蒸汽灭菌法
B. 紫外线照射
C. 烧灼灭菌
D. 间歇灭菌法
E. 巴氏消毒法

21. 噬菌体能侵袭下列哪些微生物
A. 细菌　　B. 真菌
C. 放线菌　　D. 螺旋体
E. 病毒

22. 关于质粒，下列叙述哪些正确
A. 细菌染色体外的遗传物质
B. 为双股环状 DNA
C. 可自行复制
D. 可自然丢失
E. 可作为基因工程的载体

23. 与噬菌体有关的基因转移方式有
A. 转化　　B. 转导
C. 接合　　D. 溶原性转换
E. 融合

三、简答题

1. 简述革兰阳性菌与革兰阴性菌细胞壁的区别。
2. 简述细菌特殊结构的临床意义。
3. 简述细菌生长繁殖的条件及代谢产物的意义。
4. 为什么湿热灭菌比干热灭菌效果好？
5. 分析影响消毒灭菌效果的因素。
6. 细菌有哪些常见的变异现象？细菌基因转移与重组有哪几种方式？

四、思考题

居家备用的消毒剂一般有哪些？

第2节 细菌的感染与免疫

学习目标

1. 概述感染的来源与途径
2. 解释正常菌群的概念及作用
3. 归纳构成细菌毒力的物质基础
4. 比较细菌内、外毒素的区别
5. 分析细菌侵入机体后的发生、发展和结局
6. 解释毒血症、菌血症、败血症、脓毒血症和带菌者的概念

一、感　　染

细菌侵入机体生长繁殖并释放毒性物质与机体相互作用引起不同程度的病理过程称为感染(infection),又称传染。

感染病与传染病

数十年来,国内习惯将"infectious disease"译为传染病,现在将其译为感染病。感染性疾病(infectious disease)即感染病,是各种生物性病原体侵入人体所引起的疾病。传染性疾病(communicable diseasea 或 contagious disease)即传染病,是能够在人群中引起流行的感染性疾病,病原体常有较强的致病力和传播性。可见,两者在概念上是不同的,虽然它们都是由微生物或寄生虫引起的,但传染病具有特定的含义,是感染病的一部分,而感染不一定引起传染。因此,1999年在全国第六次传染病与寄生虫病学术会议上将中华医学会传染病学会改为感染病学会,从而将传染病和感染病的内涵与国际接轨。

(一) 感染源

1. 外源性感染　病原体来自于宿主体外,包括患者、带菌者、患病或带菌动物及土壤、水、空气、食物、物品等外环境,通过各种途径进入机体引起感染。

(1) 患者:传染病的主要传染源,从疾病的潜伏期到恢复期都可能具有传染性。对患者早期诊断和隔离治疗,是控制和消灭传染病的根本措施之一。

(2) 带菌者:携带并不断向体外排出病原菌,但无临床症状者。因不易被人们察觉,因此是最重要的传染源,其危害性甚于患者。

(3) 患病或带菌动物:人畜共患性病原菌可通过患病或带菌动物传染给人。

2. 内源性感染　病原体来自宿主自身体表或体内。正常人的体表以及与外界相通的腔道中存在的对人无害的微生物群,称为正常菌群(normal flora)。

寄居于人体各部位的正常菌群见表2-3。正常人体的血液、内脏、骨骼、肌肉等部位无菌。

表2-3　人体常见的正常菌群

部位	主要微生物种类
皮肤	葡萄球菌、类白喉杆菌、铜绿假单胞菌、非结核分枝杆菌、丙酸杆菌、白色念珠菌
口腔	表皮葡萄球菌、甲型和丙型链球菌、肺炎链球菌、奈瑟菌、乳酸杆菌、类白喉杆菌、梭杆菌、螺旋体、放线菌、白色念珠菌
鼻咽腔	葡萄球菌、甲型和丙型链球菌、肺炎链球菌、奈瑟菌、梭杆菌、腺病毒、支原体、真菌
肠道	大肠埃希菌、产气肠杆菌、变形杆菌、铜绿假单胞菌、葡萄球菌、粪链球菌、类杆菌、产气荚膜梭菌、破伤风梭菌、双歧杆菌、乳酸杆菌、腺病毒、白色念珠菌
尿道	葡萄球菌、非结核分枝杆菌、类杆菌、大肠埃希菌、白色念珠菌
阴道	乳酸杆菌、大肠埃希菌、类杆菌、白色念珠菌
眼结膜	葡萄球菌、结膜干燥杆菌、类白喉杆菌
外耳道	葡萄球菌、类白喉杆菌、铜绿假单胞菌

正常菌群对构成机体的生态平衡起着重要作用,但在一定条件下也可成为条件致病菌。

(1) 正常菌群的生理作用:①消化营养作用:肠道正常菌群参与物质代谢,促进消化和吸收,或者产生营养物质供人体利用。如双歧杆菌产酸造成的酸性环境有利于维生素D和钙、铁的吸收,大肠埃希菌合成维生素B、K等。②生物拮抗作用:正常菌群能通过竞争营养或产生细菌素等方式拮抗病原微生物,构成了皮肤黏膜的重要生物屏障,对机体有保护作用。如阴道内的乳酸杆菌可保持阴道内酸性环境而不利于微生物生长。③免疫作用:正常

菌群可促进机体免疫器官的发育成熟，并刺激机体产生免疫物质对具有交叉抗原的病原菌有一定程度的抑制或杀灭作用。此外，正常菌群还有利于宿主的生长、发育、长寿和抗癌。

（2）正常菌群的病理作用：正常菌群在机体免疫力低下、菌群移位、菌群失调等特定条件下可致病。

3. 医院内感染 患者、陪护者或医务人员在医院内发生的感染。感染率高达9%，可以是外源性的，也可以是内源性的。主要方式：

（1）交叉感染：由医务人员或患者直接或间接接触传播。

（2）医源性感染：在诊疗过程中所用器械消毒不严格造成的感染。

（3）内源性感染：由于机体免疫力低下、抗生素的不合理使用等使机体正常菌群成为条件致病菌。

因此，应注意加强医院管理、严格无菌操作、净化医院环境、实施消毒隔离、合理使用抗生素等以预防医院内感染的发生。

（二）感染途径

1. 呼吸道感染 吸入散布在空气中的病原菌或污染病原菌的尘埃、飞沫而受感染。经呼吸道感染的疾病有肺结核、白喉、军团菌病等。

2. 消化道感染 食入病原菌污染的水、食物等而感染。苍蝇、蟑螂等是消化道感染的重要媒介。经消化道感染的疾病有霍乱、伤寒、痢疾和食物中毒等。

3. 接触感染 通过与患者或带菌动物直接或间接接触经皮肤黏膜而感染，如麻风、淋病、梅毒等。

4. 创伤感染 病原菌侵入皮肤黏膜创伤处所致的感染，如化脓性炎症、破伤风等。

5. 虫媒感染 经媒介节肢动物而感染，如鼠疫由鼠蚤叮咬而感染。

有些病原菌可经多种途径感染，如结核杆菌经呼吸道引起肺结核、经消化道引起肠结核、经皮肤引起皮肤结核等。

（三）影响因素

感染与细菌的致病性、机体的免疫力及环境因素等有密切关系。

1. 细菌的致病性 细菌的致病性（pathogenicity）是细菌侵入机体生长繁殖引起疾病的性能。病原菌能否致病与其毒力、数量密切相关。

（1）细菌的毒力：细菌的毒力（virulence）指细菌致病性的强弱程度，是引起细菌感染的主要因素。常用半数致死量（median lethal dose，LD_{50}）或半数感染量（median infective dose，ID_{50}）表示，其含义是在单位时间内、通过一定途径使一定年龄和体重的某种实验动物半数死亡或感染所需要的最少细菌数或毒素量。

构成病原菌毒力的物质基础是侵袭力和毒素。

1）侵袭力（invasiveness）：指病原菌突破机体的防御功能，在体内定居、繁殖及扩散、蔓延的能力。构成侵袭力的是菌体表面结构和侵袭性酶。

a. 菌体表面结构：细菌的荚膜和某些细菌的微荚膜（如葡萄球菌A蛋白、A群链球菌M蛋白、伤寒沙门菌Vi抗原、大肠埃希菌K抗原等）具有抵抗吞噬细胞及体液中杀菌物质的吞噬杀菌作用，使细菌得以在体内定居、繁殖而引起疾病；革兰阴性菌的普通菌毛、革兰阳性菌的膜磷壁酸具有黏附于机体细胞以避免被呼吸道上皮细胞纤毛运动、肠蠕动、黏液分泌或尿液冲洗所清除，同样有利于细菌在体内定植、繁殖而引起疾病。

b. 侵袭性酶：指细菌在感染过程中产生的保护细菌或协助细菌扩散的胞外酶。各种细菌的侵袭性酶不同。如金黄色葡萄球菌产生的血浆凝固酶使血浆中的纤维蛋白原变成纤维蛋白包绕在细菌表面，保护细菌以利于细菌定居、繁殖而引起疾病；A群链球菌产生的透明质酸酶、链激酶、链道酶分别分解组织中的大分子物质透明质酸、纤维蛋白、DNA以利于细菌扩散而引起疾病。

2）毒素（toxin）：是细菌在代谢过程中合成的有毒性作用的产物。按其来源、性质和作用等不同，分为外毒素和内毒素两种。

a. 外毒素（exotoxin）：某些细菌在生长繁殖过程中合成并分泌到菌体外的毒性蛋白质。产生外毒素的细菌主要是革兰阳性菌，如金黄色葡萄球菌、A群链球菌、破伤风梭菌、肉毒梭菌、白喉杆菌等；也有某些革兰阴性菌，如产毒性大肠埃希菌、痢疾杆菌、霍乱弧菌、鼠疫杆菌等。

外毒素的化学成分大多是蛋白质，性质不稳定，不耐热，易被热、酸、蛋白酶等分解破坏，如破伤风外毒素60℃30min即被灭活，但葡萄球菌肠毒素能耐100℃30min。外毒素多数由A、B两个亚单位组成，A亚单位为毒性单位，B亚单位为结合单位，但其毒性作用有赖于其分子结构的完整性。

外毒素的免疫原性强，可刺激机体产生抗毒素。在0.3%～0.4%甲醛作用下可脱毒制成类毒素，但保持抗原性，临床广泛用于人工自动免疫。

外毒素的毒性极强，极少量即可使易感动物死亡，如1mg肉毒毒素能杀死2亿只小白鼠，比氰化钾毒性强1万倍，是目前已知的最剧毒毒物。各种外毒素对组织器官有高度的选择性，引起特有的临床症状或病变，如破伤风痉挛毒素主要与中枢神经系统抑制性突触前膜结合，阻断抑制性介质释放，引起骨骼肌强直性痉挛收缩；而肉毒毒素是阻断胆碱能神经末梢释放乙酰胆碱，引起肌肉松弛性麻痹，出现软瘫。根据外毒素对宿主细胞的亲和性和作用机制不同可分为细胞毒素、神经毒素和肠毒素三大类。

b. 内毒素(endotoxin)：革兰阴性菌细胞壁的外层结构，只有当细菌死亡裂解或用人工方法破坏菌体后才能释放出来。

内毒素的化学成分为LPS，由脂质A、核心多糖和菌体O特异性多糖三部分组成，其中脂质A是内毒素的主要毒性成分。内毒素性质稳定，耐热，加热100℃1h不被破坏，必须加热至160℃2～4h或用强碱、强酸或强氧化剂煮沸30min才被灭活。

内毒素免疫原性弱，不能用甲醛脱毒制成类毒素，但能刺激机体产生中和作用较弱的抗体。

内毒素毒性作用相对较弱，对组织器官无选择性，不同革兰阴性菌的内毒素引起的病理变化和临床症状大致相同：①发热反应：内毒素作为外源性致热原(即热原质)作用于粒细胞和单核细胞等，使之释放内源性致热原，引起发热；②白细胞反应：内毒素能使大量白细胞移动并黏附于毛细血管壁，血循环中的中性粒细胞数骤减，1～2h后中性粒细胞数量显著增加，这是由于内毒素诱生的中性粒细胞释放因子刺激骨髓释放中性粒细胞进入血液所致。但伤寒沙门菌内毒素使血循环中白细胞减少；③内毒素血症与微循环障碍、休克、弥散性血管内凝血(DIC)：当病原菌释放的大量内毒素入血时，可导致内毒素血症。内毒素作用于血小板、白细胞、补体系统、激肽系统可诱生白细胞介素(IL)-1、IL-6、IL-8、组胺、5-羟色胺、前列腺素、激肽等生物活性物质，使小血管功能紊乱而造成微循环障碍，严重时则导致以微循环衰竭和低血压为特征的内毒素休克。内毒素直接活化凝血系统，也可通过损伤血管内皮细胞间接活化凝血系统，造成血管内广泛凝血，形成微血栓广泛沉积于小血管中致弥散性血管内凝血；由于广泛凝血消耗大量凝血因子，同时内毒素能直接活化纤溶系统，使血管内的凝血又被溶解，造成皮肤、内脏的出血和渗血，严重者可导致死亡。

细菌外毒素与内毒素的主要区别见表2-4。

表2-4 细菌外毒素与内毒素的主要区别

区别要点	外毒素	内毒素
来源	G^+菌和某些G^-菌分泌释放	G^-菌细胞壁成分，菌体裂解释放
化学成分	蛋白质	脂多糖
化学性质	不稳定，60℃ 30min被破坏	稳定，160℃2～4h才被破坏
免疫原性	强，可制成类毒素	弱，不能制成类毒素
毒性作用	强，对组织器官有选择性毒性作用，引起特殊病变或症状	较弱，对组织器官无选择性，各菌引起的病变或症状相似，如发热、白细胞变化、休克、DIC等

(2) 细菌侵入的数量：病原微生物引起感染除必须有一定毒力和侵入途径外，还必须有足够的数量。一般病原菌毒力愈强，引起感染所需的菌量愈少；反之则需菌量愈多。例如毒力较大的鼠疫杆菌，在无特定免疫力的机体中只需几个细菌侵入就可发生感染；而毒性较弱的肠沙门菌，常需摄入数亿个才能引起急性胃肠炎。

2. 机体的免疫性 机体抵御细菌感染的能力称为抗细菌免疫。致病菌侵入人体，首先非特异性免疫发挥作用，7～10d后机体产生特异性免疫，对于胞外菌感染和毒素等主要依靠抗体的特异性体液免疫，而对于胞内菌感染、肿瘤细胞等则主要依靠致敏T细胞的特异性细胞免疫。无论是非特异性免疫还是特异性免疫、体液免疫还是细胞免疫，它们是相互配合、协同杀灭病原菌(见5年制《免疫学基础》)。

3. 环境因素 感染的发生虽然主要取决于机体和病原菌，但也与环境因素有密切关系。如自然因素中的气候、季节、温度、湿度及地理条件等均影响传染病的发生与流行；而社会因素中的战争、灾荒、贫困等促使传染病的发生与流行。改善生活条件、开展卫生运动、计划预防接种及实施医疗保健制度等对控制传染病的发生起重要作用。

(四) 感染类型

感染的发生、发展和结局是机体与病原菌相互作用的复杂过程。根据双方力量对比，可出现以下类型：

1. 隐性感染 当机体免疫力较强或入侵的病原菌数量少且毒力较弱时，感染后对人体损害较轻，不出现明显的临床症状，称为隐性感染(inapparent infection)。隐性感染后，有时可携带病原菌而成为重要传染源。

2. 显性感染 当机体免疫力较弱或入侵的病原菌毒力较强且数量较多时，则病原菌在机体内生长繁殖并产生毒性物质致机体组织细胞受到不同程度的损害，生理功能也发生改变，出现明显的临床症状，称为显性感染(apparent infection)，即感染病。

临床上按病情缓急分为急性感染和慢性感染；按感染的部位分为局部感染和全身感染。

(1) 局部感染(local infection)：病原菌仅局限于机体某一部位，引起局部病变。如化脓性球菌引起的疖、痈等。

(2) 全身感染(systemic infection)：病原菌及其毒性产物向全身扩散，引起全身中毒症状。临床上常见以下几种情况：

1) 菌血症(bacteremia)：病原菌自局部病灶不断侵入血流，但由于机体免疫作用，病原菌不在血中繁殖。如伤寒早期的菌血症。

2) 毒血症(toxemia)：病原菌在局部生长繁殖而不入血，但其产生的毒素入血，引起独特的中毒症状。如白喉、破伤风等。

微生物与药物变质

在药物的原材料、药物制备或储存或运输过程中都有可能被微生物污染，使药物的物理性状和有效成分破坏而影响药物质量，失去疗效，甚至对患者造成不良反应，引起严重后果。各种药物生产后必须进行微生物学检查，注射剂及无菌剂要求进行无菌检查，包括需氧菌、厌氧菌和真菌的检查，在规定时间内应无任何微生物生长；口服药、外用药要求进行限量检查，包括细菌总数、真菌总数及致病菌的检验，结果亦必须符合国家药品卫生标准，否则不能用于临床。如果药物中有病原微生物或其毒性产生、产品发生物理或化学变化、口服或外用药物的微生物总数超过规定的数量、无菌制剂中发现微生物的存在，说明药物已变质。世界上一些较先进的国家(包括中国)已逐步实施药品GMP(good manufacture practice)制度，以减少药品生产过程中存在而成品检验又不能完全防止微生物污染的危险。

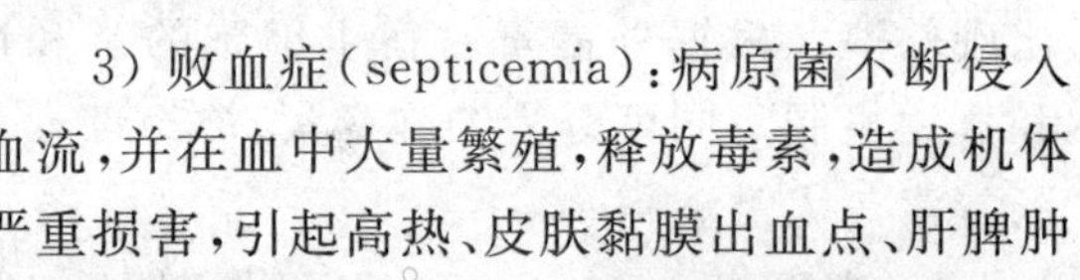

3) 败血症(septicemia)：病原菌不断侵入血流，并在血中大量繁殖，释放毒素，造成机体严重损害，引起高热、皮肤黏膜出血点、肝脾肿大等全身中毒症状。如金黄色葡萄球菌引起的败血症等。

4) 脓毒血症(pyemia)：化脓性细菌引起败血症时，由于细菌随血流扩散，在全身多个器官(如肝、肺、肾等)引起多发性化脓病灶。如金黄色葡萄球菌严重感染时引起的脓毒血症常引起肝脓肿、肾脓肿、皮下脓肿等。

3. 带菌状态 病原菌在显性或隐性感染后未被消灭，而在体内继续存在一定时间并不断向体外排菌，但无临床表现，称为带菌状态(carrier state)。如伤寒、白喉等病后可出现带菌状态。处于带菌状态的人称为带菌者(carrier)，有健康带菌者、恢复期带菌者、慢性带菌者等，是医学上最重要的传染源。

二、免　　疫

无论是隐性感染还是显性感染后，机体都

可获得特异性免疫力，能抵御同种病原菌的再次感染。有的细菌如金黄色葡萄球菌、大肠埃希菌、痢疾杆菌等感染后获得的免疫力弱、维持时间短、亚型间无交叉免疫，有的细菌如白喉杆菌、百日咳杆菌等感染后获得的免疫力强、维持时间长。据此可预防接种以造福于人类。

细菌侵入机体引起不同程度的病理过程称为感染。感染的来源有外源性和内源性，另外还有一种须高度重视的医院内感染，其中内源性感染源中的正常菌群有重要作用。感染的途径有呼吸道、消化道、接触、创伤和虫媒等感染。

细菌能否感染取决于细菌的致病性、机体的免疫力及环境因素。细菌的致病性主要取决于细菌的毒力，也与数量有关；构成细菌毒力的物质基础是侵袭力和毒素，侵袭力由细菌表面结构和其产生的侵袭性酶构成，毒素包括内、外毒素，两种毒素的区别在临床上有重要意义。机体的免疫力包括非特异性免疫和特异性免疫、体液免疫和细胞免疫，它们相互配合、共同作用。

病原菌侵入机体可引起隐性感染和显性感染、局部感染和全身感染，均可发展为带菌状态；全身感染可分为毒血症、菌血症、败血症和脓毒血症。

细菌感染后可获得特异性免疫力，能抵御同种病原菌的再次感染。

小结

目标检测

一、名词解释

1. 感染 2. 侵袭力 3. 外毒素 4. 败血症 5. 带菌者

二、选择题

A型题

1. 下列部位正常情况下无菌的是
   A. 胃、肠、腹膜腔、眼球内
   B. 胃、泌尿道、腹膜腔、脑脊液
   C. 骨骼、肌肉、血液、脑脊液
   D. 胃、实质脏器、肌肉、脑脊液
2. 长期大量服用抗生素引起肠道菌群失调，致正常菌群中的条件致病菌大量繁殖而感染，此类感染属于
   A. 内源性感染 B. 外源性感染
   C. 交叉感染 D. 环境感染
3. 可经多途径感染的细菌是
   A. 脑膜炎奈瑟菌 B. 淋病奈瑟菌
   C. 伤寒沙门菌 D. 结核杆菌
4. 构成细菌侵袭力的因素不包括
   A. 菌毛 B. 侵袭性酶
   C. 毒素 D. 荚膜
5. 下列与内毒素中毒无关的是
   A. 发热 B. 白细胞减少
   C. 选择性组织损伤 D. 微循环障碍
6. 类毒素的特征是
   A. 有抗原性，有毒性
   B. 有抗原性，无毒性
   C. 无抗原性，有毒性
   D. 无抗原性，无毒性
7. 葡萄球菌侵入血液大量繁殖产生毒素引起严重的中毒症状称为
   A. 毒血症 B. 菌血症
   C. 败血症 D. 脓毒血症

X型题

8. 关于外毒素，下列说法正确的是
   A. 性质稳定，耐热
   B. 毒性较强
   C. 可脱毒制成类毒素
   D. 引起特殊病变和临床表现
   E. 主要由革兰阴性菌产生
9. 构成侵袭力的有
   A. 黏附因子 B. 菌毛
   C. 内毒素 D. 侵袭性酶
   E. 荚膜
10. 条件致病菌的致病条件是
   A. 菌群移位
   B. 菌群失调
   C. 细菌毒力变异
   D. 机体免疫功能降低
   E. 细菌侵袭力增强
11. 正常菌群的作用包括
   A. 生物拮抗作用
   B. 消化营养作用
   C. 免疫作用
   D. 抑制肿瘤作用
   E. 抗衰老作用
12. 医院内感染包括
   A. 自身感染
   B. 交叉感染
   C. 血透器械消毒不严造成的感染
   D. 医源性感染
   E. 所有滥用抗生素所致的菌群失调症

三、简答题

1. 试述正常菌群的概念及作用。
2. 简述构成细菌致病性的因素。
3. 比较细菌内、外毒素的区别。

第3节　细菌感染的微生物学检查与防治原则

学习目标

1. 描述细菌标本采集与送检的注意事项
2. 列出细菌学检验程序
3. 归纳细菌感染的预防措施
4. 说出细菌感染的主要治疗药物及使用注意事项

一、微生物学检查

细菌性疾病的诊断，除根据临床症状、体征和一般临床检验(三大常规)外，采取合适的临床标本进行微生物学检验(细菌学检验和血清学检验)在确诊病因及指导用药上极为重要。一般情况下，感染早期查病原、晚期查抗体。

(一)细菌学诊断

1. 标本的采集与送检　检查结果是否准确与标本的选择、采集的时间、收集的方法等有直接关系。因此，必须遵守以下原则：

(1) 无菌：严格无菌操作，尽量避免杂菌污染。

(2) 部位：应根据病原菌在患者不同病期的分布、排出部位及病变明显部位采取不同标本。如流脑患者取脑脊液、血液或瘀斑，伤寒患者病程第1～2周内取血液、第2～3周内取粪便等。

(3) 时间：一般在使用抗生素之前。如已使用抗生素则在分离时加入所用抗生素的拮抗剂；采取局部病变标本不可使用消毒剂，必要时用无菌生理盐水冲洗、拭干后再取材。

(4) 保存：厌氧菌感染及病原菌抵抗力弱的标本，最好在床边接种。除脑膜炎奈瑟菌、淋病奈瑟菌等需保温外，多数菌可冷藏保存；粪便标本含杂菌多，应置于甘油缓冲盐水保存液中。

(5) 速送：标本必须新鲜，采集后应注意保存并尽快送检。

(6) 标记：化验单上应注明患者姓名、标本种类、检验目的及临床初步诊断等。

2. 检验程序

(1) 直接涂片染色镜检：简便和快速的检测方法之一，对某些形态和染色性等方面具有特征的病原菌可初步诊断。包括细菌不染色标本和细菌染色标本的检查。

细菌不染色标本检查主要是用悬滴法或压滴法在普通光学显微镜下观察细菌动力，如霍乱弧菌呈穿梭样运动。

细菌染色标本检查常用的染料为亚甲蓝、碱性复红、甲紫等碱性染料，由于细菌的等电点较低(pI 2～5)，故在近中性环境中带负电荷而易与带正电荷的碱性染料结合；为了促进染料与细菌结合，在染色时常加碘液、苯酚等媒染剂。包括单染色法、复染色法、负染色法三类。①单染色法：用一种染料染色，可观察细菌的大小、形态与排列，但各种细菌均染成一种颜色而不能鉴别细菌；②复染色法(见医学微生物学实验)：用两种及以上染料染色，包括革兰染色法、抗酸染色法和特殊染色法，其中最常用、最重要的是革兰染色法，它将细菌分为革兰阳性菌和革兰阴性菌两大类，对鉴定细菌、指导用药、了解细菌的致病性等具有重要意义；③负染色法：用墨汁将标本背景染黑，细菌不着色，常用于观察细菌荚膜和新型隐球菌等。

(2) 分离培养与鉴定：大多数病原菌的形态和染色性无明显特征，因此常需做分离培养。对无菌部位采取的血液、脑脊液标本可直接接种于营养丰富的培养基中；对正常菌群部位采取的标本应接种于选择或鉴别培养基中。接种后置37℃孵育18～24h，大多可形成肉眼可见的菌落，根据菌落特点对细菌进行初步识别和鉴定。分离培养阳性率比直接涂片镜检高，但需时长。分离培养后可获得纯培养物以进一步鉴定。

根据不同细菌的形态、染色及菌落特征等可初步诊断，要确诊还需进一步检查。常用的鉴定方法：①生化反应：不同致病菌具有不同的酶系，对糖、蛋白质分解产生的代谢产物亦不相同，借此可以鉴别病原菌(见本章第1节)。现已有多种微量、快速、半自动或全自动的细菌生化反应试剂盒(条)和检测仪器可供实验室和临床使用。②血清学反应：用已知特异性抗体与分离培养出来的未知纯种细菌抗

原进行反应以鉴定病原菌。常用的玻片凝集试验、协同凝集试验、间接血凝试验、乳胶凝集试验、对流免疫电泳、免疫荧光技术(IFA)、免疫酶标技术、放射免疫技术(RIA)等可快速、灵敏、特异甚至定位地检测标本中的微量致病菌抗原。③动物试验:主要用于病原菌的分离鉴定,也可用于菌株产毒性的测定。应根据病原菌的致病特点选用易感性较高的健康动物,接种后仔细观察动物的发病情况,死亡后立即解剖检查病变部位或做分离培养以进一步鉴定。④噬菌体、细菌素分型:噬菌体、细菌素对细菌有高度的特异性,可用于细菌的分型,主要适用于流行病学调查。⑤多聚酶链反应(PCR)技术:一种无细胞的分子克隆技术,能在体外经数小时的处理即可扩增成上百万个同一基因分子,常用于检测标本中的细菌特异性DNA片段,具有快速、灵敏、特异和可自动化等优点,随着检测试剂的标准化而将广泛用于临床疾病的诊断。

一般在细菌分离培养与鉴定的同时进行药敏试验以指导临床用药。

(二) 血清学诊断

机体感染病原菌后可刺激机体免疫系统产生特异性抗体,因此用已知细菌或其特异性抗原检测患者血清中有无相应抗体和其效价的动态变化,可作为某些传染病的辅助诊断。血清学诊断主要适用于抗原性较强的病原菌或病程较长的感染性疾病。

正常机体如曾受过某些病原菌隐性感染或近期进行过预防接种,血清中可出现针对该病原菌的抗体;若患者在疾病早期即用抗生素或免疫功能低下,抗体增长可以不明显。因此,应取患者急性期和恢复期双份血清标本,当后者抗体效价比前者升高≥4倍才有诊断价值。

常用于细菌感染的血清学诊断方法:凝集试验、沉淀试验、中和试验、标记技术。其中标记技术尤其是酶联免疫吸附试验(ELISA)具有特异、灵敏、快速、可自动化等优点,已广泛用于病原菌感染后抗体的检测(见5年制《免疫学基础》)。

二、防治原则

细菌感染只要采取的措施得当,大多能有效防治。

(一) 预防

包括一般传染病的非特异性预防和免疫的特异性预防。

1. 非特异性预防

(1) 控制感染源:隔离、治疗患者,甚至国境检疫,如霍乱、鼠疫、麻风、白喉等。

(2) 切断感染途径:严格消毒、加强卫生管理等。如局部化脓性感染应对空气、医疗器械、敷料进行严格消毒,痢疾应加强饮水、食品等卫生监督和管理,消灭苍蝇、蟑螂等。

(3) 保护易感人群:主要通过人工免疫提高机体免疫力来进行长期或紧急预防,也可用药物等预防。如白喉、破伤风可接种类毒素进行长期预防,亦可使用抗毒素进行紧急预防;流脑流行期间可口服磺胺类药物进行预防等。

2. 特异性预防　通过人工自动免疫接种疫苗、类毒素以进行长期预防或人工被动免疫注射抗毒素、丙种球蛋白、细胞因子以进行紧急预防(见五年制《免疫学基础》)。

(二) 治疗

主要用抗菌药物和人工被动免疫生物制品,同时注意对症等治疗。多数细菌首选抗生素,少数产外毒素的革兰阳性菌如破伤风梭菌、气性坏疽杆菌、肉毒梭菌、白喉杆菌、炭疽杆菌等首选抗毒素。

抗菌药物指对病原菌具有抑菌或杀菌、主要供全身(或局部)应用的各种抗生素和化学合成制剂。抗菌药物的作用机制:①干扰细菌细胞壁的合成,如β-内酰胺类抗生素、万古霉素;②损伤细菌的细胞膜,如多黏菌素、制霉菌素、两性霉素、酮康唑、氟康唑、伊曲康唑等;③抑制细菌蛋白质的合成,如氨基糖苷类、四环素与细菌核糖体30S亚基结合,氯霉素、红霉素、林可霉素、氨基糖苷类与细菌核糖体50S亚基结合,抑制细菌蛋白质的合成;④抑制细菌核酸的合成,如利福平抑制细菌RNA的转录,喹诺酮类和新氟喹诺酮类(氧氟沙星、环丙沙星)抑制DNA旋转酶而影响DNA合成,磺胺药、甲氧苄啶等抑制细菌叶酸代谢而影响核酸合成。随着抗菌药物在临床上的广泛应用,细菌常产生耐药性,特别是不合理使用甚至滥用,使耐药菌株愈来愈多、耐药水平也越来越高,给治疗带来了极大困难。因此,

临床上应合理使用抗菌药物，严格掌握用药适应证和用法，用药要足量、疗程要合适，并根据药敏试验选择敏感药物；严格执行消毒隔离制度，防止耐药菌株的交叉感染；加强药政管理，坚持凭处方供药和控制新抗菌药物的审批制度等，以防止细菌的耐药性。

抗毒素的使用应注意早期、足量并做皮试。

人类面临的挑战——感染性疾病的治疗

抗生素的出现使人类不再对感染病或传染病感到恐惧。但随着抗生素的滥用，细菌耐药现象愈来愈严重。据监测，2000 年仅武汉地区的患者花在抗生素的经费就高达 3 亿元，占各类药品总金额的 40.1%，在医院使用的前 20 位药品中抗生素类药物占 75%，其中 1/3 以上的人根本不需要抗生素；临床预防性使用的抗生素，50%以上没有起到作用，反而对肝肾造成不良影响。1992 年美国疾病控制中心资料显示，有 13 300 例细菌感染患者因为对所使用的抗菌药物耐药以致疾病得不到控制而死亡。因此，滥用抗生素已是全球关注的重要公共卫生问题，细菌的耐药性也已成为当今医学上的重大课题之一。也许有一天，医生面临的窘境将与抗生素问世前的年代相似，人类将再次面临感染性疾病治疗的挑战——没有任何药物可以制服"超级病原体"的威胁。

临床进行微生物学检验在确诊细菌感染的病因及指导用药上极为重要。细菌标本采集与送检应注意"无菌、部位、时间、保存、速送、标记"事项，细菌学检验程序包括直接涂片染色镜检和细菌分离培养与鉴定，其中细菌鉴定可进行生化反应、血清学反应、动物试验、噬菌体试验、细菌素试验和 PCR 技术等。

细菌感染的预防包括一般传染病的非特异性预防和免疫的特异性预防。非特异性预防包括控制传染源、切断传染途径和保护易感人群，特异性预防则采取人工免疫的方法。

细菌感染的治疗主要用抗菌药物和人工被动免疫生物制品，同时注意对症等治疗。抗菌药物的使用要注意根据药敏试验合理选用药物、防止滥用，以避免耐药现象的发生；抗毒素的使用要早期足量并做皮试。

小结

一、名词解释

1. 负染色法 2. PCR 技术

二、选择题

A 型题

1. 对细菌种属的鉴定，下列哪项方法不是必需的
   A. 形态染色观察
   B. 菌落观察
   C. 分离培养
   D. 药敏试验
2. 用于细菌感染长期预防的生物制品是
   A. 抗毒素 B. 类毒素
   C. 细胞因子 D. 抗生素
3. 首选抗毒素治疗的细菌感染是
   A. 金黄色葡萄球菌
   B. 肺炎球菌
   C. 伤寒沙门菌
   D. 破伤风梭菌
4. 磺胺药的抗菌机制是
   A. 干扰细菌细胞壁合成
   B. 损伤细菌细胞膜
   C. 抑制细菌蛋白质合成
   D. 抑制细菌核酸合成

X 型题

5. 在标本的采集与送检中正确的做法是
   A. 严格无菌操作，避免杂菌污染
   B. 局部标本应严格消毒后采集
   C. 标本采集后立即送检
   D. 尽可能采集病变明显部位
   E. 标木必须在使用抗生素之前采集

三、简答题

1. 标本采集与送检应注意什么？
2. 有一疑似伤寒患者，你如何进行微生物学检查？
3. 简述细菌感染的预防方法。
4. 简述细菌耐药性的预防措施。

（刘宗生）

第3章　常见病原菌

第1节　化脓性球菌

学习目标

1. 列出化脓性球菌的形态及染色性
2. 简述葡萄球菌、链球菌的分类
3. 说出化脓性球菌的感染途径、致病物质及所致疾病
4. 解释抗链球菌溶血素O(抗链O)试验
5. 简述化脓性球菌的防治原则

球菌的种类繁多，对人类致病的球菌主要引起化脓性炎症，故称化脓性球菌，主要包括革兰阳性葡萄球菌、链球菌、肺炎链球菌和革兰阴性脑膜炎奈瑟菌、淋病奈瑟菌等。

一、葡萄球菌

葡萄球菌属(*Staphylococcus*)中的致病性葡萄球菌是最常见的化脓性球菌，80%以上的化脓性疾病由它引起。一般人群鼻咽部带菌率20%～50%，医务人员可高达70%，而且多为耐药菌株，是医院内交叉感染的重要传染源。

案例3-1

某学校13名学生早餐食用了火腿面包3h后，先后出现恶心、呕吐、腹痛、腹泻、头晕等症状，尤以呕吐甚。体检：多数学生有低热。化验：白细胞升高，呕吐物直接染色镜检见G^+球菌，培养见金黄色、圆形、凸起、表面光滑的细小菌落。经抗感染、补液、对症等治疗，病情迅速好转，2d内痊愈，无死亡病例。

思考题

1. 诊断为什么病？为什么？
2. 应如何预防？

(一) 生物学性状

1. 形态与结构　呈球形，直径约0.4～1.2μm，典型者呈葡萄串状排列(图3-1，彩图1)；无鞭毛，无芽孢，致病性葡萄球菌在体内大多有荚膜。90%以上的金黄色葡萄球菌细胞壁表面存在A蛋白(SPA)。SPA可与人和动物血清中IgG的Fc段发生非特异性结合，降低抗体对吞噬细胞的调理作用，增强细菌的侵袭力；同时可作为抗体的载体进行协同凝集试验而用于多种抗原、抗体的检测。革兰染色阳性。

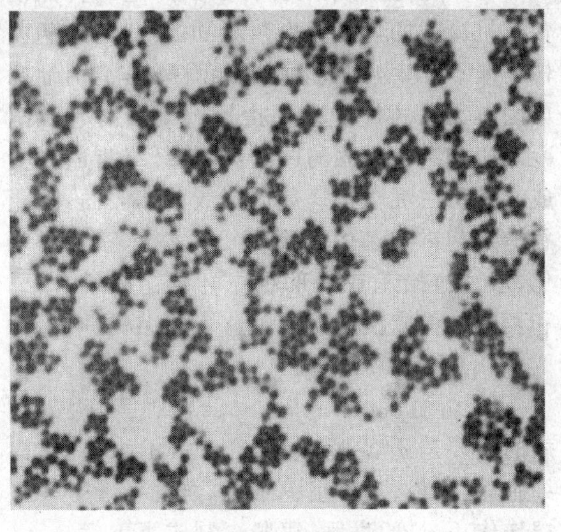

图3-1　葡萄球菌

2. 培养特性　营养要求不高，在普通培养基上生长良好，耐盐性强，能在含10%～15%氯化钠培养基中生长，最适pH7.4、温度37℃，兼性厌氧或需氧。在肉汤培养基中呈均匀混浊生长。在普通琼脂平板上形成圆形、隆起、表面光滑、湿润、边缘整齐、不透明的菌落，并因菌种不同产生金黄色、白色、柠檬色三种脂溶性色素。多数致病菌在血平板上能形成透明溶血环。

根据产生的色素不同可将葡萄球菌分为金黄色、白色、柠檬色三种葡萄球菌。金黄色葡萄球菌含有SPA、凝固酶、耐热核酸酶、溶血素、甘露醇酶而致病性强，白色或柠檬色葡萄球菌不含SPA、凝固酶、耐热核酸酶、溶血

素、甘露醇酶而致病性弱或无。

3. 抵抗力 无芽孢细菌中抵抗力最强者。在干燥脓汁、痰中可存活2～3个月，60℃ 1h或80℃ 30min才被杀死，2%苯酚15min、0.1%氯化汞10min可杀灭；对染料敏感，1∶200 000～1∶100 000甲紫可抑制其生长。对青霉素、磺胺和红霉素等敏感，但由于抗生素的滥用，对青霉素的耐药菌株高达90%以上。

（二）感染与免疫

1. 感染源与感染途径 条件致病菌，只有当皮肤、黏膜受损伤或患慢性消耗性疾病（如糖尿病、结核、肿瘤）或其他原因导致机体免疫功能降低时，可经伤口、消化道等多途径感染，并易发生医源性感染。

2. 致病物质

（1）侵袭力：致病菌株多数产生一种能使含有抗凝剂的人或兔血浆凝固的酶，非致病菌株一般不产生，因此，血浆凝固酶是鉴别葡萄球菌有无致病性的重要指标。凝固酶有游离凝固酶和结合凝固酶两种，能使纤维蛋白原变成纤维蛋白沉积在病灶周围或菌体表面，阻止吞噬细胞对细菌的吞噬、杀灭，并使感染局限化，形成血栓造成局部组织坏死。另外，SPA和荚膜是构成侵袭力的菌体表面结构。

（2）外毒素：

1）溶血素：有α、β、γ、δ、ε溶血素，对人致病的主要是α溶血素。α溶血素不耐热，对白细胞、血小板、多种组织细胞、血管平滑肌等有损伤作用，抗原性强，可脱毒制成类毒素。

2）杀白细胞素：不耐热，能破坏中性粒细胞和巨噬细胞，增强细菌的侵袭力，有抗原性，其抗体能阻止细菌再感染。

3）肠毒素：某些噬菌体Ⅲ群金黄色葡萄球菌产生的性质稳定、耐热的蛋白质，有9个血清型，其中以A、D型引起食物中毒多见。若本菌污染乳类、肉类、鱼类等高营养食品，在20～22℃经8～10h即可产生大量肠毒素。

案例3-1提示

肠毒素是金黄色葡萄球菌产生的主要致病物质，它性质稳定、耐热，污染乳类、肉类、鱼类等高营养食品，在20～22℃经8～10h即可产生大量肠毒素，引起食物中毒。

4）剥脱性毒素：某些噬菌体Ⅱ群金黄色葡萄球菌产生的蛋白质，为丝氨酸酶，引起婴幼儿剥脱性皮炎或烫伤样皮肤综合征，抗原性强，可制成类毒素。

5）毒素休克综合征毒素-Ⅰ（TSST-Ⅰ）：某些噬菌体Ⅰ群金黄色葡萄球菌产生的蛋白质，能致机体发热、增强宿主对内毒素的敏感性，引起毒素休克综合征（TSS）。

3. 所致疾病

（1）侵袭性疾病：为葡萄球菌引起的最常见感染，有毛囊炎、疖、痈、蜂窝织炎、睑腺炎、甲沟炎等皮肤及软组织感染和气管炎、肺炎、胸膜炎、脓胸、中耳炎、脑膜炎、心包炎等内脏器官感染，甚至败血症和脓毒血症。葡萄球菌感染后引起的局部化脓性炎症特点是病灶局限且脓汁黏稠。

（2）毒素性疾病：主要有食物中毒、假膜性肠炎、烫伤样皮肤综合征和毒素休克综合征。食物中毒发病急，常发生于食后1～6h，以呕吐为首要症状，继而腹泻、上腹痛，病后1～2d可自行恢复。假膜性肠炎是一种菌群失调性肠炎，其特点是肠黏膜被一层炎性假膜所覆盖，引起以腹泻为主的症状。烫伤样皮肤综合征开始皮肤有红斑，1～2d表面起皱，继而出现大疱，最后表皮脱落。毒素休克综合征表现为急性高热、低血压、猩红热样皮疹伴脱屑，多见于女性，常于月经期发病，病死率高。

案例3-1提示

应诊断为金黄色葡萄球菌食物中毒，主要依据：①集体发病；②出现以呕吐为主的消化道症状；③标本涂片镜检见G^+球菌，培养见金黄色菌落。

4. 免疫性 人体对葡萄球菌有一定的天然免疫力，患病后能产生调理素和抗毒素，但免疫力弱、维持时间短，难以防止再感染。

（三）微生物学检查与防治原则

1. 微生物学检查

（1）标本采取：疖、痈取脓汁，败血症取血液，食物中毒取可疑食物或呕吐物等。

（2）检查程序：

1）直接涂片染色镜检：可根据形态、排列和染色性作出初步诊断。

2）分离培养与鉴定：将标本直接（血液标本需先经肉汤增菌）接种于血平板，37℃ 18～24h后挑取可疑菌落进行鉴定。致病性葡萄球菌鉴定要点包括产生金黄色色素、溶血素、凝固酶、耐热核酸酶和甘露醇酶等。肠毒素的检查是取可疑食物或呕吐物接种肉汤孵育后取滤过液注入6～8周龄的幼猫腹腔中，若4h左右呕吐、腹泻、体温上升或死亡则提示有肠毒素存在；近年来采用ELISA等免疫学方法检测较多。

2. 防治原则

（1）预防：注意个人卫生，皮肤创伤应及时处理，以防感染；严格无菌操作，防止医源性感染；加强食品卫生监督，对皮肤尤其是手部化脓性感染者，未愈前不能从事食品生产或饮食行业。

案例 3-1 提示

应防止金黄色葡萄球菌污染食品，对食品生产加工人员应定期进行健康检查，对皮肤尤其是手部化脓性感染者应暂时停止其工作或调换岗位。

（2）治疗：首选青霉素，应根据药敏试验结果选用敏感药物，严防滥用抗生素，避免耐药菌株的产生和播散；疖病反复发作者，试用自身疫苗疗法有一定效果。

二、链　球　菌

链球菌属（*Streptococcus*）广泛分布于自然界和人体鼻咽部、胃肠道中，多数为正常菌群，少数为致病菌，是另一类常见的化脓性球菌。

（一）生物学性状

1. 形态与结构　呈球形，直径0.6～1.0μm，链状长短不一（图3-2，彩图2）；无鞭毛，无芽孢，培养早期（2～4h）可形成荚膜，有菌毛样结构（M蛋白）。有多糖抗原和蛋白质抗原，按多糖抗原不同分为A～H、K～V20个血清群，对人致病的90%左右属A群。革兰染色阳性。

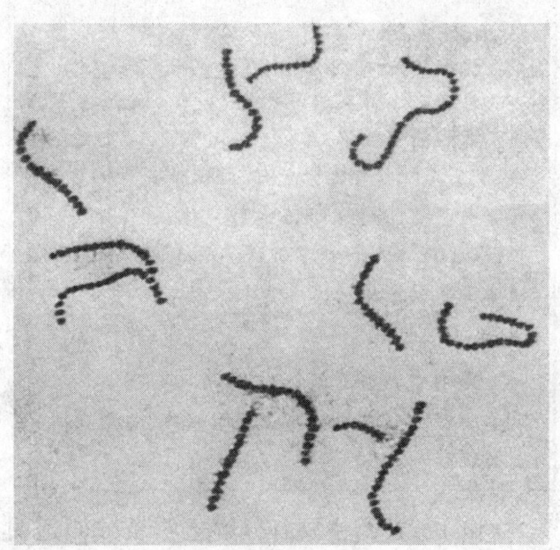

图 3-2　链球菌

2. 培养特性　营养要求较高，常用血平板培养，最适pH7.4～7.6，温度37℃，需氧或兼性厌氧。在肉汤培养基中形成沉淀；在血平板上形成圆形、隆起、光滑、湿润、边缘整齐、透明或半透明、灰白色的细小菌落，不同菌株可出现不同的溶血现象。

根据溶血现象可将链球菌分为甲（α）型、乙（β）型、丙（γ）型三种溶血性链球菌。甲型不完全溶血（草绿色溶血环），为条件致病菌；乙型完全溶血（透明溶血环），致病力强；丙型不溶血（无溶血环），无致病性。

分解葡萄糖产酸不产气，不分解菊糖，不被胆汁溶解，故常用菊糖发酵和胆汁溶解试验鉴别甲型溶血性链球菌与肺炎球菌。

3. 抵抗力　不强。60℃ 30min可被杀死，对常用消毒剂敏感，但在干燥尘埃、痰中能存活数周至数月。乙型溶血型链球菌对青霉素、红霉素和磺胺等药物敏感。

（二）感染与免疫

1. 感染源与感染途径　A群链球菌感染源一般为患者和带菌者，主要通过空气飞沫及皮肤伤口传播；B、D群链球菌和甲型溶血性链球菌为条件致病菌，如甲型溶血性链球菌是口咽部正常菌群，当拔牙或摘除扁桃体时可侵入血流引起亚急性细菌性心内膜炎。

2. 致病物质　A群链球菌是人类细菌感染常见的病原菌之一，可产生多种侵袭性胞外酶和毒素致病。

案例 3-2

患者，女，9 岁。因发热、水肿、血尿 3 天入院。患儿常咽喉痛、发热。入院前 2 周又因咽喉痛、发热而注射青霉素数日，症状消失。入院前 3 日突发高热、血尿、眼睑水肿。体检：T39℃。化验：尿 RBC（+++）、颗粒管型 3～5 个/HP，抗链球菌溶血素 O(ASO)790U。

思考题

1. 可能是什么病？
2. 患儿这次发病与 2 周前咽痛、发热有否关联？

(1) 侵袭力：主要有分解透明质酸的透明质酸酶、使溶纤维蛋白酶原转化成溶纤维蛋白酶的链激酶(SD)、分解 DNA 的链道酶(SK)，它们破坏组织中的大分子物质，造成组织坏死，促进病菌扩散。另外，M 蛋白是构成侵袭力的菌体表面结构。

(2) 外毒素：

1) 溶血素：绝大多数 A 群和许多 C、G 群链球菌产生溶血素 O(SLO) 和溶血素 S(SLS)。SLO 是一种含－SH 的蛋白质，对氧敏感，对中性粒细胞、血小板、巨噬细胞、神经细胞等有毒性作用，抗原性强，相应抗体可中和其溶血能力；SLS 是一种小分子糖肽，对氧不敏感，对白细胞、血小板和多种组织细胞有破坏作用，无抗原性。

虫牙是"虫子"咬的吗？

牙齿表面是由磷酸钙结晶体生成的矿物质基体，通常称为牙釉质。人体氟摄入量少，牙齿则矿化不良，容易形成窝沟而利于残留食物和贮存细菌。糖(尤其是蔗糖)摄入量多，细菌分解糖产生黏性较大的葡聚糖附着在牙齿上形成几微米厚的有机薄膜层，为细菌生长提供了一个有利的环境，使细菌大量生长并与葡聚糖等黏附在一起形成菌斑，菌斑中的细菌可使牙齿脱矿，并进而破坏有机质，产生龋洞，即龋齿，俗称"虫牙"。因此，龋齿是由细菌感染引起，而不是虫子咬的。目前公认的主要致龋菌是变异甲型链球菌，其他还有放线菌、乳酸杆菌等。

2) 致热外毒素：曾称红疹毒素或猩红热毒素，由 A 群链球菌产生的耐热蛋白质，需 96℃45min 才能完全灭活，具有致热作用和细胞毒作用，引起发热和皮疹，抗原性强，其抗体可中和同型毒素。

3. 所致疾病 A 群链球菌引起的感染占人类链球菌感染的 90%，引起化脓性、中毒性和超敏反应性疾病。

(1) 化脓性疾病：皮肤或皮下组织感染，如丹毒、脓疮、蜂窝织炎、痈等；呼吸道感染，引起扁桃体炎、咽喉炎、鼻窦炎，并可扩散引起中耳炎、脑膜炎、淋巴管炎、淋巴结炎等；也可经产道感染，引起产褥热。链球菌感染引起的局部化脓性炎症特点是病灶扩散且脓汁稀薄。

猪链球菌感染

猪链球菌感染是一种人畜共患传染病，人感染猪链球菌并引起发病的情况比较少见。1968 年丹麦首次报道了人感染猪链球菌导致脑膜炎的病例。1984 年，我国首先发现人被感染是在内蒙古。2005 年 6 月下旬开始，四川省资阳、内江等 8 个地市闹起了"猪瘟"，涉及 149 个村，使 647 头猪死亡；后广东、香港也有发现，而且这次"猪瘟"竟然还闹到了人身上，报告人感染猪链球菌病例 204 例，其中死亡 38 例。到目前为止，它在全球已造成 200 多人死亡。

接 链

(2) 中毒性疾病：呼吸道感染，引起小儿急性传染病猩红热，主要表现为发热、咽炎、全身弥漫性鲜红皮疹、退疹后明显脱屑。

(3) 超敏反应性疾病：某些 A 群链球菌引起咽炎、扁桃体炎后一定时间(2～3 周左右)使患者发生急性肾小球肾炎和风湿热，是由于链球菌感染后产生的抗体与相应抗原形成免疫复合物沉积于肾小球基底膜后活化补体导致的炎症反应(Ⅲ型超敏反应)，或由于链球菌与肾小球基底膜、心肌组织存在共同抗原而发生的交叉反应(Ⅱ型超敏反应)。

案例 3-2 提示

应诊断为链球菌感染后急性肾小球肾炎，主要依据：①有咽痛、发热史；②出现眼睑水肿、血尿症状；③化验尿 RBC(+++)、颗粒管型 3～5 个/HP。

甲型溶血性链球菌引起亚急性细菌性

心内膜炎；变异甲型链球菌与龋齿关系密切。

4. 免疫性　感染后可获得一定的免疫力，主要是抗M蛋白抗体的调理作用。因其型别多，各型之间无交叉免疫，故常反复感染。猩红热者能产生牢固的同型抗毒素免疫。

(三) 微生物学检查与防治原则

1. 微生物学检查

(1) 标本采取：疖痈取脓汁、败血症取血液、咽喉病灶取棉拭子等。

(2) 检查程序：

1) 直接涂片染色镜检：可根据形态、排列和染色性作出初步诊断。

2) 分离培养与鉴定：将标本直接(血液标本需先经肉汤增菌)接种于血平板，37℃ 18～24h后挑取可疑菌落进行鉴定。链球菌的鉴定主要根据菌体形态、染色性、菌落特点、溶血性及抗链球菌溶血素O等有关试验。抗链球菌溶血素O试验(抗链O试验)是抗原抗体的中和反应，常用于风湿热的辅助诊断，正常效价在250U(1∶250)左右，活动性风湿热患者一般超过400U。甲型溶血性链球菌应与肺炎球菌鉴别、乙型溶血性链球菌应与葡萄球菌鉴别。

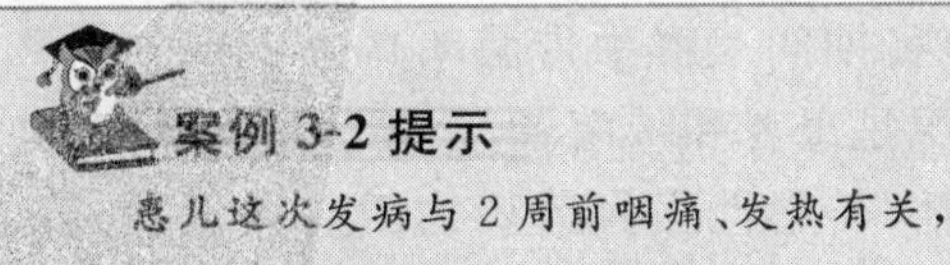

案例 3-2 提示

患儿这次发病与2周前咽痛、发热有关，主要依据是ASO 790U，超过正常值。

2. 防治原则

(1) 预防：对空气、医疗器械和敷料等进行严格消毒，做好隔离，以防交叉感染；避免感冒，早期彻底治疗急性咽炎和扁桃体炎，防止急性肾小球肾炎、风湿热及细菌性心内膜炎的发生。

(2) 治疗：首选青霉素G，也可选磺胺、红霉素等。

三、肺炎链球菌

肺炎链球菌俗称肺炎球菌(pneumococcus)，广泛分布于自然界和人体鼻咽腔中，多数为正常菌群，仅少数对人致病，主要引起大叶性肺炎。

(一) 生物学性状

1. 形态与结构　呈矛头状，直径0.5～1.5μm，多成双排列，宽端相对、尖端向外；无鞭毛，无芽孢，在体内或含血清培养基中能形成荚膜(图3-3，彩图3)。细胞壁中含有一种特异性C多糖，在钙离子存在时可与血清中的C反应蛋白(CRP)结合而沉淀，对活动性风湿病等诊断有一定意义。革兰染色阳性。

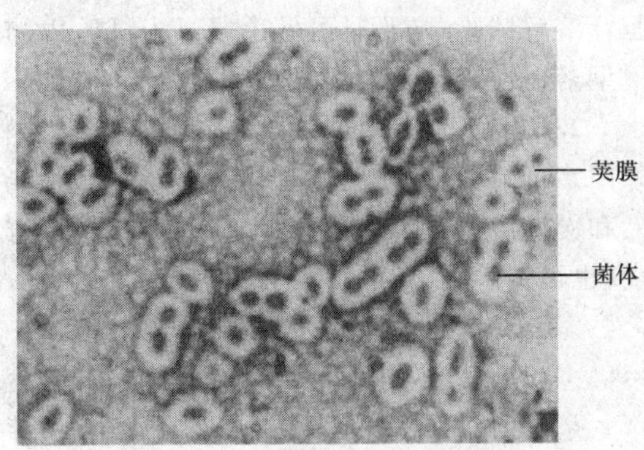

图3-3　肺炎链球菌

2. 培养特性　营养要求较高，在含血液或血清的培养基中才能生长，最适pH7.4～7.8、温度37℃，兼性厌氧。在肉汤培养基中初期呈混浊生长，稍久自溶而澄清；在血平板上形成圆形、隆起、光滑、湿润、边缘整齐、半透明、灰白色、周围有草绿色溶血环的细小菌落，与甲型溶血性链球菌相似。

分解菊糖产酸，自溶酶可被胆汁或胆盐激活，因此常用菊糖发酵和胆汁溶解试验区别甲型溶血性链球菌与肺炎球菌。

3. 抵抗力　较弱，56℃ 20min可被杀死，对常用消毒剂敏感，有荚膜菌株抗干燥力较强，在干痰中可存活1～2个月。对青霉素、磺胺、红霉素和林可霉素等敏感。

(二) 感染与免疫

1. 感染　条件致病菌，正常寄生在鼻咽腔中不致病，只有当机体抵抗力减弱时才致病。致病物质主要是荚膜，另外，溶血素O、神经氨酸酶等物质的致病作用尚待明确。主要引起大叶性肺炎，即典型肺炎，可继发胸膜炎、脓胸，也可引起支气管肺炎、中耳炎、乳突炎、

鼻窦炎、心内膜炎、脑膜炎及败血症等。

2. 免疫 病后可获得牢固的型特异性免疫，主要是荚膜多糖抗体的调理作用。

(三) 微生物学检查与防治原则

1. 微生物学检查 根据病种取痰液、脓汁、血液或脑脊液等直接涂片镜检，如发现典型的革兰阳性有荚膜的双球菌可作出初步诊断。分离培养可将标本直接(血液标本需先肉汤增菌)接种于血平板，37℃18～24h后挑取α溶血的可疑菌落进行鉴定。常用菊糖发酵和胆汁溶解试验，必要时可做小鼠毒力试验以与甲型溶血性链球菌鉴别。

2. 防治原则 加强锻炼，增强抵抗力；国外用多价肺炎球菌荚膜多糖疫苗接种儿童、老人和慢性病患者有较好效果。治疗首选青霉素，也可选磺胺、林可霉素等敏感药物。

四、奈 瑟 菌

奈瑟菌属(*Neisseria*)是一群无鞭毛和芽孢、有菌毛的革兰阴性双球菌。有10种，对人致病的脑膜炎奈瑟菌(meningococcus)、淋病奈瑟菌(gonococcus)分别引起流行性脑脊髓膜炎(简称流脑)和淋病。

(一) 脑膜炎奈瑟菌

案例 3-3

患儿，女，7岁，因发热伴头痛、呕吐3天入院。体检：T39℃，呕吐3次，呈喷射状，颈硬，神志尚清。化验：脑脊液外观混浊，离心沉淀后涂片染色镜检见白细胞内外有革兰阴性双球菌。

思考题

1. 引起本病最可能是什么细菌？
2. 该病应如何预防？

1. 生物学性状

(1) 形态与结构：呈肾形，直径0.6～0.8μm，成双排列、凹面相对，在患者脑脊液中多位于中性粒细胞内(图3-4，彩图4)；无鞭毛，无芽孢，有菌毛，新分离的菌株大多有荚膜。含荚膜多糖群特异性抗原和外膜蛋白型特异性抗原，有13个血清群，对人致病的多为A、B、C、X、Y和W135群，我国以A群流行为主。革兰染色阴性。

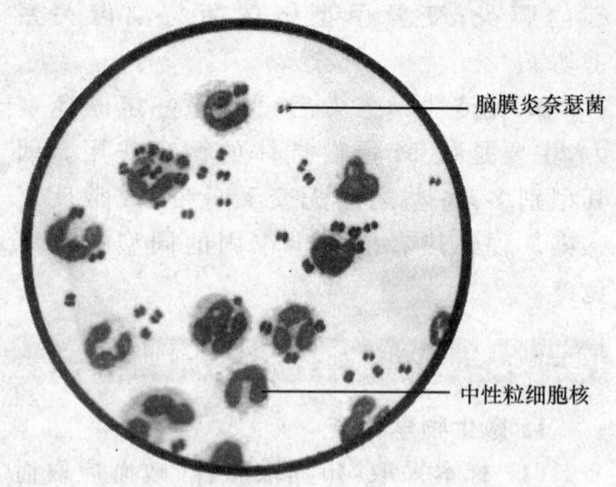

图 3-4 脑膜炎奈瑟菌

(2) 培养特性：营养要求高，在含血液或血清的培养基中才能生长，常用巧克力培养基，最适pH7.4～7.6、温度35～37℃，低于30℃不生长，专性需氧，初次分离需5%～10%CO_2。在肉汤中呈混浊生长；在巧克力平板上形成圆形、隆起、光滑、湿润、边缘整齐、无色透明似露滴状的细小菌落，无溶血现象。能产生自溶酶，有自溶倾向。分解葡萄糖和麦芽糖产酸不产气。

(3) 抵抗力：弱，对热、冷、干燥及常用消毒剂敏感，室温中3h、55℃ 5min即死亡。对磺胺、青霉素和链霉素等敏感。

2. 感染与免疫

(1) 感染：本菌可寄生于正常人的鼻咽腔，流行期间人群中带菌率高达20%～70%。传染源是患者和带菌者，主要通过飞沫经呼吸道传播，传染性强。致病物质有内毒素、菌毛和荚膜，以内毒素为主，引起流脑。潜伏期1～4d。发病轻重与机体免疫力有关，机体免疫力强者，多无症状或只表现上呼吸道炎症；机体抵抗力低下者，细菌大量繁殖后入血引起菌血症或败血症，患者突然恶寒、高热、恶心呕吐、皮肤黏膜出血点(或斑)，少数病人可出现剧烈头痛、喷射性呕吐、颈项强直等脑膜刺激症状，严重者可出现中毒性休克，预后不良。

(2) 免疫：患者和带菌者都可获得牢固免疫，以体液免疫为主，群特异性抗体对各血清群均有交叉免疫，故再感染的机会少。6个月内婴儿可通过胎盘从母体获得IgG，感染机会亦少。6个月至2岁婴幼儿血-脑屏障发育不完善、免疫系统发育不成熟，因此流脑发病率最高。

3. 微生物学检查与防治原则

(1) 微生物学检查：取患者的血液、脑脊液或皮肤瘀斑渗出液和带菌者的鼻咽拭子，因脑膜炎奈瑟菌对低温、干燥极敏感，故标本应注意保暖保湿并立即送检，最好床边接种。直接涂片染色镜检，如发现中性粒细胞内外有革兰阴性双球菌即可初步诊断。分离培养可将标本直接(脑脊液或血液标本可先肉汤增菌)接种到事先预温的巧克力平板或卵黄双抗(多黏菌素B和万古霉素)血平板，置5%～10% CO_2中37℃ 18～24h后挑取可疑菌落进行涂片染色镜检、生化反应、玻片凝集反应等鉴定。对流免疫电泳、SPA协同凝集试验具有快速、简便、特异性高等特点而用于快速诊断。

案例3-3提示

引起本病最可能是脑膜炎奈瑟菌，主要依据：①有头痛、呕吐、颈硬等症状和体征；②脑脊液外观混浊，离心沉淀后涂片染色镜检见白细胞内外有革兰阴性双球菌。

(2) 防治原则：我国广泛应用A群脑膜炎奈瑟菌荚膜多糖疫苗保护率达90%以上，也有国家使用A、C、Y、W135四价混合多糖疫苗；流行期间亦可口服磺胺类药物；注意隔离治疗患者，控制传染源。治疗首选青霉素、磺胺药，也可用氯霉素或红霉素等。

案例3-3提示

对儿童注射A群脑膜炎奈瑟菌荚膜多糖疫苗，流行期间亦可口服磺胺类药物；注意隔离治疗患者，控制传染源。

(二) 淋病奈瑟菌

淋病是世界上发病率最高的性病，占性病总数的66.1%～93.3%。

1. 生物学性状

(1) 形态与结构：与脑膜炎奈瑟菌相似，呈肾形或咖啡豆形，直径0.6～0.8μm，成双排列、两菌接触面平坦，在脓汁中多位于中性粒细胞内(图3-5，彩图5)，慢性淋病患者多分布在细胞外；无鞭毛，无芽孢，有菌毛，新分离菌株有荚膜。革兰染色阴性。

(2) 培养特性：营养要求高，常用巧克力培养基培养，最适pH7.5、温度35～36℃，专性需氧，初次分离需5%～10% CO_2。在肉汤中呈混浊生长；在巧克力平板上形成圆形、隆起、光滑、湿润、边缘整齐、半透明、灰白色的细小菌落。只分解葡萄糖产酸不产气；不分解麦芽糖等其他糖类。

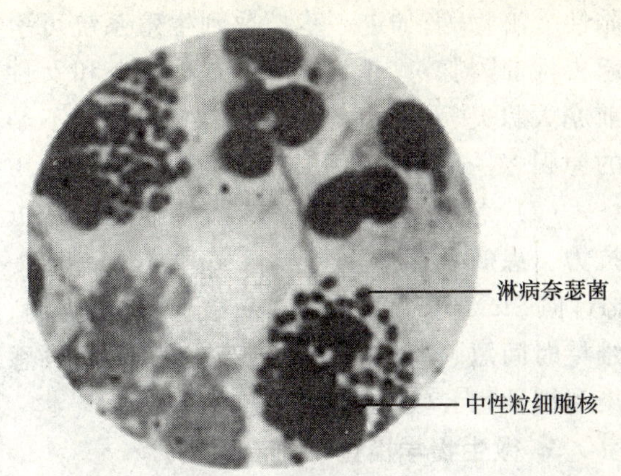

图3-5 淋病奈瑟菌

(3) 抵抗力：弱，对热、寒冷、干燥及常用消毒剂敏感，在干燥环境中仅存活1～2h，室温3h、55℃ 5min、1∶4000硝酸银2min即死亡。但在患者分泌物污染的衣裤、被褥及厕所上能存活24h。对青霉素、磺胺等敏感，但易产生耐药性。对环丙沙星、氧氟沙星、阿奇霉素等亦敏感。

2. 感染与免疫

案例3-4

患者，女，23岁，以尿频、尿急、尿痛、阴道分泌物多伴外阴瘙痒来院就诊。查体：阴道黏膜红肿，有脓性分泌物；宫颈水肿，充血，宫颈口糜烂、有触痛，有黄色脓性分泌物溢出。化验：宫颈分泌物涂片染色镜检见白细胞内有革兰阴性双球菌，氧化酶试验阳性。

思考题

1. 患者最可能患什么病？
2. 该病应如何预防？

(1) 感染：人是淋病奈瑟菌的唯一宿主，感染源是患者和带菌者，主要经性接触和垂直感染，也可经患者分泌物污染的衣物、毛巾、浴盆等感染，传染性强；致病物质是内毒素、菌毛和荚膜，以内毒素为主，引起淋病。成人感染，初期引起男性前尿道炎、女性尿道炎与宫颈炎，患者出现尿痛、尿频、尿道流脓、宫颈可见

脓性分泌物等；如进一步扩散到生殖系统可引起男性前列腺炎、精囊精索炎、睾丸炎和女性前庭大腺炎、盆腔炎等慢性感染，是导致不孕的原因之一。新生儿引起淋病性脓漏眼。

（2）免疫：人对淋病奈瑟菌感染无天然抵抗力。患病后能产生特异性 IgG、IgM 和 SIgA，但 SIgA 可被 IgA 蛋白酶破坏，免疫力弱、维持时间短、各型之间无交叉免疫，因此再感染和慢性患者较普遍存在。

3. 微生物学检查与防治原则

（1）微生物学检查：用无菌棉拭子蘸取泌尿生殖道或子宫颈口分泌物，标本应注意保暖保湿并立即送检。直接涂片染色镜检如发现中性粒细胞内外有革兰阴性双球菌即可初步诊断，但对性病的诊断要慎重，必要时做细菌的分离培养与鉴定以确诊。分离培养可将标本直接接种到事先预温的巧克力平板，为抑制杂菌生长也可在培养基中加入抗生素如多黏菌素 B 和万古霉素，置 5%～10%CO_2 中 37℃ 24～48h 后挑取可疑菌落进行涂片染色镜检、糖发酵试验等鉴定。免疫荧光法、SPA 协同凝集试验可快速诊断。

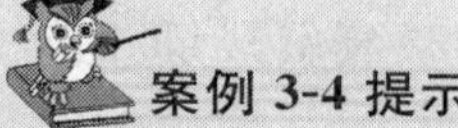

案例 3-4 提示

患者最可能患淋病，主要依据：①有尿频、尿急、尿痛、阴道分泌物多伴外阴瘙痒等症状；②有阴道黏膜红肿、脓性分泌物、宫颈水肿、宫颈口糜烂有触痛等体征；③化验宫颈分泌物涂片染色镜检见白细胞内有革兰阴性双球菌，氧化酶试验阳性。

（2）防治原则：取缔娼妓、加强卫生宣传、杜绝不正当两性关系；不论母亲有无淋病，婴儿出生后应立即用 1% 硝酸银滴眼，以预防淋病性脓漏眼的发生；对患者要及时正确诊断，并进行彻底治疗。治疗首选青霉素，也可用大观霉素（淋必治）或红霉素等，应根据药敏试验结果合理选用药物，并注意治疗配偶。

案例 3-4 提示

预防淋病主要是取缔娼妓、加强卫生宣传、杜绝不正当两性关系；对患者要早发现、早治疗。

化脓性球菌主要包括革兰阳性葡萄球菌、链球菌、肺炎球菌和革兰阴性脑膜炎奈瑟菌、淋病奈瑟菌等，其形态和排列具有鉴别意义。

葡萄球菌按产生的色素分 3 种，金黄色葡萄球菌是引起化脓性感染最常见的病原菌，产生血浆凝固酶和肠毒素等引起局部或全身化脓性感染、食物中毒、假膜性肠炎，其局部化脓性病灶易局限、脓汁黏稠。预防应注意个人卫生、严格无菌操作、加强食品管理。

链球菌分 3 种或 20 个血清群，对人致病的 90% 左右属乙型或 A 群，能产生多种酶和毒素引起化脓性、中毒性和超敏反应性疾病，其局部化脓性病灶易扩散、脓汁稀薄。预防应注意避免感冒、严格消毒、做好隔离。

肺炎球菌、脑膜炎奈瑟菌、淋病奈瑟菌可分别引起大叶性肺炎、流行性脑脊髓膜炎及淋病，措施正确对预防流脑、淋病有一定效果。

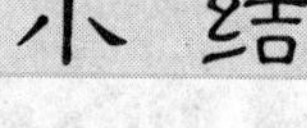

一、名词解释

1. SPA 2. 血浆凝固酶 3. 抗链 O 试验

4. 巧克力培养基

二、选择题

A 型题

1. 葡萄球菌中致病性最强的类型是
   A. 金黄色葡萄球菌
   B. 表皮葡萄球菌
   C. 柠檬色葡萄球菌
   D. 血浆凝固酶阴性菌
2. 下列疾病与金黄色葡萄球菌无关的是
   A. 化脓性炎症　　B. 剥脱性皮炎
   C. 猩红热　　D. 食物中毒
3. 链球菌的分类依据是
   A. 形态染色性　　B. 产生的色素
   C. 有无溶血及其特性　　D. 致病性强弱
4. 脑膜炎奈瑟菌的主要致病物质是
   A. 外毒素　　B. 内毒素
   C. 微荚膜　　D. 自溶酶
5. 脑脊液离心后取沉淀物涂片染色镜检，见白细胞内外有革兰阴性双球菌，此菌可能为
   A. 脑膜炎奈瑟菌　　B. 链球菌
   C. 肺炎球菌　　D. 淋病奈瑟菌
6. 某校多名学生在食堂进餐后数小时出现恶心、呕吐症状。取剩余食物作细菌培养，培养物可分解甘露醇。你认为此菌的其他特征是

A. 胆汁溶菌试验阳性
B. 致病物质有SPA
C. 抗链O试验阳性
D. 可形成双层溶血环

7. 某患者头痛剧烈，喷射性呕吐，皮肤出血性瘀斑，脑膜刺激征(+)。培养此病原菌应选用
A. 罗氏培养基　B. 碱性蛋白胨水
C. 巧克力培养基　D. 吕氏培养基

8. 某孕妇产前检查时发现有淋病性子宫炎。胎儿娩出后应做的处理是
A. 迅速将患儿放入无菌隔离室
B. 1%硝酸银滴眼
C. 给婴儿注射青霉素
D. 0.1%氯己定清洗婴儿皮肤

X型题

9. 引起化脓性感染的革兰阳性球菌有
A. 葡萄球菌　B. 链球菌
C. 肺炎球菌　D. 脑膜炎奈瑟菌
E. 淋病奈瑟菌

10. 金黄色葡萄球菌可引起
A. 败血症、脓毒血症
B. 胸膜炎
C. 食物中毒
D. 假膜性肠炎
E. 风湿性关节炎

11. 金黄色葡萄球菌产生的毒素有
A. 溶血素　B. 杀白细胞素
C. 肠毒素　D. 剥脱性毒素
E. 致热外毒素

12. 链球菌的致病因素有
A. 溶血毒素　B. 猩红热毒素
C. 透明质酸酶　D. 链激酶
E. 链道酶

13. 测定抗链O抗体可协助诊断
A. 风湿性关节炎　B. 类风湿性关节炎
C. 风湿性心脏病　D. 猩红热
E. 肠热症

14. 化脓性病灶脓汁稀薄且易扩散，其主要原因是病原菌产生
A. 溶血毒素　B. 血浆凝固酶
C. 透明质酸酶　D. 链激酶
E. 链道酶

15. 脑膜炎奈瑟菌的致病物质是
A. 荚膜　B. 菌毛
C. 外毒素　D. 内毒素
E. 自溶酶

三、简答题

1. 葡萄球菌、链球菌分哪几类？金黄色葡萄球菌有哪些重要特点？
2. 葡萄球菌、链球菌、肺炎球菌、奈瑟菌的主要致病物质及所致疾病有哪些？淋病奈瑟菌的感染方式是什么？
3. 葡萄球菌与链球菌引起的化脓性炎症为什么不同？
4. 抗链O试验的原理及意义？

（刘宗生）

第2节　肠道杆菌

学习目标

1. 归纳肠道杆菌的共同特性
2. 列出埃希菌属、志贺菌属、沙门菌属的感染途径、致病物质及所致疾病
3. 解释肥达反应
4. 简述埃希菌属、志贺菌属、沙门菌属的防治原则

肠道杆菌是一大群寄居在人体和动物肠道、生物学性状相似的革兰阴性杆菌。广泛分布于水、土壤和腐物中。多数肠道杆菌属于正常菌群，但在宿主免疫力下降或寄居部位改变时也可引起疾病；少数为致病菌，经消化道感染引起疾病，如伤寒沙门菌、志贺菌、致病性大肠埃希菌等。

肠道杆菌具有下列共同特性：

1. 形态与结构　均为中等大小、两端钝圆的革兰阴性杆菌(图3-6，彩图6)。有些有质粒，能携带耐药性、菌毛和肠毒素等基因。除志贺菌外多有鞭毛，能运动；致病菌多有菌毛；少数有荚膜或包膜；无芽孢。

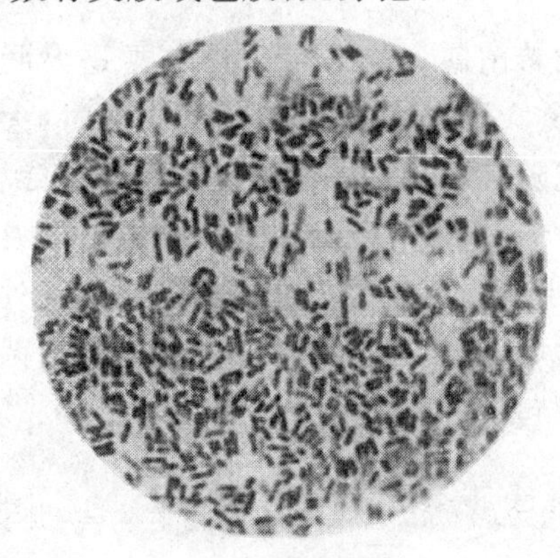
图3-6　大肠埃希菌

2. 培养特性　营养要求不高，兼性厌氧或需氧，在普通培养基上形成中等大小的光滑型菌落，在液体培养基中呈均匀混浊生长。有些菌在血平板上可产生β型溶血。

3. 生化反应　活泼，能分解多种糖类和蛋白质，形成不同的代谢产物，常用于鉴别细菌。能否分解乳糖可作为肠道致病菌和非致病菌的初步鉴别依据，在选择鉴别培养基SS平板上非致病菌分解乳糖，菌落较大呈粉红色；致病菌不分解乳糖，菌落细小、无色似小水滴状。

4. 抗原构造　较复杂，主要有以下三种：

(1) 菌体(O)抗原：细胞壁的LPS，耐热，250℃ 2～4h才被破坏。O抗原的特异性取决于O特异性多糖链中单糖的种类和排列顺序。新分离菌株O抗原含O特异性多糖，菌落呈光滑型，菌株致病性强；经人工长期培养后失去O抗原，菌落由光滑型变为粗糙型，称为S-R变异，R型菌株致病性一般较弱。

(2) 鞭毛(H)抗原：鞭毛蛋白，不耐热，60℃30min即被破坏。细菌失去鞭毛后，H抗原消失，菌体抗原外露，称为H-O变异。

(3) 表面抗原：荚膜或包膜抗原，其成分为多糖类，不耐热，加热60℃30min可去除；位于O抗原的外围，能阻抑O凝集，具有抗吞噬作用而与毒力有关。重要的有大肠埃希菌K抗原、痢疾杆菌K抗原、伤寒沙门菌Vi抗原等。

5. 抵抗力　不强，加热60℃30min即死亡，易被一般消毒剂杀灭。但在水、粪便中可存活较长时间。对磺胺、链霉素、氯霉素敏感，但易产生耐药性。

一、埃希菌属

埃希菌属(*Escherichia*)主要是大肠埃希菌，俗称大肠杆菌。婴儿出生数小时，大肠埃希菌就随其吞咽进入肠道定居并伴随终生，在肠道中合成维生素B和K等供人体吸收利用，但当人体免疫力下降或本菌侵入肠外组织器官时可引起肠道外感染，某些血清型菌株可直接引起肠道感染。

(一) 生物学性状

1. 形态与结构　大小为(0.5～0.7)μm×(2～3)μm，多数菌株有周鞭毛、普通菌毛和性菌毛。有些菌株有类荚膜。革兰染色阴性(彩图6)。主要有O、H和K三种抗原，目前O抗原有173种，H抗原有60余种，K抗原有100多种；K抗原又分A、B、C三型，一个菌株中只含有一种型别的K抗原，病原性大肠埃希菌主要含B抗原。

2. 培养特性　在普通培养基上，经37℃ 24h培养后形成2～3mm的圆形、凸起、灰白色、湿润、边缘整齐的光滑型菌落；在SS平板上形成粉红色、较大的菌落；有些菌株在血平板上可产生β型溶血。

大肠埃希菌分解多种糖类，产酸产气。IMVIC试验即吲哚试验、甲基红试验、VP试验、枸橼酸盐利用试验结果为＋＋－－。

3. 抵抗力　对热的抵抗力较其他肠道杆菌强，60°C15min仍有部分活菌，在自然界的土壤、水中可存活数周至数月。胆盐、亚硝酸盐和煌绿等染料对大肠埃希菌有选择性抑制作用。对磺胺类、链霉素、氯霉素、金霉素等敏感，但易产生耐药。

(二) 感染与免疫

1. 感染源与感染途径　多数为正常菌群成为条件致病菌引起内源性肠外感染，少数致病性大肠埃希菌经消化道感染。

2. 致病物质

(1) 侵袭力：由质粒控制、传递的菌毛帮助细菌黏附于肠黏膜表面，K抗原有抗吞噬作用。

(2) 毒素：有内毒素和肠毒素。

1) 内毒素：细胞壁LPS，其毒性成分主要是脂质A。

2) 肠毒素：为外毒素，由产毒性大肠埃希菌在生长繁殖过程中释放。分两种：不耐热肠毒素(heat labile enterotoxin，LT)为蛋白质，由A、B两个亚单位构成，1个A亚单位与5个B亚单位以非共价键连接，A亚单位又分为A_1、A_2两部分，其中A_1是毒素的毒性部分，对热不稳定，65°C30min即失去活性。LT抗原性、致病机理与霍乱肠毒素相似，当B亚单位与肠黏膜上皮细胞的GM_1神经节苷脂受体结合，A亚单位从毒素中释放进入细胞，解离的A_1与腺苷酸环化酶作用，使胞内ATP转化为cAMP，cAMP浓度增加可促进肠黏膜细胞的分泌功能,使肠液大量分泌引起腹泻。耐热肠毒素(heat stable enterotoxin,ST)对热稳定,100℃30min不被破坏,与霍乱肠毒素无共同抗原,其致病机制是通过激活肠黏膜细胞上的鸟苷酸环化酶,使肠道cGMP水平升高,导致肠腔积液,发生腹泻。

3. 所致疾病

(1) 肠外感染:引起化脓性炎症,如尿道炎、膀胱炎、肾盂肾炎、腹膜炎、胆囊炎、阑尾炎、手术创口感染及新生儿败血症等。

(2) 腹泻:引起腹泻的大肠埃希菌分为四组:

1) 肠产毒性大肠埃希菌(enterotoxigenic *E. coli*,ETEC):是婴幼儿和旅行者腹泻的重要病原菌,致病物质是ST或LT、定居因子,临床表现轻者轻度腹泻,重者可出现霍乱样症状。

2) 肠致病性大肠埃希菌(enteropathogenic *E. coli*,EPEC):是婴儿腹泻的主要病原菌,症状为严重腹泻,重者可死亡。EPEC不产生肠毒素,致病主要是细菌进入人体后在十二指肠、空肠和回肠上段大量繁殖,使肠黏膜上皮细胞结构和功能受损,造成严重腹泻。

3) 肠侵袭性大肠埃希菌(enteroinvasive *E. coli*,EIEC):较少见,导致类似菌痢样腹泻,不产生肠毒素,主要靠侵袭力侵入肠黏膜上皮细胞生长繁殖产生内毒素,致使肠黏膜上皮细胞破坏引起严重腹泻。

4) 肠出血性大肠埃希菌(enterohemorrhagic *E. coli*,EHEC):产生志贺毒素样细胞毒素,引起出血性结肠炎。

4. 免疫性 感染后有一定的免疫力,对同型菌有免疫作用。

(三) 微生物学检查与防治原则

1. 微生物学检查

(1) 标本采取:根据感染情况可采取血液、粪便、尿液、脓液、分泌液等标本。

(2) 检查程序:标本画线接种选择培养基和血平板,挑取可疑菌落进行涂片染色镜检,并做生化反应、血清学反应等进行鉴定。

(3) 卫生细菌学意义:大肠埃希菌数量说明粪便污染程度,间接表明有肠道致病菌污染可能。因此,以大肠埃希菌总数和菌群数为指标对饮用水和牛奶、牛肉、果汁等食品进行卫生细菌学检查。我国规定的卫生标准是每毫升样品中细菌总数不超过100个,1000ml样品中大肠菌群数不超过3个。

2. 防治原则 可选用磺胺药、链霉素、新霉素和庆大霉素等进行治疗。但耐药菌株较为常见,应作药敏试验选择敏感药物。

二、沙门菌属

沙门菌属(*Salmonella*)是1885年Salmon首次分离到猪霍乱沙门菌,因其对沙门菌属的研究贡献较大而命名。型别繁多,其中仅少数对人致病,主要有伤寒沙门菌和甲、乙、丙型副伤寒沙门菌;其他对动物致病,偶尔传染给人,引起食物中毒和败血症,其中鼠伤寒沙门菌最常见。

案例 3-5

患者,女,16岁,发热5d入院。患者食欲不振、乏力、腹胀,并一直排黏液便,3～5次/d。体检:T 40℃,脉搏76次/分,肝肋下1.5cm,腹部见玫瑰疹。化验:血WBC 4×10^9/L、N 0.70、L 0.05;大便查到少量脓球和白细胞;肥达反应:入院时O 1∶80、H 1∶80、TA 1∶40、TB 1∶40,入院8d O 1∶320、H 1∶320、TA 1∶40、TB 1∶40。

思考题

1. 该患者最可能患什么病?
2. 该病防治应特别注意什么?

(一) 生物学性状

1. 形态与结构 大小为(0.5～1.0)μm×(2～3)μm,多有周鞭毛、菌毛,无芽孢,一般有荚膜。革兰染色阴性(彩图7)。有O、H、Vi抗原。O抗原为细胞壁上的LPS,性质较稳定,有58种,具种的特异性,能刺激机体产生IgM型抗体;H抗原为蛋白质,性质不稳定,有特异相和非特异相,具型的特异性,能刺激机体产生IgG抗体;Vi抗原又称毒力抗原,新分离的伤寒沙门菌和丙型副伤寒沙门菌有此抗原,能阻抑O凝集而具有抗吞噬作用,抗原性弱,刺激机体产生的抗体效价低。

2. 培养特性 在选择鉴别培养基上形成无色、透明、细小的菌落,可与肠道非致病菌区别。沙门菌属不发酵乳糖;伤寒沙门菌分解葡萄糖产酸不产气,其他沙门菌分解葡萄糖产酸

产气。

3. 抵抗力 不强，60°C 15min 可被杀死，水中能存活 2～3 周，粪便中可存活 1～2 月，在冰冻土壤中可过冬。胆盐、煌绿等对该菌的抑制作用较对其他肠道杆菌小。

（二）感染与免疫

1. 感染源与感染途径 感染源为患者或带菌者，主要通过污染的水源和食物经消化道感染，人畜共患沙门菌病可因食用患病或带病动物如猪、牛、马、羊、猫、狗和鸡、鸭等的肉、乳、蛋或被病鼠尿污染的食物而感染。

2. 致病物质

（1）侵袭力：细菌侵入肠道，靠菌毛黏附于上皮细胞，并穿过上皮细胞到达皮下组织。在此部位，细菌可被吞噬细胞吞噬，但不被杀灭，而在其中生长繁殖形成感染灶，引起炎症反应，这可能与 Vi 抗原有关。

（2）毒素：沙门菌具有较强的内毒素，是主要的致病物质，引起发热、白细胞减少，大量内毒素可导致中毒症状和休克；个别沙门菌，如鼠伤寒沙门菌可产生肠毒素，为外毒素，引起严重腹泻。

3. 所致疾病

（1）伤寒与副伤寒：又称肠热症。由伤寒沙门菌和甲、乙、丙型副伤寒沙门菌引起。典型过程约 3～4 周，发病过程见图 3-7，易并发肠出血、肠穿孔。

伤寒沙门菌、副伤寒沙门菌——→小肠壁淋巴组织（繁殖）——→第一次菌血症——→器官（繁殖）
↓（小肠壁淋巴组织）变态反应；↓（器官）第二次菌血症

图 3-7 伤寒发病过程示意图

第一次菌血症：发热、不适、全身疼痛等症状。器官：肺、肝、脾、肾、胆囊、骨髓等。第二次菌血症：持续高热、相对缓脉、肝脾肿大、白细胞下降、玫瑰疹等明显症状。变态反应：胆囊中部分菌再次侵入肠壁淋巴组织，使已致敏淋巴组织发生变态反应，导致局部坏死和溃疡

（2）食物中毒：最常见沙门菌感染，由鼠伤寒沙门菌、猪霍乱沙门菌、肠炎沙门菌等引起，潜伏期 6～24h，主要症状为发热、恶心、呕吐、腹痛，一般在 3～5d 内较快恢复。

（3）败血症：常见于儿童或免疫力低下的人，多由猪霍乱沙门菌、丙型副伤寒沙门菌、鼠伤寒沙门菌、肠炎沙门菌引起，症状严重，有高热、寒战、贫血等，但肠道病变可不明显。

案例 3-5 提示

该患者最可能患伤寒，主要依据：①持续发热 5d；②T40℃，但脉搏 76 次/分；③肝肋下 1.5cm；④腹部见玫瑰疹；⑤O、H 第二次结果比第一次高 4 倍。

4. 免疫性 伤寒沙门菌系胞内寄生菌，病愈后可获得牢固的免疫力，主要是细胞免疫。体液免疫中 SIgA 具有特异性阻止伤寒沙门菌黏附到肠黏膜表面的能力；抗 O 抗体和抗 Vi 抗体也有抗感染作用。

（三）微生物学检查与防治原则

1. 微生物学检查

（1）标本采取：根据病症、病程和病情采取不同标本。伤寒第 1 周取血，第 2～3 周取粪便和尿液，第 1～3 周取骨髓；食物中毒取粪便、呕吐物和可疑食物；败血症取血液。血清学反应取血液。

（2）检查程序：标本经处理后接种于肠道选择鉴别培养基，挑取可疑菌落涂片染色镜检，并转种到双糖铁培养基上，做生化反应、血清学反应以鉴定。

肥达反应是用已知伤寒沙门菌 O、H 抗原和甲、乙型副伤寒沙门菌 H 抗原与患者血清做定量凝集试验，测定患者血清中抗体含量的多少，以辅助诊断伤寒和副伤寒的常用血清学反应。正常人因隐性感染或预防接种，血清中可含有一定量的抗体，正常值一般是 O 凝集价＜1∶80，H 凝集价＜1∶160，甲、乙型副伤寒沙门菌 H 凝集价＜1∶80。单次效价增高不能作为诊断依据，动态观察若效价依次递增或恢复期效价增高 4 倍及以上有诊断意义；H 与 O 抗体在诊断上的意义见表 3-1。但有极少数患者，血液中的抗体始终阴性，其原因可能是早期应用大量抗生素治疗或患者免疫功能低下所致。

表 3-1 H与O抗体在诊断上的意义

O抗体(IgM)	H抗体(IgG)	意义
↑	↑	感染伤寒或副伤寒的可能性大
↑	—	感染早期或其他沙门菌感染
—	↑	以往疫苗接种或非特异性回忆反应
↓	↓	感染伤寒的可能性小

2. 防治原则 患者、带菌者早隔离、早治疗，特殊行业人员应定期健康检查；加强水源、粪便管理，搞好卫生；对易感人群接种伤寒和甲、乙型副伤寒三联疫苗。

治疗首选氯霉素，亦可用氨苄西林、环丙沙星、复方磺胺甲噁唑、呋喃唑酮(痢特灵)等药物，注意预防并发症。

案例 3-5 提示

伤寒防治应特别注意：①带菌者的早隔离、早治疗；②特殊行业人员的健康检查；③加强水源、粪便管理；④预防并发症发生。

三、志 贺 菌 属

志贺菌属(*Shigella*)是 1898 年 Shiga 首先发现，故名，通称痢疾杆菌(dysentery bacterium)，引起细菌性痢疾，春夏两季发生较多，是最常见的肠道传染病。

案例 3-6

患者，男，57 岁。急性腹痛 2d，每天 10 次左右水样便有黏液，有明显里急后重感，肠鸣音亢进。体检：T38℃，血压正常。化验：血 WBC 17×10^9/L、N 0.80、L 0.16%，大便 RBC 3 个、WBC 7 个、未见阿米巴原虫。

思考题

1. 可初步诊断为哪种疾病？
2. 该病容易出现哪几种带菌状态？

(一) 生物学性状

1. 形态与结构 大小为(0.5～0.7)μm×(2～3)μm，有菌毛，无荚膜，无鞭毛，无芽孢。革兰染色阴性(彩图 8)。有 O 抗原和 K 抗原，根据 O 抗原和生化反应不同将志贺菌分为四群 40 余个血清型(表 3-2)。我国以福氏志贺菌多见，其次是宋内志贺菌。

表 3-2 志贺菌属的分类

菌种	群型	甘露醇	鸟氨酸脱羧酶
痢疾志贺菌	A1～13	—	—
福氏志贺菌	B1～6，x，y 变种	+	—
鲍氏志贺菌	C1～18	+	—
宋内志贺菌	D1	+	+

2. 培养特性 需氧或兼性厌氧。在普通培养基上形成中等大小、半透明的光滑型菌落，在选择鉴别培养基上形成无色、透明、细小的菌落。

志贺菌分解葡萄糖产酸不产气；除宋内志贺菌能迟缓发酵乳糖外，大多数不分解乳糖；不分解尿素，不形成 H_2S，不能利用枸橼酸盐。

3. 抵抗力 弱，60℃ 10min 即死亡，对酸敏感，在粪便中由于其他细菌产酸可使该菌在数小时内死亡；但潮湿土壤中能生存 1 个月。对氯霉素、磺胺、链霉素、氟哌酸敏感。易发生抗原性、生化反应、毒力及对药物的敏感性等变异，国内有 80%～100%志贺菌对氯霉素、磺胺和链霉素耐药，给临床诊断和治疗带来一定的困难。

(二) 感染与免疫

1. 感染源与感染途径 感染源为患者和带菌者，带菌状态较普遍，有恢复期带菌、慢性带菌和健康带菌等，是重要的传染源；主要通过污染水源和食物经消化道感染，人类普遍易感，只需 10～200 个细菌可使 10%～50%的志愿者致病。

案例 3-6 提示

痢疾带菌状态较普遍，有恢复期带菌、慢性带菌和健康带菌等，是重要的传染源。

2. 致病物质

(1) 侵袭力：通过菌毛黏附于大肠黏膜上皮细胞，侵入细胞内生长繁殖并在细胞间扩散；K 抗原有抗吞噬作用。

(2) 毒素：能产生毒性强烈的内毒素，作用于肠壁使其通透性增高促进毒素吸收，引起全身中毒症状，如发热、神志障碍、中毒性休克等；作用于肠壁自主神经系统，导致肠道功能

失调，肠蠕动紊乱和痉挛，尤其是直肠括约肌最明显，因而发生绞痛、里急后重等症状；破坏黏膜，形成炎症、溃疡，呈现典型的黏液脓血便。痢疾志贺菌1型和2型可产生毒性很强的外毒素，称志贺毒素（Shiga toxin，ShT），由A亚单位和B亚单位组成，B亚单位与肠黏膜上皮细胞的受体结合，A亚单位抑制蛋白质合成，具有神经毒性、细胞毒性和肠毒性，可引起神经麻痹、细胞坏死和水样腹泻。

3. 所致疾病 细菌性痢疾。潜伏期一般1～3d。痢疾志贺菌感染者病情较重，宋内志贺菌感染病情较轻，福氏志贺菌感染易转为慢性。常见的志贺菌感染有三种类型：

(1) 急性菌痢：起病急，症状典型，有发热、腹痛、腹泻、里急后重、黏液脓血便。

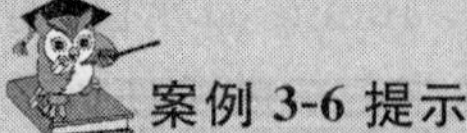

案例 3-6 提示

患者急性腹痛2d，每天10次左右水样便有黏液，有明显里急后重感，肠鸣音亢进，低热，白细胞及中性粒细胞升高，初步诊断为急性细菌性痢疾。

(2) 中毒性菌痢：儿童多见，发病急，常在胃肠道症状出现前即呈现严重中毒症状，如高热、昏迷、休克等，病死率高。

(3) 慢性菌痢：病程超过2个月且反复发作。症状不典型，易被误诊，影响治疗而造成慢性或长期带菌。

4. 免疫性 病后免疫主要是肠道局部分泌型IgA的作用。但免疫力不强，免疫维持时间短，各型之间无交叉免疫，不能防止再感染。

(三) 微生物学检查与防治原则

1. 微生物学检查

(1) 标本采取：取患者在服药前的新鲜粪便黏液脓血部分，立即送检。对不能立即送检的宜将标本保存在30%甘油缓冲盐水中。中毒性菌痢，可取肛拭子；慢性菌痢可直肠镜活检。

(2) 检查程序：将粪便或肛拭子接种于肠道选择鉴别培养基，挑取可疑菌落做生化反应和血清学试验以确定菌群和菌型。荧光菌球法、协同凝集试验、胶乳凝集试验等可快速诊断。

2. 防治原则 早诊断、早隔离、早治疗；加强食品、饮用水卫生管理，防蝇、灭蝇，特殊行业人员应定期健康检查，健康带菌者不宜从事饮食和保幼工作；在春夏流行季节可口服减毒活疫苗进行特异性预防，有一定的免疫效果。

治疗可选用庆大霉素、磺胺、氯霉素、氟哌酸、呋喃唑酮、小檗碱等，但易耐药，故应注意监测其耐药性。

△四、其他肠道杆菌

(一) 肺炎克雷伯菌

肺炎克雷伯菌（*Klebsiella pneumonia*）又称肺炎杆菌。为革兰阴性的短粗杆菌，常端对端成双或短链状排列。有较厚的荚膜，多数菌株有菌毛，无鞭毛。营养要求不高，在普通培养基上形成较大、灰白色、黏液状易于融合的菌落，用接种环挑之易拉成丝，有助于鉴别。

肺炎克雷伯菌与人类关系密切，存在于水和土壤中，寄生在正常人的鼻咽部和肠道中，是医源性感染中除大肠埃希菌外最重要的条件致病菌，可引起支气管炎、肺炎、尿道和创伤感染，有时导致严重的败血症、脑膜炎、腹膜炎等。

(二) 变形杆菌

变形杆菌（*Proteus*）多为革兰阴性杆菌，可呈球形或丝形等多形性。无荚膜和芽孢，有菌毛和周鞭毛，因运动活泼而在固体培养基上呈扩散生长，形成波纹状菌苔，称为迁徙生长现象（图3-8）。

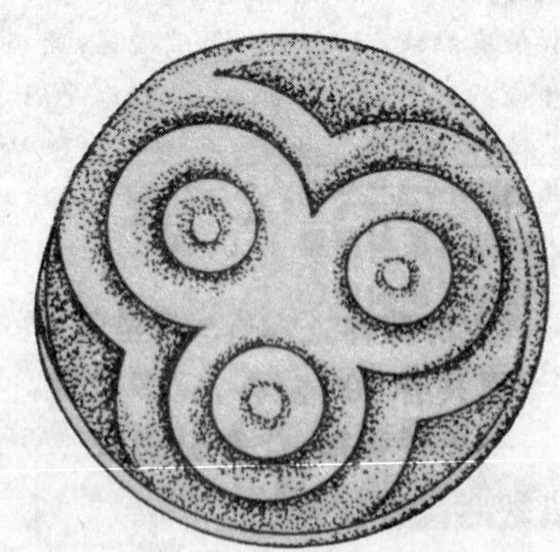

图3-8 变形杆菌的迁徙生长现象

本菌中某些菌株如X_{19}、X_2、X_k的菌体抗原与某些立克次体有共同抗原成分，故临床上常用这些菌株代替立克次体抗原与疑似立克

次体病患者的血清做凝集反应，以辅助诊断斑疹伤寒、恙虫病等，即外-斐反应。

变形杆菌在自然界分布广泛，也存在于人和动物肠道中，为条件致病菌，常引起尿道感染，也可引起创伤感染、婴幼儿腹泻、慢性中耳炎等。本菌抵抗力强，对一般抗生素不敏感，治疗困难。

肠道杆菌是一大群寄居于肠道、生物学性状相似的革兰阴性杆菌。生化反应活泼，其中乳糖发酵试验常作为鉴别肠道杆菌有无致病性的初步依据。抗原构造复杂，是分类、分型和鉴定的主要依据。

大肠埃希菌为人体正常菌群，当其异位可导致肠外感染，致病性大肠埃希菌可引起腹泻。

沙门菌经消化道传播，可引起伤寒、食物中毒、败血症等。肥达反应可辅助诊断伤寒。彻底治疗患者、隔离带菌者是防治的关键。

志贺菌是经消化道传播引起肠道常见传染病菌痢的病原菌，预防主要是加强食品、饮用水卫生管理，防蝇、灭蝇。

肺炎杆菌和变形杆菌是条件致病菌，外-斐反应可辅助诊断立克次体病。

小　结

一、名词解释

1. 肥达试验　2. 外-斐反应　3. O抗原　4. H抗原

二、选择题

A型题

1. 下列哪种糖发酵试验可鉴别肠道致病菌和非致病菌
   A. 葡萄糖　　B. 乳糖
   C. 蔗糖　　D. 麦芽糖
2. 引起婴儿腹泻的主要病原体是
   A. 痢疾志贺菌
   B. 伤寒沙门菌
   C. 葡糖球菌
   D. 肠致病性大肠埃希菌
3. 关于大肠埃希菌，下列叙述正确的是
   A. 不能分解乳糖
   B. 所有大肠埃希菌均是条件致病菌
   C. 在卫生细菌学中有重要意义
   D. 不能引起肠外感染
4. 沙门菌在选择鉴别培养基上的菌落特征是
   A. 红色菌落
   B. 黑色菌落
   C. 无色半透明菌落
   D. 菌落周围有溶血环
5. 肥达反应的原理是
   A. 凝集反应，用已知抗原测未知抗体
   B. 凝集反应，用已知抗体测未知抗原
   C. 间接凝集反应
   D. 沉淀反应
6. 患者，男性，38岁。连续发热8d，脾肿大。血白细胞数 3.2×10^9/L，中性粒细胞0.56，淋巴细胞0.43。相对缓脉，病前一直参加抗洪，最可能患的疾病是
   A. 伤寒　　B. 大叶性肺炎
   C. 流行性感冒　　D. 钩端螺旋体病
7. 一36岁女性，农民，急性腹泻2d，每天10次左右，水样便有黏液，有里急后重感，腹痛、肠鸣音亢进，体温38℃，血压正常。血白细胞数 16×10^9/L，中性粒细胞0.77，淋巴细胞0.16。取黏液便镜检：红细胞3个、白细胞8个，未发现阿米巴原虫。你认为最大可能是
   A. 致病性大肠埃希菌感染
   B. 阿米巴痢疾
   C. 急性细菌性痢疾
   D. 沙门菌食物中毒
8. 一6岁男孩，住南方小镇，春节刚过，开始发病：高热，抽搐多次，意识不清楚。送院检查：面色苍白，昏迷，时有惊厥，两瞳孔不等大，光反射迟钝，脉细，呼吸弱。粪便镜检脓细胞4个；血象白细胞 17×10^9/L、中性粒细胞0.76；脑脊液检查正常。可初步诊断为
   A. 流行性乙型脑炎
   B. 败血症
   C. 中毒性细菌痢疾
   D. 流行性脑脊髓膜炎

X型题

9. 关于大肠埃希菌的叙述，下列哪些是正确的?
   A. 系肠道内正常菌群
   B. 系条件致病菌
   C. 系肠道传染病的主要病原菌
   D. 是环境及食品卫生学上检测的指标菌
   E. 能分解乳糖产酸产气
10. 伤寒患者的临床表现有
    A. 持续高热　　B. 相对缓脉
    C. 皮肤玫瑰疹　　D. 肝脾肿大
    E. 呕吐
11. 伤寒的并发症有
    A. 中风　　B. 肠出血
    C. 肾炎　　D. 肠穿孔
    E. 贫血
12. 志贺毒素的生物学活性有

A. 神经毒性　　B. 细胞毒性
C. 肠毒性　　D. 痉挛毒性
E. 内毒素毒性

13. 痢疾患者做大便细菌学检查时应做到
A. 采带脓血或黏液的粪便
B. 标本勿被小便污染
C. 立即送检
D. 不能及时送检时应将标本保存于 30% 甘油缓冲盐水中
E. 立即涂片染色镜检

三、简答题

1. 简述肠道杆菌的共同特性。
2. 列出沙门菌的致病物质及所致疾病。判断肥达反应结果时应注意哪些问题？
3. 试述痢疾杆菌的致病特点及预防措施。

（唐和生）

第3节 弧菌属

学习目标

1. 简述霍乱弧菌的培养特性、感染途径、致病机制、所致疾病和防治原则
2. 说出副溶血性弧菌的感染途径及所致疾病

弧菌属(*Vibrio*)是一大群菌体短小、弯曲呈弧形的革兰阴性菌。有 100 多种 ，对人类致病的 11 种中主要是霍乱弧菌和副溶血性弧菌，前者是霍乱的病原体，后者引起食物中毒。

案例 3-7

患者，男性，43 岁，头昏，腹胀，剧烈腹泻水样便伴呕吐 1d。无腹痛，无里急后重。查：疲倦面容，皮肤、唇舌干燥，眼窝内陷。血压 80/60mmHg。

思考题

1. 该患者最可能患什么病？应首先进行何种检查来初步诊断？确诊还要做哪些检查？
2. 如何进行特异性预防？

一、霍乱弧菌

霍乱弧菌(*V. cholera*)引起烈性肠道传染病霍乱，俗称Ⅱ号病，为我国甲类传染病，其中的 O-1 群和 O-139 群菌株可以引起霍乱的流行和大流行，是目前国际上受重视和研究最为深入的病原菌之一。

霍乱弧菌的发现

霍乱自 1817 年以来已发生过 7 次世界性大流行。1817～1923 年间的 6 次大流行均起源于印度恒河三角洲，由古典生物型引起，1883 年第 5 次大流行中 koch 从埃及患者粪便中首次发现了霍乱弧菌；第 7 次大流行起源于印尼苏拉威西岛，由 El Tor 生物型引起，1905 年 Cotschlich 在埃及西奈半岛 El Tor 检疫站从麦加朝圣者尸体中分离出而命名。

（一）生物学特性

1. 形态与结构 新分离的菌体弯曲成弧形或逗点状，经人工多次培养后，易失去弧形成杆状，与肠道杆菌不易区别。菌体一端有单鞭毛，运动活泼，有菌毛，无荚膜、无芽孢。有 O 抗原和 H 抗原，根据 O 抗原不同将弧菌分为 139 个血清群，其中 O-1 血清群包括古典生物型和埃托(El Tor)生物型，是霍乱的病原菌。革兰染色阴性(图 3-9，彩图 9)。

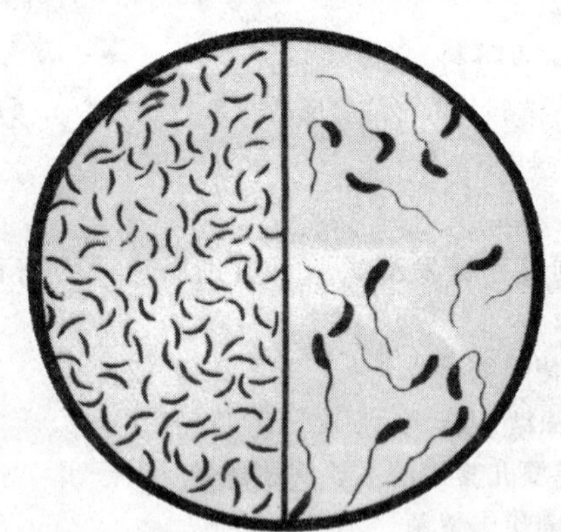

图 3-9 霍乱弧菌

2. 培养特性 营养要求不高，耐碱不耐酸，在 pH8.8～9.0 的碱性蛋白胨水或碱性琼脂平板上生长良好，需氧。吲哚试验阳性。

3. 抵抗力 较弱，对酸、热、干燥、日光、化学消毒剂敏感，在正常胃酸中仅存活 4min，55℃ 15min 或 100℃ 1～2min、0.5×10^{-6}(ppm)氯 15min 可被杀死，0.5% 含氯石灰或 0.1% 高锰酸钾可消毒，对链霉素、氯霉素、四

环素敏感。但在河水、井水及海水中可存活1～3周,其中El Tor抵抗力较强,甚至可以越冬。

(二) 感染与免疫

1. 感染源与感染途径 感染源为患者和带菌者,主要通过污染的水源或食物经口感染,传染性强,人是霍乱弧菌的唯一易感者。

2. 致病物质

(1) 侵袭力:主要是鞭毛和菌毛,即依靠活泼的鞭毛运动,穿过黏液层,借菌毛黏附于肠壁上皮细胞,迅速繁殖。有毒菌株能产生黏液素酶,液化黏液,有助于细菌穿过黏液层。

(2) 霍乱肠毒素(cholera enterotoxin, CT):为外毒素,是霍乱弧菌致病的重要因素。一个肠毒素分子是由一个A亚单位和4～6个B亚单位组成的多聚体。A亚单位是毒素的毒性单位,分A_1和A_2两个组分,其中A_1具有酶活性,是毒素的毒性部分。A_2与B亚单位结合,B亚单位为毒素的结合部位,能与肠黏膜上皮细胞神经节苷脂GM_1受体结合,使分子变构,A亚单位脱离B亚单位进入细胞,A_1肽链活化,作用于腺苷酸环化酶,使ATP不断转化为cAMP,cAMP浓度明显增加,促进肠黏膜上皮细胞的分泌功能,肠液大量分泌、导致严重腹泻。

3. 所致疾病 霍乱或副霍乱。潜伏期短至数小时,长达5～6d。霍乱弧菌引起的霍乱表现为剧烈腹泻(米泔水样便)、呕吐,严重脱水,造成微循环衰竭、电解质紊乱、代谢性酸中毒,严重者肾功能衰竭、休克,如不及时治疗,死亡率高达60%～75%。El Tor生物型感染病情较轻,引起副霍乱,死亡率低。

案例3-7提示

患者头昏、腹胀、剧烈腹泻水样便伴呕吐。无腹痛,无里急后重。血压80/60mmHg。最可能的诊断是霍乱。

病愈后,部分患者可短期带菌,一般不超过两周。个别El Tor生物型患者带菌可达数月或数年,病菌主要贮存于胆囊中。

4. 免疫性 病后可获得牢固免疫力,以体液免疫SIgA为主,再感染者少见。

(三) 微生物学检查与防治原则

1. 微生物学检查 霍乱流行迅速,危害极大,因此对首例患者的确诊应快速、准确,并及时报告疫情。

(1) 标本采取:取米泔水样便或呕吐物,注意粪、尿不能混合,不能及时送检时应将标本存放于保存液中严密包装、专人运送。

(2) 检查程序:

1) 初步报告:直接涂片染色镜检和动力观察可初步报告,应用免疫荧光技术、协同凝集试验等可快速诊断。

2) 确诊报告:将标本接种于碱性蛋白胨水,37℃培养6～8h后取表面生长物涂片染色镜检并做分离培养,对可疑菌落进行生化反应、玻片凝集试验、噬菌体裂解试验等区分两种生物型和抗原型以鉴定确诊。

案例3-7提示

取患者粪便或呕吐物进行动力观察有助于霍乱的初步诊断。要确诊需做分离培养并进行血清学鉴定。

2. 防治原则

(1) 预防原则:加强检疫,及时检出患者,尽早隔离治疗,必要时实行疫区封锁;加强饮水和食品卫生管理;接种霍乱疫苗。

案例3-7提示

对疫区易感人群进行霍乱疫苗接种可增强人群的特异性免疫力。

(2) 治疗原则:及时补充液体和电解质是治疗的关键,合理使用抗菌药物,如链霉素、氯霉素、磺胺、四环素、诺氟沙星等。

二、副溶血性弧菌

副溶血性弧菌(*V. parahemolyticus*)广泛分布于海湾、河口和沿海岸的水中,是我国沿海地区弧菌性腹泻和食物中毒的主要致病菌。常呈弧形、杆形、丝形等多形态,菌体一端有单鞭毛,运动活泼,无荚膜和芽孢。营养要求不高,但嗜盐,在含3.5% NaCl、pH7.0～8.0培养基中生长良好。95%致病菌株能使人或家兔的红细胞发生溶血,称为神奈川

(Kanagawa phenolmenon,KP)试验阳性。抵抗力弱,对热、酸敏感,56℃30min或1%食醋5min可被杀死,淡水中存活不超过2d,但在海水中能生存47d以上,冰冻海鱼中存活数月。

人因食入被本菌污染的海鱼、海蜇、海虾及贝类等海产品或咸菜、咸肉、咸蛋等盐渍食物而感染,引起食物中毒。潜伏期2～26h,最短仅1h。主要症状有腹泻、腹痛、呕吐、水样便或发热等,病程1～7d,恢复较快。病后免疫力不强,可重复感染。

应注意食品卫生,动物性食品应煮熟,海蜇等海产品食用前必须反复用冷开水冲洗,并用食醋调味杀菌。治疗用庆大霉素、复方磺胺甲噁唑、诺氟沙星等。

霍乱是烈性肠道传染病。霍乱弧菌呈弧形,单鞭毛,革兰染色阴性,分古典生物型和埃托生物型,主要致病物质霍乱肠毒素能引起肠黏膜细胞分泌功能亢进,导致严重上吐下泻,患者可因严重失水、酸中毒、休克而死亡。预防可加强检疫,及时检出患者,尽早隔离治疗,必要时实行疫区封锁;加强饮水和食品卫生管理;接种霍乱疫苗等。

副溶血性弧菌为嗜盐性弧菌,主要存在于海产品中,人因食入被污染的海产品或盐渍食物而引起食物中毒,因此应加强食品卫生。

小结

一、名词解释

1. 霍乱肠毒素　2. 古典生物型

二、选择题

A型题

1. 霍乱弧菌的特殊结构有
   A. 鞭毛、菌毛　B. 荚膜、菌毛
   C. 鞭毛、芽孢　D. 荚膜、芽孢
2. 霍乱患者出现"米泔样"粪便由哪种因素引起
   A. 鞭毛　B. 内毒素
   C. 菌毛　D. 霍乱肠毒素
3. 关于霍乱弧菌致病性下列哪项不正确
   A. 病后可获得牢固免疫
   B. 人是唯一易感者
   C. 霍乱肠毒素的B亚单位活化腺苷酸环化酶
   D. 革兰染色阴性

4. 一男性患者,43岁,头昏,腹胀,剧烈腹泻水样便伴呕吐1d。无腹痛,无里急后重。查:疲倦面容,皮肤、唇舌干燥,眼窝内陷。血压80/60mmHg。应首先进行如下何种检查来进行初步诊断?
   A. 粪常规
   B. 取粪便立即进行直接悬滴检查
   C. 碱性蛋白胨水接种
   D. 取耳血立即进行直接悬滴检查

X型题

5. 霍乱弧菌的特性有
   A. 革兰染色阴性
   B. 有单鞭毛而运动迅速
   C. 在碱性培养基中生长良好
   D. 吲哚试验阳性
   E. 以内毒素为主致病
6. 霍乱弧菌的致病物质有
   A. 鞭毛　B. 内毒素
   C. 菌毛　D. 霍乱肠毒素
   E. 黏液素酶

三、简答题

霍乱弧菌的致病物质有哪些?试述霍乱肠毒素的结构及致病机制?

(李裕福)

第4节　厌氧性细菌

学习目标

1. 列出厌氧芽孢杆菌的感染途径及所致疾病、防治措施
2. 简述破伤风梭菌痉挛毒素的致病机制
3. 概述无芽孢厌氧菌的致病条件及感染特征

厌氧性细菌(anaerobic bacteria)是一大群必须在无氧条件下才能生长繁殖的细菌,包括厌氧芽孢杆菌和无芽孢厌氧菌。

一、厌氧芽孢杆菌

厌氧芽孢杆菌只有一个属,即梭状芽孢杆菌属(*Clostridium*),能形成较菌体宽的芽孢,使菌体膨大呈梭形,故名。致病性的主要有破伤风梭菌(*C. tetani*)、产气荚膜梭菌(*C. perfringens*)、肉毒梭菌(*C. botulinum*)。

(一) 破伤风梭菌

破伤风梭菌是破伤风的病原菌。据估计

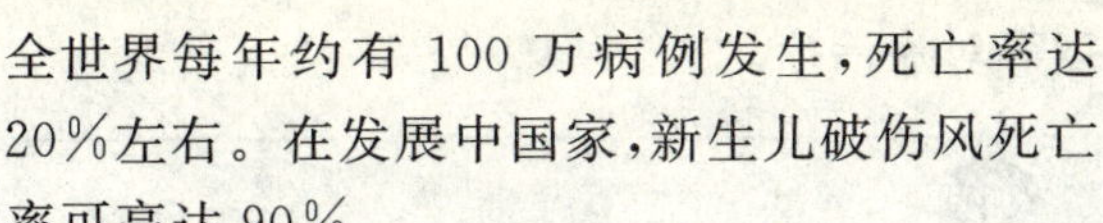

全世界每年约有100万病例发生，死亡率达20%左右。在发展中国家，新生儿破伤风死亡率可高达90%。

1. 生物学性状

(1) 形态与结构：菌体细长。周鞭毛，无荚膜；芽孢为圆形，直径大于菌体宽度，位于菌体一端，似鼓槌状，为本菌的典型特征；革兰染色阳性(图3-10，彩图10)。

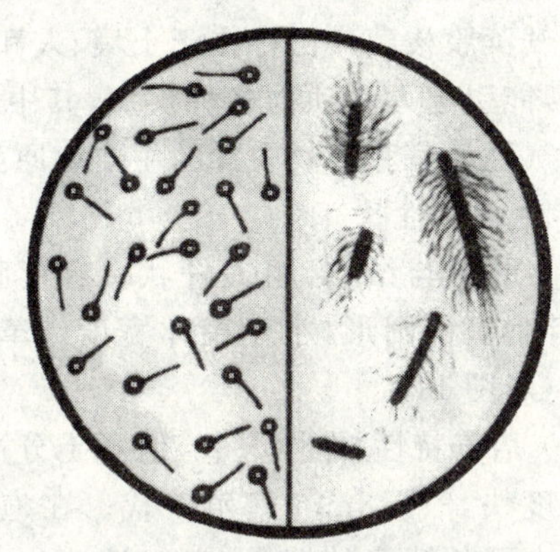

图3-10 破伤风梭菌

(2) 培养特性：营养要求不高，专性厌氧。常用疱肉培养基培养，不发酵糖类、不分解蛋白质，肉渣不被消化，粉红色，无腐败性臭味。在血平板上可有β溶血。

(3) 抵抗力：繁殖体抵抗力与其他菌相似。芽孢抵抗力强，在土壤保存生命力达数十年，耐煮沸1h，在5%苯酚中可存活10～15 h，高压蒸汽灭菌可杀灭。对青霉素敏感。

案例 3-8

一新生儿，出生时在家中接生，未经严格消毒，用剪刀剪断脐带。一周后出现阵发性哭闹、面色发青伴吮吸困难。体检：哭声紧，双眼、牙关紧闭，腹肌紧张，反复抽搐，脐带未脱，脐窝内有脓性分泌物。

思考题

1. 该患儿应诊断为什么病？
2. 应如何救治？

2. 感染与免疫

(1) 感染源与感染途径：破伤风梭菌常存在于深层土壤和生锈的剪刀、铁针等中，经伤口感染，多见于战伤、创伤感染或断脐不洁或手术器械消毒不严。厌氧环境是致病的重要条件，一般伤口窄而深、伴有泥土或异物污染、大面积创伤坏死组织多或缺血、伴有需氧菌等容易感染。

(2) 致病物质：破伤风梭菌在局部生长繁殖，不侵入血流，而主要产生痉挛毒素经血或淋巴液进入中枢神经系统，还可由末梢神经的间隙逆行向上至脊髓前角神经细胞，毒性极强，其致病机制是与脑干、脊髓前角运动神经元表面的神经节苷脂受体结合，封闭了抑制性突触，从而阻止抑制性中间神经元和闰绍细胞(Renshaw cell)释放抑制性介质甘氨酸和γ-氨基丁酸，阻碍上下神经元间正常抑制性冲动的传递，致使伸肌与屈肌同时强烈收缩、骨骼肌强直性痉挛(图3-11)。

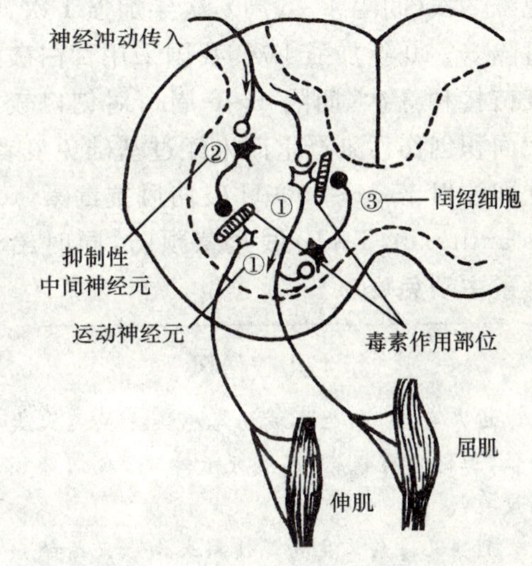

图3-11 破伤风痉挛毒素作用机制

(3) 所致疾病：破伤风。潜伏期1d至2个月，平均7～14d。典型症状表现为特有的牙关紧闭、苦笑面容、角弓反张等，严重者可因呼吸肌痉挛窒息死亡。

(4) 免疫性：病愈后不易获得明显免疫力，仍可再感染。主要是抗毒素的中和作用。破伤风痉挛毒素免疫原性较强，可刺激机体产生抗毒素中和游离毒素；但由于该毒素的毒性非常强烈，微量即可致病，且毒素能迅速与神经组织结合，故患者体液中毒素很少，不能有效刺激机体产生免疫应答。

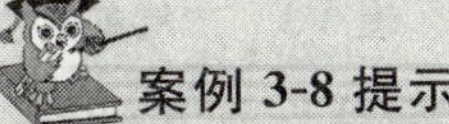

案例 3-8 提示

该患儿诊断为新生儿破伤风，主要依据：①在家中接生，有不洁断脐史，脐窝内有脓性分泌物；②潜伏期1周；③面色发青，吮吸困难，牙关紧闭，腹肌紧张，反复抽搐。

3. 微生物学检查与防治原则

(1) 微生物学检查:破伤风临床症状典型而容易诊断,因此微生物学检查意义不大。必要时可取伤口渗出液或坏死组织涂片染色镜检,并接种疱肉培养基培养后取培养物滤液做毒性试验等。

(2) 防治原则:破伤风一旦发病治疗效果不佳,因此以预防为主。

1) 预防:不用生锈剪刀或不洁手术器械断脐和手术;正确处理伤口,清创扩创造成有氧的微环境。对儿童、军人或其他易受外伤的人群用类毒素主动免疫能有效预防破伤风,基础免疫2次(间隔4~6周),次年加强1次,以后每隔5~10年加强1次,我国采用百白破三联疫苗接种3次(间隔4~6周);对创口较深或大面积创伤污染严重而未经过基础免疫者,应立即注射1500~3000U破伤风抗毒素(tetanus antitoxin,TAT)做紧急预防,同时给予类毒素主动免疫。

新生儿破伤风

近几年来,新生儿破伤风感染率虽然大大降低,但仍时有报道,而且死亡率高,我们必须高度重视。

新生儿破伤风主要是使用未彻底灭菌的接生用具,破伤风梭菌或其芽孢感染脐带残端,又由于我们在处理新生儿脐带时敷料包扎过厚、过紧,导致伤口局部缺氧,芽孢发芽及细菌繁殖,产生毒素而致病。

预防新生儿破伤风,必须做到医疗器械、敷料等灭菌彻底,脐带残端用2%~3%碘酊消毒、3%过氧化氢冲洗等。

2) 治疗:应早期足量使用TAT(10万~20万U),注射前须做皮试,必要时可采用脱敏疗法或用人抗破伤风免疫球蛋白;同时用大剂量青霉素等抗生素抑制破伤风梭菌和其他混合感染菌在伤口中的繁殖,并注意镇静、解痉等对症治疗。

案例3-8提示

立即注射足量的破伤风抗毒素,同时镇静、止痉、抗感染,注意重症监护。

(二) 产气荚膜梭菌

产气荚膜梭菌广泛存在于土壤、人和动物肠道中,能引起人和动物多种疾病,其中A型是人类气性坏疽和食物中毒的主要病原菌。

1. 生物学性状

(1) 形态与结构:粗大杆状。有荚膜,无鞭毛;芽孢呈椭圆形,小于菌体宽度。革兰染色阳性(彩图11)。

(2) 培养特性:专性厌氧,但不十分严格;繁殖速度快,37℃ 8min繁殖一代。在疱肉培养基培中可分解多种糖类,肉渣被消化,变黑色,有腐败性恶臭,产生大量气体。在牛乳培养基中分解乳糖产酸使酪蛋白凝固,同时产生大量气体,冲破凝固的酪蛋白,将液面上的凡士林封固层冲至试管顶部,甚至冲开管口瓶塞,气势凶猛,称为“汹涌发酵”,是本菌的一大特点。在血平板上有双层溶血环,内环为完全溶血,外环为不完全溶血。

2. 感染与免疫 本菌感染方式、致病条件、免疫性与破伤风梭菌相似。多见于战伤或工伤造成创口污染的大面积开放性骨折及软组织损伤。

(1) 致病物质:该菌在体内可形成荚膜,有五个毒素型(对人致病的主要为A型),能产生α、β、ε、ι、δ、θ、κ、λ、μ、ν等多种毒素和侵袭性酶(表3-3),引起肌肉组织坏死,分解组织中的糖类,产生大量气体,造成气肿挤压软组织及血管,影响血液供应,进一步促使肌肉组织坏死,病变部位高度水肿,水气夹杂,触之有捻发感。

表3-3 产气荚膜梭菌产生的主要毒素及其分型

毒素	生物学作用	A型	B型	C型	D型	E型
α毒素	卵磷脂酶,增加血管通透性、溶血和坏死作用	+	+	+	+	+
β毒素	坏死作用	−	+	+	−	−
ε毒素	增加胃肠壁通透性	−	−	−	+	−
ι毒素	坏死作用,增加血管通透性	−	−	−	−	+

(2) 所致疾病：

1) 气性坏疽：60%～80%由A型引起。潜伏期8～48h。局部病变蔓延迅速，患者疼痛剧烈。如治疗不及时，毒素和坏死组织的毒性产物被吸收入血引起毒血症、休克，死亡率可达30%。

2) 食物中毒：A型的某些菌株产生肠毒素，人因食入被污染的食物(主要是肉类)引起。潜伏期8～24h。临床表现为腹痛、腹胀、水样腹泻，不发热，无恶心呕吐，1～2d自愈。

3) 坏死性肠炎：由C型产β毒素菌株引起，罕见。潜伏期不到24h。腹痛、腹泻、便中带血，可并发周围循环衰竭、肠梗阻、腹膜炎等，病死率高达40%。

3. 微生物学检查与防治原则

(1) 微生物学检查：从伤口深部取材镜检发现有荚膜的革兰阳性大杆菌，或食物中毒在发病后一日内检出大于10^5病菌/克食品或10^6病菌/克粪便即可作出初步诊断；必要时将标本进一步培养，通过生化反应、动物试验等进行鉴定。

(2) 防治原则：伤口早期彻底清创，过氧化氢溶液冲洗；必要时截肢以防病变扩散。早期使用多价抗毒素血清，同时给予大剂量青霉素等抗生素以杀灭病原菌及其他混合感染菌；高压氧舱疗法可抑制厌氧菌的生长与毒素产生。

(三) 肉毒梭菌

案例 3-9

患者，男，23岁。因声音嘶哑、吞咽困难而就诊。问诊：4h前吃了未加热的罐头肉。体检：眼睑下垂，语言障碍。后出现四肢麻痹，最后心跳呼吸停止而死亡。

思考题

1. 该患者的死因是什么？
2. 应如何预防？

1. 生物学性状

(1) 形态与结构：大杆菌。无荚膜，有周鞭毛；芽孢椭圆形，位于菌体次极端，宽于菌体，使菌体呈网球拍状。革兰染色阳性(彩图11)。

(2) 培养特性：营养要求不高，专性厌氧。在疱肉培养基中分解多种糖类，肉渣可被消化，变黑色，有腐败性恶臭，产生气体。在血平板上可出现β溶血。

(3) 抵抗力：芽孢抵抗力强，100℃ 5h、180℃ 5～15min、高压蒸气灭菌30min才能将其杀死；在胃液中24h不被破坏。但肉毒毒素不耐热，煮沸1min、75～85℃ 5～10min即被破坏。

2. 感染与免疫

(1) 感染源与感染途径：肉毒梭菌污染豆制品、面制品、罐头等食物，人若食入而感染。

(2) 致病物质：肉毒毒素。肉毒梭菌芽孢在厌氧环境中发芽繁殖，在细胞内产生前体毒素，细胞死亡后释放，经胰蛋白酶或细菌产生的蛋白酶作用后，解离出有毒的肉毒毒素，此毒素是已知最剧烈的毒物，对人的致死量约1μg。肉毒毒素为神经毒，作用于颅神经核和外周神经肌肉接头处，阻碍乙酰胆碱释放，导致眼、咽部、呼吸肌和心肌等肌肉麻痹。

健康问答

电视台经常主办“健康节目”，参与节目的人有著名歌星、影星及其他名人。一天，主持人出了这样一道题：有一瓶过期的肉罐头，瓶盖隆起，能否吃？应该怎么办？为什么？名人答：不能吃，应当丢掉，因为有细菌污染。

思考题

1. 本题中的“细菌”最可能是什么细菌？
2. 你认为名人的回答对吗？为什么？

(3) 所致疾病：肉毒中毒。潜伏期可短至数小时，先有一般不典型的乏力、头痛等症状，接着出现复视、斜视、眼睑下垂、咀嚼困难、语言障碍，严重者膈肌麻痹、呼吸困难和衰竭而死亡，死亡率达10%～20%。此外，婴儿如食入肉毒杆菌污染的食物(如蜂蜜)，可引起婴儿肉毒病，表现为便秘、吮吸无力、吞咽困难、眼睑下垂、全身肌张力减退，严重者造成婴儿猝死。

(4) 免疫性：病后无免疫力。

3. 微生物学检查与防治原则

(1) 微生物学检查：将可疑食物、呕吐物制成悬液，沉淀后取上清液做动物试验，观察动物发病情况以判断检材中是否有肉毒毒素存在。

(2) 防治原则：预防主要是加强食品卫生管理和监督，食品应加热处理后食用，可疑食品应加热消毒处理。治疗应尽早用多价抗毒素血清，同时加强护理和对症治疗，特别要注意维持呼吸功能以预防呼吸肌麻痹和窒息的发生。

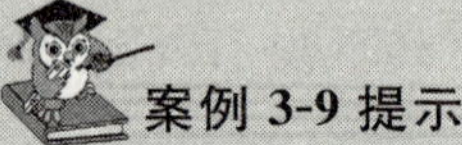

案例 3-9 提示

该患者系肉毒食物中毒，因呼吸肌麻痹而窒息死亡。食品应加热煮熟后食用。

二、无芽孢厌氧菌

无芽孢厌氧菌存在于人体口腔、上呼吸道、肠道及泌尿生殖道等处，与兼性厌氧菌共同构成人体正常菌群，并且在数量上占绝对优势，如在肠道正常菌群中占99.9%，在皮肤、口腔、上呼吸道、泌尿生殖道中亦占80%～90%。在一定条件下，成为条件致病菌引起内源性感染。在临床厌氧菌感染中，无芽孢厌氧菌感染率达90%；口腔、肠道、生殖泌尿道等处的感染中，70%～80%由无芽孢厌氧菌引起。因其感染部位广泛，感染类型多，对多种抗生素不敏感，细菌学诊断较困难，必须引起医护人员的高度重视。

无芽孢厌氧菌包括革兰阳性球菌、杆菌与革兰阴性球菌、杆菌四类。临床上以革兰阴性无芽孢厌氧杆菌引起的感染最多见，其中以脆弱类杆菌为主。

(一) 致病性

1. 致病条件

(1) 寄居部位的改变：如手术、拔牙、肠穿孔等造成的创伤，使细菌移位。

(2) 菌群失调：长期应用抗生素，使厌氧菌拮抗菌群消失，而对抗生素不敏感的无芽孢厌氧菌乘机大量繁殖。

(3) 机体免疫功能下降：如慢性消耗性疾病患者、婴幼儿和老人等。

(4) 局部形成厌氧环境：由于组织坏死、缺血或有异物及需氧菌混合感染而使组织氧化还原电位下降。

2. 致病物质 主要有荚膜、菌毛、透明质酸酶、胶原酶、内毒素等。

3. 所致疾病 慢性化脓性感染和败血症。无特定病型；感染可遍及全身，如口腔、鼻咽部、胸腔、腹腔、盆腔及肛门会阴等处形成局部炎症、脓肿、组织坏死，亦可侵入血液引起败血症；分泌物为血色或棕黑色，有恶臭；分泌物直接涂片可见细菌，但普通培养无细菌生长，败血症血培养阴性；使用氨基糖苷类抗生素长期治疗无效。

(二) 微生物学检查与防治原则

1. 微生物学检查 无芽孢厌氧菌为人体正常菌群，采集标本时应选择无菌部位无菌操作以避免正常菌群污染。常用标本为血液、胸腔液、胆汁等，采集后应尽量避免与空气接触，并迅速送检、立即接种，用厌氧技术进行分离培养。

2. 防治原则 手术时严格无菌操作，避免正常菌群移位；对外科患者要特别注意清洗伤口，去除坏死组织和异物，引流，维持和重建局部良好的血液循环等。治疗可合理使用青霉素、克林霉素、头孢菌素、甲硝唑等抗生素，但脆弱类杆菌对青霉素类抗生素易产生耐药。

厌氧芽孢杆菌均为革兰阳性大杆菌，产生毒性强的外毒素致病，引起特定的临床病症。破伤风梭菌经伤口感染，伤口的厌氧环境是细菌繁殖和致病的重要条件，通过产生痉挛毒素阻止抑制性介质释放而引起骨骼肌强直性痉挛——破伤风；产气荚膜梭菌经伤口感染，通过产生多种外毒素及酶破坏组织细胞而引起气性坏疽；肉毒梭菌产生肉毒毒素污染食物经口感染，引起严重的神经性肉毒食物中毒。预防破伤风可接种破伤风类毒素，紧急预防和治疗可用破伤风抗毒素；气性坏疽、肉毒中毒用多价抗毒素治疗。

无芽孢厌氧菌为人体正常菌群，可成为条件致病菌，引起内源性感染，其感染部位广泛，无特定临床症状，多为慢性化脓性炎症。

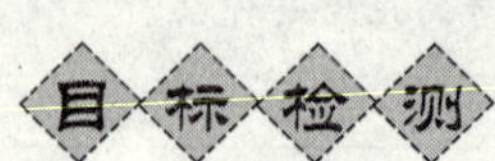

目标检测

一、名词解释

1. 汹涌发酵 2. 气性坏疽 3. 肉毒毒素

二、选择题

A 型题

1. 人体肠道中占绝对优势的细菌是

A. 大肠埃希菌

B. 无芽孢厌氧菌
C. 变形杆菌
D. 白色念珠菌
2. 破伤风特异性预防可用
A. 维生素 B. 细菌素
C. 类毒素 D. 抗生素
3. 下列哪项不是肉毒梭菌的特点
A. 肉毒毒素是毒性最强的物质
B. 肉毒毒素抑制乙酰胆碱的释放
C. 食入含有肉毒毒素的食物致病
D. 革兰阳性,形成芽孢,有荚膜
4. 正常情况下不存在无芽孢厌氧菌的部位是
A. 大肠 B. 尿道
C. 口腔 D. 肺泡
5. 某膝盖部皮肤擦伤的患者前来就医,应采取以下何种方法对其伤口进行处理?
A. 立即注射TAT及大量青霉素
B. 立即清创扩创
C. 注射TAT及破伤风类毒素
D. 清洗伤口,涂沫适当抗生素及纱布贴敷
6. 患者,男,7岁。因张口困难、肌肉僵直而就诊。问诊:两周前有深外伤史。体检:四肢僵直,牙关紧闭,角弓反张。该患儿所患的疾病是
A. 肉毒食物中毒
B. 气性坏疽
C. 破伤风
D. 流脑

X型题

7. 厌氧芽孢杆菌的共同特点是
A. 革兰染色阳性
B. 无荚膜
C. 产生外毒素
D. 致病性强
E. 专性厌氧
8. 容易造成厌氧环境的伤口特征是
A. 伤口深而窄
B. 伤口内有泥土、异物
C. 大面积浅表受伤
D. 伤口内坏死组织多或有血块
E. 伤口内混有需氧菌感染
9. 肉毒中毒的防治原则最重要的是
A. 加强食品卫生管理与监督
B. 对患者尽早作出诊断
C. 对患者迅速注射抗毒素
D. 尽快接种类毒素
E. 加强护理和对症治疗

三、简答题

1. 试述破伤风梭菌的致病性及防治原则。
2. 比较肉毒食物中毒与一般细菌性食物中毒的主要不同点。
3. 简述无芽孢厌氧菌的致病条件及感染特征。

第5节 分枝杆菌属

学习目标

1. 归纳结核杆菌的生物学特性、致病性及防治原则
2. 说出结核菌素试验原理、结果及意义
3. 简述麻风杆菌的感染途径、所致疾病及防治原则

分枝杆菌属(*Mycobacterium*)是一类细长略弯曲的杆菌,因繁殖时有分枝生长趋势而得名。本属细菌细胞壁含大量脂质,一般不易着色,经加热或延长染色时间后一旦着色能抵抗盐酸酒精的脱色,故又称为抗酸杆菌(acid-fast bacilli)。对人致病的主要有结核杆菌、麻风杆菌和某些非典型抗酸菌。

一、结核杆菌

结核杆菌(tubercle bacillus)主要包括人型和牛型结核杆菌,引起结核。估计世界人口中有1/3感染结核杆菌,据WHO报道全世界有2亿多活动性结核病患者,每年约有800万新病例发生,至少有300万人死于该病。目前,由于生活水平的提高、卫生状况的改善,特别是开展了群防群治、儿童普遍接种卡介苗,结核病的发病率和死亡率大为降低;但世界上有些地区因艾滋病、吸毒、免疫抑制剂的应用、酗酒及贫困等原因,发病率又呈上升趋势。因此,结核病至今仍为重要的传染病,是成人传染病的"头号杀手"。

案例3-10

患者,女,18岁。咳嗽1个月余而就诊。自诉咳痰中时有血丝;消瘦并常感疲乏无力,午后微热、心悸、盗汗、食欲不振。查体:T38℃,慢性病容。化验:WBC 12×10^9/L,N0.68、L0.30,血沉70mm/h。X线片:右肺尖有一阴影。痰涂片抗酸染色见红色细长弯曲的杆菌。

思考题

1. 引起本病的病菌是什么?
2. 该病应如何预防?

(一) 生物学性状

1. 形态与结构 细长略弯曲,排列成分枝或索状,大小为(1～4)μm ×(0.3～0.6)μm。电镜观察有较厚的荚膜,无鞭毛和芽孢。用齐-尼(Ziehl-Neelsen)抗酸染色,结核杆菌染成红色,其他非抗酸菌及细胞杂质等均染成蓝色(图 3-12,彩图 12)。有时在痰、结核性脓疡等标本中可见到非抗酸性革兰阳性颗粒,称为莫赫(Much)颗粒,亦称 L 型,此颗粒在培养后或在体内可转变成典型的结核杆菌。

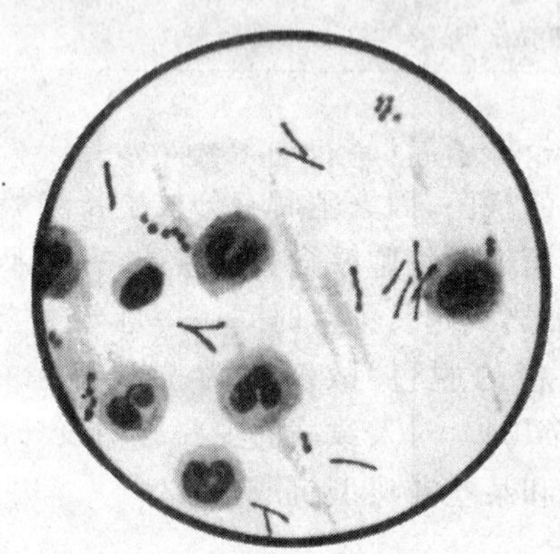

图 3-12 结核杆菌

2. 培养特性 营养要求高,最适 pH 6.5～6.8,专性需氧。因细胞壁中含大量脂质而影响营养物质的吸收,因此生长缓慢,繁殖一代约需 18h。常用含蛋黄、甘油、马铃薯、无机盐、孔雀绿等的罗氏(Lowenstein-Jensen)培养基,培养 2～4 周才出现肉眼可见的乳白色或米黄色、表面粗糙、颗粒状或结节状或菜花状菌落。在液体培养基中呈菌膜生长,加 Tween-80 呈均匀生长。

3. 抵抗力 因细胞壁中含大量脂质而对理化因素抵抗力较强。耐酸碱和干燥,在 3%盐酸、6%硫酸、4%氢氧化钠中 30min 仍有活力,在干燥痰中可存活 6～8 个月;对湿热、紫外线等敏感,60℃ 30min、直接日光照射 2～7h,70%～75%乙醇溶液 2min 可被杀死。对链霉素、异烟肼、利福平、乙胺丁醇、卡那霉素等敏感,但长期用药易出现耐药性。另外,还易发生形态、菌落、毒力、抗原性及耐药性变异。

(二) 感染与免疫

1. 感染源与感染途径 感染源为患者,经呼吸道、消化道及破损的皮肤黏膜等多途径感染,其中呼吸道传播引起肺结核最多见,传染性强。

2. 致病物质 结核杆菌不含内毒素也不产生外毒素和侵袭性酶,其致病作用除荚膜外可能主要与菌体成分有关。

(1) 脂质:约占细胞壁干重的 60%。①磷脂:能刺激单核细胞增生,抑制蛋白酶对组织的分解作用,从而使病灶组织溶解不完全,形成干酪样坏死。②分枝菌酸:为大分子的 α-分枝、β-羟基脂肪酸,可游离或与多糖结合,与抗酸性有关。③索状因子:因能使结核杆菌在液体培养基中生长时相连成索而得名。能破坏线粒体膜,抑制白细胞游走,与慢性肉芽肿形成有关。④蜡质 D:是一种糖肽与分枝菌酸的复合物,有佐剂作用,能刺激机体产生迟发型超敏反应。⑤硫酸脑苷脂:有毒菌株细胞壁上的一种成分,可抑制吞噬溶酶体的形成,使结核杆菌在胞内存活。

(2) 蛋白质:可与蜡质 D 结合导致机体迟发型超敏反应。

(3) 多糖:常与类脂结合,能非特异性刺激机体的免疫功能。

3. 所致疾病 结核。结核杆菌可侵犯全身各个器官,以肺结核多见。肺结核有下列两种表现:

(1) 原发感染:为初次感染,多见于儿童。病菌经呼吸道进入肺泡后,被巨噬细胞吞噬,由于菌体成分的作用,细菌不但没被杀死,反而在其中增殖,导致细胞裂解,引起肺泡渗出性炎症称为原发灶。原发灶内细菌可经淋巴管扩散至肺门淋巴结,引起肺门淋巴结肿大。原发灶、淋巴管炎、肿大的肺门淋巴结称为原发综合征,X 线检查见哑铃形阴影为其主要特征。随着特异性细胞免疫功能的建立,原发感染大多趋于自愈,形成纤维化或钙化,只有极少数免疫力低下者可发生恶化,病菌经气管、淋巴管或血流扩散,引起全身粟粒性结核或结核性脑膜炎。

(2) 继发感染:多见于成人。由潜伏于病灶内或外界再次侵入的结核杆菌引起。此时,机体已有特异性免疫,病灶局限,一般不累及邻近邻巴结,主要表现为慢性淋巴肉芽肿性炎症、形成结核结节、干酪化或纤维化甚至空洞。

4. 免疫性　感染结核杆菌或接种卡介苗后，机体可产生对该菌的特异性免疫力，主要是细胞免疫。此种免疫力的维持依赖于结核杆菌在体内的存在，一旦体内结核杆菌消失，免疫力也随之消失，因此这种免疫称为传染性免疫或有菌免疫。

在结核杆菌感染时，细胞免疫与迟发型超敏反应常同时存在。研究表明，结核杆菌诱导机体产生免疫和发生超敏反应的物质不同。将结核杆菌的核糖核酸注入动物体内，可使之产生对结核杆菌的免疫力而不产生超敏反应；若用结核菌素蛋白与腊质D混合后注入动物，则能诱导机体产生迟发型超敏反应。因此，可用结核菌素试验测定机体对结核杆菌的迟发型超敏反应来判定机体对结核杆菌有无免疫力。

(三) 微生物学检查与防治原则

1. 微生物学检查　根据感染部位采集不同标本，如痰、尿、脑脊液及胸水、腹水等。可直接涂片或集菌后涂片经抗酸染色后镜检，若发现抗酸杆菌即可作出初步诊断；然后将集菌并经中和后的标本接种于罗氏培养基，37℃培养2～4周，根据菌落特征、涂片染色、生化反应、血清学反应、动物试验及PCR技术等进行鉴定。结核菌素试验常用于结核病的辅助诊断。

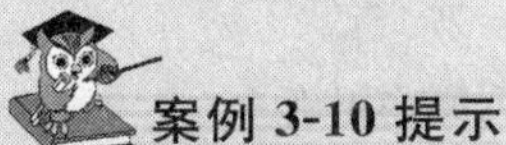

案例3-10提示

痰涂片抗酸染色见红色细长弯曲的杆菌，可初步确诊为结核杆菌。

结核菌素试验：应用结核菌素进行皮肤试验来检测受试者对结核杆菌是否能引起迟发型超敏反应的一种试验。常用的结核菌素有旧结核菌素(old tuberculin，OT)和纯蛋白衍生物(purified protein derivative，PPD)。试验时于前臂掌侧皮内注射PPD或OT 5U，48～72h后观察局部皮肤红肿硬结，结果及意义见表3-4。在结核感染初期、严重结核病、老年人或使用免疫抑制剂者，结核菌素试验可阴性，应注意排除。临床应用结核菌素试验选择卡介苗接种对象及免疫效果测定、辅助诊断婴幼儿结核病、测定肿瘤等患者的细胞免疫功能以及进行结核杆菌感染的流行病学调查。

表3-4　结核菌素试验结果及意义

红肿硬结直径	结果	意义
<5mm	阴性	未感染过结核杆菌，无免疫力
5～15mm	阳性	已感染过结核杆菌或卡介苗接种成功
≥15mm	强阳性	机体可能有活动性结核，应进一步检查

2. 防治原则　预防主要是给结核菌素试验阴性者和新生儿接种卡介苗(BCG)，约80%可获得保护力，7岁、12岁时各复种1次，免疫力可维持6～10年；同时注意发现和治疗痰菌阳性者。治疗首选链霉素、异烟肼、利福平、乙胺丁醇等一线药物，一般联合使用以减少耐药性的发生，注意“早期、联合、适量、全程、规律”用药，WTO建议推广“直接督导下的短程化疗”(DOTS)方案，国内外均推行三药联合方案，即异烟肼(H)、利福平(R)和吡嗪酰胺(Z)为主药，在耐药病例发生较高的地区头2个月强化期需加第四种药物链霉素(S)或乙胺丁醇(E)；另外，注意休息和营养。

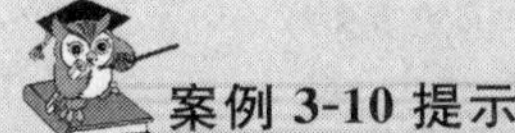

案例3-10提示

预防主要是给结核菌素试验阴性者和新生儿接种卡介苗，同时对患者早发现、早治疗。

△二、麻风杆菌

麻风杆菌(*M. leprae*)是慢性传染病麻风的病原体。目前，全世界约有病例1200万以上，主要在东南亚地区；我国建国前流行较严重，估计有50万患者，建国后经大力防治已大幅度下降，近三年病例稳定在2000例左右，但治愈后有一定的复发率(3.7%)，一些地方麻风病患者盲目流入，给防治工作带来新问题，应予重视。

麻风杆菌形态染色与结核杆菌相似。为胞内寄生菌，在细胞内有大量麻风杆菌存在时，细胞质呈泡沫状，称为麻风细胞，可与结核杆菌区别。麻风杆菌至今体外培养未成功。

患者是麻风病的唯一传染源，患者的鼻腔分泌物、痰、阴道分泌物及精液中均有病菌，通过直接接触经破损的皮肤黏膜感染，亦可通过飞沫经呼吸道感染。潜伏期长，达数年甚至数十年。主要侵犯皮肤黏膜及外周神经系统，损

伤神经鞘细胞、施万细胞与单核/巨噬细胞，形成红斑和结节（麻风结节），出现“狮面”，引起传染性强、病情严重的瘤型麻风或传染性小、病变轻的结核型麻风（良性麻风）。

“世界麻风病日”的由来

麻风病曾经传染性强、危害严重，古时有些患者逃到深山过着野人般的生活，甚至少数患者被活活烧死，即使现在也有少数患者被关进麻风病院长期与世隔绝；尽管随着医疗技术的进步和人们素质的提高，麻风病患者经治疗后大多数可以重返社会与亲人团聚过正常人生活，但都受到歧视。

54 年前，法国律师佛勒豪倡议把每年 1 月份的最后一个星期日定为国际麻风病节——世界防治麻风病日，其宗旨是：树立科学、文明的社会风尚，切实关爱麻风病患者，消除对麻风病患者的歧视和偏见，为麻风病患者回归社会营造良好的社会氛围，动员全社会参与麻风病防治工作。这一倡议得到了各国政府的响应。

1987 年，我国政府正式将每年 1 月份的最后一个星期日定为中国防止麻风病日，此后每年都开展主题活动。

刮取患者鼻黏膜或皮损处检材做涂片，经抗酸染色镜检，根据麻风细胞、麻风杆菌特点进行诊断。早发现、早隔离、早治疗，治疗药物有砜类、利福平、氯法齐明及丙硫异烟胺等，多 2～3 种药物联合应用以防耐药性发生，经治疗大多数可重返社会与亲人团聚过正常人生活。

结核杆菌是抗酸染色阳性、耐酸碱、生长缓慢的分枝杆菌，抵抗力强，其致病主要与菌体成分有关，多途径感染，以肺结核多见。结核菌素试验常用于测定机体对结核杆菌的细胞免疫功能和免疫接种效果。预防接种卡介苗。

麻风杆菌主要通过接触传播，引起慢性传染性麻风病。预防主要是早发现、早隔离、早治疗。

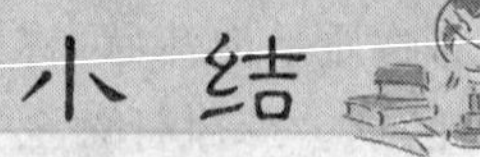

一、名词解释

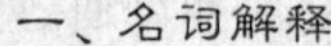

1. BCG 2. 结核菌素试验 3. 麻风细胞 4. 抗酸菌

二、选择题

A 型题

1. 结核杆菌的致病物质是
   A. 内毒素 B. 侵袭性酶类
   C. 菌毛 D. 菌体成分
2. 结核菌素试验阳性说明
   A. 对结核杆菌无免疫力
   B. 对结核杆菌有免疫力
   C. 有活动性结核
   D. 需接种卡介苗
3. 有关结核杆菌的生物学特性，下列哪项是错误的
   A. 营养要求高，专性需氧
   B. 耐酸碱
   C. 菌落颗粒状
   D. 75%乙醇对结核杆菌不起作用
4. 结核杆菌侵入机体的方式
   A. 呼吸道 B. 消化道
   C. 泌尿道 D. 以上均可以
5. 培养结核杆菌常用的培养基是
   A. 疱肉培养基 B. 罗氏培养基
   C. 鲍金培养基 D. 亚碲酸钾培养基
6. 一位 18 岁女学生就诊时主诉近一个多月来咳嗽，痰中时有血丝；消瘦并常感疲乏无力，午后微热、心悸、盗汗、食欲不振。医生高度怀疑为肺结核并对其进行临床检查，其中痰标本集菌涂片后应选用的方法是
   A. 革兰染色 B. 墨汁染色
   C. 抗酸染色 D. 特殊染色

X 型题

7. 关于结核菌素试验，下列哪些正确
   A. 用于免疫效果测定
   B. 测定机体体液免疫状况
   C. 婴幼儿结核病的辅助诊断
   D. 结核杆菌感染的流行病学调查
   E. 选择卡介苗接种对象
8. 麻风的防治原则包括
   A. 开展普查
   B. 定期检查密切接触者
   C. 早诊断
   D. 早隔离
   E. 联合用药，彻底治疗

三、简答题

1. 试述结核菌素试验原理、结果判断及意义。
2. 叙述结核杆菌、麻风杆菌的感染途径、所致疾病及防治原则。

第6节 白喉棒状杆菌

学习目标

1. 简述白喉杆菌的致病性及防治原则
2. 说出锡克试验的结果及意义

棒状杆菌属(*Corynebacterium*)中的白喉棒状杆菌(*C. diphtheriae*),俗称白喉杆菌,是儿童急性呼吸道传染病白喉的病原菌。

案例 3-11

患儿,男,4岁。因发热、声音嘶哑、喉痛伴咳嗽3d而就诊。查体:面色苍白,唇紫,咽后壁、腭弓等处发现灰白色膜状物,T 38.6℃,心率128次/分。

思考题

1. 该患儿可能患什么病?
2. 该病应如何救治?

一、生物学特性

1. 形态与结构 菌体细长略弯曲,一端或两短膨大呈棒状,排列不规则,呈V、L或栅栏状。革兰染色阳性。用亚甲蓝或Neisser或Albert染色菌体内可见异染颗粒,是白喉杆菌的形态特征之一,具有鉴别意义(图3-13,彩图13)。

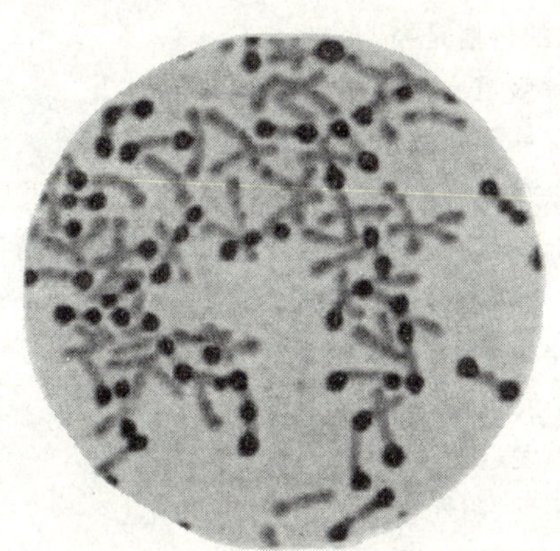

图3-13 白喉杆菌

2. 培养特性 需氧或兼性厌氧。在含血清的吕氏(Loeffler)培养基上生长较快,37℃ 12~24h形成细小、灰白色、光滑型菌落;在含0.03%~0.04%亚碲酸钾血平板上,因其能吸收碲盐使其还原为金属碲,菌落呈黑色。

3. 抵抗力 对干燥、寒冷、日光的抵抗力较强,在咽喉部干燥的假膜中能存活3个月以上,在污染物品上能存活数日至数周。但对湿热、消毒剂敏感,100℃ 1min、60℃ 10min、3%甲酚皂10min可被杀死;对青霉素、红霉素等敏感。

二、感染与免疫

1. 感染源与感染途径 感染源为白喉患者和带菌者,经呼吸道或接触污染的物品传播,6个月至5岁的儿童是主要易感者。多在秋冬季流行,传染性强。

2. 致病物质

(1)白喉毒素:由携带β-棒状杆菌噬菌体的白喉杆菌产生的一种外毒素,为主要致病物质,具有强烈的细胞毒作用。白喉毒素由A、B两个亚单位构成,A亚单位上有1个催化区,B亚单位上有1个受体接合区和1个转位区。当毒素B亚单位与易感细胞膜表面受体结合后,通过B亚单位转位区的介导,使A亚单位进入细胞。A亚单位具有酶活性,可使氧化型烟酰胺腺嘌呤二核苷(NAD^+)上的腺苷二磷酸核糖(ADPR)与肽链延长因子Ⅱ(EF_2)结合,使EF_2失活,影响细胞蛋白质合成,破坏细胞生理功能,引起组织细胞变性坏死。

(2)索状因子:菌体表面的一种糖脂,能破坏细胞中的线粒体而影响呼吸。

3. 所致疾病 白喉。感染后细菌首先在鼻咽部黏膜生长繁殖,分泌外毒素,引起局部炎症使黏膜上皮细胞坏死、血管扩张、组织充血水肿、炎症细胞浸润、纤维蛋白渗出,形成灰白色膜状物,称为假膜,故名。若病变扩展到咽喉部或气管,可因假膜脱落而引起气管阻塞,导致呼吸困难甚至窒息,这是白喉早期致死的主要原因。本菌不侵入深部组织或血流,其毒素可入血,并迅速与易感细胞结合,引起各种临床症状,如心肌炎、软腭麻痹、肾上腺功能障碍、周围神经炎等。

案例 3-11 提示

应诊断为白喉，主要依据：①患儿咽后壁、腭弓等处发现灰白色膜状物；②患儿 4 岁；③有发热、声音嘶哑、喉痛伴咳嗽等症状；④有面色苍白、唇紫、T38.6℃、心率 128 次/分等体征。

4. 免疫性 感染或预防接种后可获得牢固的抗毒素免疫。常用锡克（Schick）试验来检测人群对白喉的免疫状态，试验是根据毒素与抗毒素中和原理，用少量毒素注入受试者皮内以测定体内有无相应抗毒素，对照侧注入等量毒力破坏后的毒素以判断是否存在对毒素的超敏反应。试验时在一侧前臂皮内注射白喉毒素 0.1ml，另一侧前臂皮内注射加热（80℃5min）的白喉毒素 0.1ml，结果判断见表 3-5。

表 3-5 锡克试验的结果及意义

试验侧	对照侧	免疫力	变态反应	结果
－	－	＋	－	阴性反应
＋（迟发迟退）	－	－	－	阳性反应
＋（早发早退）	＋（早发早退）	＋	＋	假阳性反应
＋（早发迟退）	＋（早发早退）	－	＋	混合反应

三、微生物学检查与防治原则

1. 微生物学检查 无菌棉拭从假膜边缘取材后用革兰、亚甲蓝或 Neisser 染色后镜检，根据白喉杆菌的特殊形态、排列、异染颗粒，结合临床症状作出初步诊断；将标本接种于吕氏血清斜面或亚碲酸钾培养基上，根据菌落特点、形态染色、生化反应、Elek 平板毒力试验、豚鼠试验等进行鉴定。

2. 防治原则 采用白喉类毒素（常用百、白、破三联疫苗）进行人工自动免疫，出生后 3 个月初种，3～4 岁和 6～8 岁各加强注射 1 次，免疫力可维持 3～5 年；对密切接触过白喉患者的儿童，应立即注射白喉抗毒素进行紧急预防。对白喉患者应及早隔离和治疗，治疗首选白喉抗毒素，注意早期足量并做皮试，轻者 2 万～4 万 U、重者 5 万～10 万 U 肌注或静脉注射；同时进行抗菌治疗，常用青霉素、红霉素、四环素等。

案例 3-11 提示

应立即注射白喉抗毒素，注意早期足量并做皮试；同时使用青霉素等抗菌药物。

白喉杆菌属于棒状杆菌属，是白喉的病原菌，有异染颗粒，革兰染色阳性。主要产生白喉外毒素抑制细胞蛋白质合成而引起组织细胞变性坏死，在咽喉部形成灰白色假膜；毒素还可侵入血液累及其他器官。病后可获得持久的抗毒素免疫，机体对白喉的免疫力常用锡克试验测定；预防接种疫苗，治疗首选抗毒素。

目标检测

一、名词解释

1. 锡克试验 2. 假膜 3. 白喉毒素

二、选择题

A 型题

1. 下列哪项不是白喉杆菌的特点
   A. 异染颗粒 B. 革兰染色阳性
   C. 外毒素致病
   D. 在动物体内可形成荚膜
2. 下列哪种细菌体内可见异染颗粒
   A. 破伤风梭菌 B. 百日咳杆菌
   C. 白喉杆菌 D. 炭疽杆菌
3. 一 5 岁女孩，发热 5 日，咽痛。免疫接种史不详。查体：在咽后壁、腭弓和腭垂等处发现灰白色膜状物。初步诊断为
   A. 白喉 B. 急性咽炎
   C. 病毒性咽炎 D. 扁桃体炎

X 型题

4. 白喉的传播是经
   A. 呼吸道 B. 消化道
   C. 玩具等物品 D. 血液
   E. 虫媒
5. 锡克试验时，试验侧与对照侧出现哪种情况说明机体对白喉杆菌有免疫力
   A. 早发早退、早发早退
   B. 早发迟退、早发早退
   C. 迟发迟退、阴性
   D. 阴性、阴性
   E. 迟发迟退、迟发迟退

三、简答题

试述白喉杆菌外毒素的结构及致病机制。

（肖守仁）

△第7节　动物源性细菌

学习目标

1. 简述动物源性细菌的生物学性状
2. 说出动物源性细菌的致疾性和防治原则

动物源性细菌是人畜共患病的病原菌，主要有炭疽芽孢杆菌、鼠疫耶氏菌和布鲁菌。

一、炭疽芽孢杆菌

炭疽芽孢杆菌（*Bacillus anthracis*）俗称炭疽杆菌，属于需氧芽孢杆菌，是人类历史上第一个被发现的病原菌，引起动物和人类炭疽。

案例 3-12

患者，50岁，饲养山羊多年，昨日食用不明原因的死山羊肉后于今日出现连续性呕吐，右臂外侧有一1cm×3cm的表浅溃疡，溃疡表面有黑色焦痂。查体：全身中毒症状严重，伴肠麻痹及血便。

思考题

1. 患者感染了什么病？
2. 对该病应如何防治？

（一）生物学性状

1. 形态与结构　菌体两端平切似竹节状大杆菌，大小为(4～8)μm×(1～2)μm。在机体内或含血清培养基中可形成荚膜；无鞭毛；易形成芽孢，芽孢呈椭圆形，小于菌体宽度，位于菌体中央。革兰染色阳性(图3-14，彩图14)。

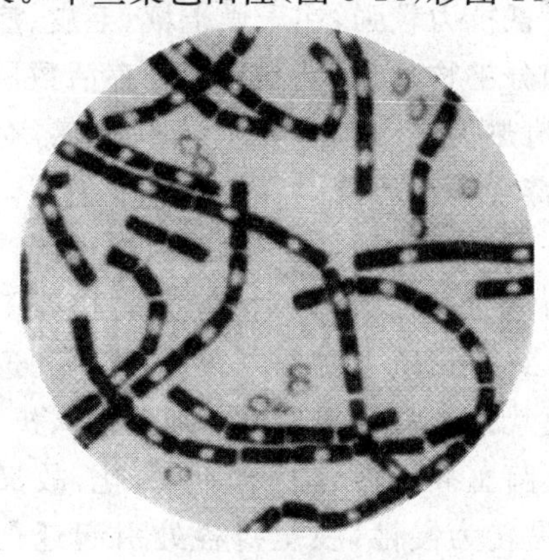

图3-14　炭疽杆菌

2. 培养特性　营养要求不高，最适生长温度30～35℃，需氧或兼性厌氧。在普通培养基上形成灰白色、干燥、边缘不整齐的粗糙型菌落。有毒株在含$NaHCO_3$血琼脂平板置5%CO_2中培养24～48h，产生荚膜，菌落由粗糙型变为光滑型；无毒株不形成荚膜。

3. 抵抗力　本菌芽孢抵抗力强，高压蒸汽灭菌、干热140℃ 3h才能被破坏。在干燥土壤或皮毛中能存活数十年；牧场一旦被芽孢污染，传染性可达20～30年。对碘和氧化剂敏感，1∶2500碘液10min、3%H_2O_2 1h、0.5%过氧乙酸10min可被杀死；对青霉素、磺胺、红霉素、链霉素、四环素、氯霉素等敏感。

（二）感染与免疫

1. 感染源与感染途径　感染源为患病的食草动物（牛、羊）及其尸体，或芽孢污染的皮毛等，经皮肤接触、呼吸道、消化道感染，传染性强。

炭疽杆菌研究取得新突破

美国哈佛大学和威斯康星大学研究人员组成的一个联合小组，找到了炭疽毒素的受体蛋白，这种蛋白附在细胞之外，是炭疽毒素对正常细胞发动攻击的“桥梁”。这一发现将帮助科学家寻找干扰炭疽毒素的方法，如将受体蛋白的一部分制成药物，然后将药物注射到血液中，使炭疽毒素只袭击药物，而非活细胞。科学家说，虽然他们不能马上开发出治疗药物，但相信必定能征服炭疽。

接链

2. 致病物质　荚膜和炭疽毒素。炭疽毒素是造成感染者致病和死亡的主要原因，通过损伤微血管内皮细胞，增加血管通透性而形成水肿。

3. 所致疾病　炭疽。疾病严重，有三种类型：

（1）皮肤炭疽：最常见，炭疽杆菌经小伤口侵入，在局部形成小疖，继之形成水疱、脓疱，最后中心出现黑色坏死、形成焦痂，故名炭疽。患者常伴有高热、寒战，如不及时治疗可发展成败血症而死亡。

（2）肺炭疽：由于吸入炭疽杆菌芽孢所致。症状初似感冒，进而呈现严重的支气管肺

炎症状，2～3d 内死于中毒性休克。

(3) 肠炭疽：由于食入未煮熟病畜肉制品所致，出现连续性呕吐和便血，全身中毒症状严重，2～3d 内死于毒血症。

以上三型均可并发败血症，炭疽性脑膜炎偶见，死亡率极高。

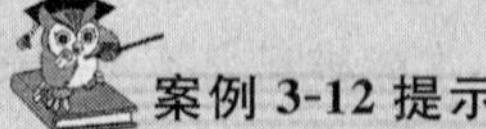

案例 3-12 提示

初步诊断为炭疽，主要依据：①有接触和食用病畜史；②右臂外侧有一 1cm×3cm 的表浅溃疡，溃疡表面有黑色焦痂。

4. 免疫性 感染后可获得持久免疫力，再次感染者少见。

(三) 微生物学检查与防治原则

1. 微生物学检查 根据病型可采取渗出物、血液、痰、粪便等标本。先涂片、干燥、固定后再用 1∶1000 升汞 5min 以杀死细菌，然后染色镜检，结合临床进行初步诊断；接种培养后挑取可疑菌落进一步做青霉素串珠试验、噬菌体裂解试验及动物试验等进行鉴定。

2. 防治原则 预防关键是加强病畜管理，发现病畜立即隔离、处死、焚烧或深埋地下 2m；对牧民、屠宰工人、皮毛工人等相关人员可接种炭疽减毒活疫苗。隔离治疗患者，治疗首选青霉素，也可用磺胺类药及抗炭疽血清综合治疗。

案例 3-12 提示

逐级上报疾控中心，对病畜立即隔离、处死、焚烧或深埋地下 2m；对牧民、屠宰工人、皮毛工人等相关人员接种炭疽减毒活疫苗；隔离治疗患者。

二、鼠疫耶尔森菌

鼠疫耶尔森菌 (*Yersinia pestis*) 俗称鼠疫杆菌，引起自然疫源性烈性传染病鼠疫，为甲类传染病，历史上曾发生过三次世界性大流行，死亡率极高。1989～1998 年世界各地报告鼠疫病例共 5440 例，死亡 681 例，死亡率 11%。

呈短杆状，两端钝圆浓染，有荚膜，无鞭毛，无芽孢；革兰染色阴性（彩图 15）。营养要求不高，最适生长温度 28～30℃，最适 pH 6.9～7.2，兼性厌氧；在肉汤培养基中开始呈混浊，24h 后表现为沉淀，48h 后逐渐形成菌膜，稍加摇动菌膜呈“钟乳石”状下沉，有一定鉴别意义。抵抗力较弱，100℃ 1min、5% 甲酚皂 20min 可被杀死；但在自然环境中能存活 36d，在蚤粪和土壤中能存活 1 年左右。

鼠疫的传播方式是鼠—蚤—人，即经带菌的蚤叮咬或经呼吸道感染，传染性强，致病物质有内毒素、荚膜、V-W 抗原、鼠毒素，潜伏期 3～7d，临床常见腺型、败血症型、肺型鼠疫，病情严重，多于 2～4d 内死亡，临终前患者皮肤呈高度发绀，故有“黑死病”之称。感染后可获得牢固免疫，很少再感染。

微生物学检查必须在指定的具有严格防护措施的专门实验室进行，可取淋巴结穿刺液、痰液、血液及人或动物尸体的肝、脾、肺、肿大淋巴结等进行直接涂片染色镜检或免疫荧光试验以便快速诊断；同时分离培养出可疑菌时进行血清学试验、噬菌体裂解试验等以进一步鉴定。

控制人类鼠疫的主要措施是灭鼠灭蚤，流行区可接种疫苗，同时加强国镜检疫。治疗必须早期足量用药，常用磺胺、链霉素、氯霉素、氨基糖苷类等抗生素。

三、布 鲁 菌

布鲁菌 (*Brucella*) 俗称布氏杆菌，是最早由美国医师 David Bruce 首先分离出而得名，对人致病的有羊、牛、猪、犬布氏杆菌，我国流行的主要是羊布氏杆菌。

呈小杆状，无鞭毛、芽孢，专性需氧，初次分离需 5%～10% CO_2，革兰染色阴性。生长缓慢。抵抗力较强，在干燥土壤、毛皮、病畜的脏器和分泌物、肉及乳制品中能存活数周至数月；但对热、紫外线、常用消毒剂敏感，对链霉素、氯霉素和四环素敏感。

布氏杆菌易感染动物，引起母畜流产。人接触动物通过呼吸道、消化道、皮肤等多途径感染。致病物质主要是内毒素，荚膜和透明质酸酶使其有较强的侵袭力。细菌进入机体，形成两次菌血症，体温呈波浪形变化，故又称波浪热；易转为慢性，在全身各处引起迁徙性病变，出现发热、关节痛、全身乏力、肝脾肿大等。

感染后形成以细胞免疫为主的带菌免疫，对再次感染有较强免疫力。

预防的根本措施是加强病畜管理、切断传播途径和预防接种。免疫接种以畜群为主，疫区人群也应接种。急性患者用抗生素治疗为主，慢性患者除继续用抗生素治疗外，应采取综合疗法以增强免疫力。

动物源细菌主要有炭疽芽孢杆菌、鼠疫耶尔森菌、布鲁菌。

炭疽杆菌为似竹节状的革兰阳性大杆菌，有荚膜和芽孢。感染源为患病的食草动物及其尸体，或芽孢污染的皮毛等，经皮肤、呼吸道、消化道感染，引起炭疽。预防关键是加强病畜管理，发现病畜立即隔离、处死、焚烧或深埋地下 2m；对牧民、屠宰工人、皮毛工人等相关人员接种炭疽减毒活疫苗。

鼠疫杆菌、布氏杆菌均为革兰阴性小杆菌，分别引起鼠疫、波浪热。

小 结

一、名词解释

1. 黑死病 2. 波浪热

二、选择题

A 型题

1. 波浪热由下列哪种病原菌引起
   A. 空肠弯曲菌 B. 幽门螺杆菌
   C. 布氏杆菌 D. 军团菌
2. 布氏杆菌感染时，细菌可反复入血形成
   A. 菌血症 B. 败血症
   C. 毒血症 D. 脓毒血症
3. 下列哪种病原体不是人畜共患病原体
   A. 布氏杆菌 B. 鼠疫杆菌
   C. 炭疽杆菌 D. 百日咳杆菌
4. 患者，28 岁，屠宰工，高热、寒战，右臂外侧有一 1cm×3cm 的表浅溃疡，溃疡表面有黑色焦痂。溃疡初起时为丘疹，后转为水疱(疱疹)，周围组织水肿；继之疱疹中心区出血性坏死，周围有成群小水疱，水肿区继续扩大。局部疼痛与压痛不显著，无脓性分泌物。根据职业特点，分析该患者最可能患的疾病是
   A. 布氏杆菌病 B. 皮肤炭疽
   C. 带状疱疹 D. 鼠疫
5. 一男性牧民，3 个月前曾给羊接生。近 2 个月反复发热。每次发热持续约 2 周，间隔 3～5d 再次发热。发热期间伴肌肉疼痛和大关节游走性疼痛，热退时大汗淋漓。体检见各关节无明显红肿，肝脾均可触及肋下 2cm。实验室检查：白细胞总数正常，淋巴细胞增多，血沉增快。该牧民最可能患的疾病是
   A. 流行性出血热
   B. 疟疾
   C. 回归热
   D. 波浪热

X 型题

6. 属于动物源细菌的是
   A. 布氏杆菌 B. 鼠疫杆菌
   C. 炭疽杆菌 D. 百日咳杆菌
   E. 麻风杆菌
7. 炭疽杆菌引起的疾病有
   A. 皮肤炭疽 B. 肺炭疽
   C. 肠炭疽 D. 败血症
   E. 黑死病

三、简答题

1. 试述炭疽杆菌的感染途径及所致疾病。
2. 简述动物源性细菌的防治原则。

△第 8 节 其他病原菌

学 习 目 标

1. 简述其他病原菌的生物学性状
2. 说出其他病原菌的致病性和防治原则

一、流感嗜血杆菌

流感嗜血杆菌(*Haemophilus influenzae*)简称流感杆菌，属于嗜血杆菌属。1892 年波兰细菌学家 Pfeiffer 首先从流行性感冒患者鼻咽部分离出，误认为是流感的病原菌；直至 1933 年流感病毒分离成功，才确定了流感的真正病原，但流感嗜血杆菌这一错名却仍沿用至今。

呈短小杆状，常多形性。无鞭毛、芽孢，多数菌株有菌毛，毒力菌株产生荚膜。革兰染色阴性。营养要求高，需氧或兼性厌氧，生长需要 X 和 V 因子，常用巧克力平板培养。当其与金黄色葡萄球菌一起培养时，因后者能合成较多的 V 因子，可供给流感杆菌生长，因而在葡萄球菌菌落周围生长的流感杆菌菌落较大，远则渐小，称为“卫星现象”，

有助于鉴定。抵抗力弱，在干燥痰中存活时间不超过 48h，50～55℃ 30min 可被杀死，对一般消毒剂敏感，对青霉素和氯霉素敏感但易产生耐药。

细菌感染分为原发外源性感染和继发内源性感染两类，主要致病物质为内毒素、菌毛、荚膜。原发性(外源性)感染多为有荚膜的 b 型菌株引起的急性化脓性感染，如脑膜炎、鼻咽炎、咽喉会厌炎、关节炎、心包炎等，多见于 5 岁以下婴幼儿，尤以 1 周岁左右发病率高。继发性(内源性)感染常由无荚膜菌株继发于流行性感冒、麻疹、百日咳、结核等病后，引起慢性支气管炎、中耳炎、鼻窦炎等，多见于成年人。

可取痰液、脑脊液、鼻咽分泌物、血液和脓液等直接涂片染色镜检，或分离培养观察菌落形态、卫星现象及生化反应特征，再做荚膜肿胀试验予以鉴定。

预防可接种减毒活疫苗，治疗用氨苄西林、利福平等。

二、百日咳鲍特菌

百日咳鲍特菌 (*Bordetella pertusis*)简称百日咳杆菌，是引起儿童急性呼吸道传染病百日咳的病原菌。

案例 3-13

一 5 岁男孩，咳嗽 2 个月。初起有发热、喷嚏、轻咳等症状。现已不发热，但咳嗽日渐加重，尤以夜间甚，为阵发性痉咳伴呕吐。体检：患儿精神委靡，面部浮肿，眼结膜出血，舌系带溃疡，肺部未闻及啰音。化验：白细胞总数高达 30×10^9/L。经红霉素治疗 3d 后症状减轻。

思考题

1. 该患儿感染的病菌是什么？
2. 该病如何传播和预防？

呈短小杆状，两端浓染，无鞭毛、无芽孢(彩图 16)。革兰染色阴性。光滑型菌株有荚膜和菌毛。营养要求较高，需氧，常用鲍金(Bordet-Gengou)培养基培养。

感染源是患者，通过飞沫经呼吸道传播，传染性强。致病物质有荚膜、内毒素、百日咳毒素、菌毛等。潜伏期 7～14d。引起小儿百日咳，病程分为三期：①卡他期：类似普通感冒，如低热、咳嗽、打喷嚏等，此期维持 1～2 周，传染性最强。②痉挛期：出现阵发性剧咳，由于支气管痉挛可伴有"鸡鸣样"吼声、呕吐、呼吸困难、发绀，这种剧烈的阵咳一天中可出现 10～20 次。此期有 1～6 周，并可出现肺炎、中耳炎、出血及中枢神经系统症状。③恢复期：阵咳减轻，完全恢复需数周到数月。由于整个病程较长，故名百日咳。病后可获得持久免疫力，很少再感染。

案例 3-13 提示

百日咳杆菌引起百日咳。主要依据：①5 岁男孩；②咳嗽 2 个月，有发热、喷嚏、轻咳等症状，咳嗽为阵发性痉咳伴呕吐；③有面部浮肿、眼结膜出血、舌系带溃疡等体征；④白细胞总数高达 30×10^9/L；⑤红霉素治疗有效。

在卡他期取鼻咽拭子或咳碟法接种于鲍金培养基培养，选可疑菌落涂片镜检，并进行生化反应、血清学反应鉴定。

预防接种疫苗(常用百白破三联疫苗)；同时隔离病儿，隔离期自发病起 7 周。治疗首选红霉素，也可选用其他广谱抗生素。

案例 3-13 提示

该病通过飞沫经呼吸道传播，传染性强。预防主要是接种疫苗，同时隔离、治疗患儿。

三、铜绿假单胞菌

铜绿假单胞菌(*Pseudomonas aeruginosa*)是 1882 年 Gessard 首先从患者的脓液标本中分离出，因其脓液呈绿色，故俗称绿脓杆菌。广泛分布于自然界，是一种常见的条件致病菌。

呈短小杆状。一端有 1～3 根鞭毛，有荚膜和菌毛，无芽孢。革兰染色阴性。营养要求不高，专性需氧，可产生水溶性的绿脓素和荧光素。抵抗力较强，55℃ 1h 才被杀死；对多种抗生素不敏感。

本菌为条件致病菌，是医院内感染的主要病原菌，占院内感染的 10%，在烧伤、肿瘤、各种导管与检查室内感染率高达 30%，通过多途径引起局部化脓性炎症或全身感染，临床常见的有烧伤感染、手术后伤口感染、中耳炎、脑

膜炎、呼吸道感染、泌尿道感染，也可引起角膜炎、胃肠炎、心内膜炎、脓胸以及菌血症、败血症、婴儿严重的流行性腹泻等。

治疗可选用多黏菌素 B、庆大霉素等，但易产生耐药性，故应尽早做药敏试验，选择敏感药物治疗。

四、军　团　菌

军团菌（*Legionella*）是 1976 年在美国费城召开全美退伍军人会议期间暴发流行的一种严重肺炎，与会者 149 人中 34 人死亡，从死者肺组织中分离到一种新菌，故名军团菌。

空调与军团菌病

北京市近年进行的一次专项监测发现，在抽查的 14 家饭店 38 个空调冷却塔中，有 12 家饭店的 21 个空调冷却塔检测出军团菌；进一步检测饭店工作人员血清，其军团菌抗体水平也明显高于一般人群。空调冷却塔中的水和杂质是军团菌生长繁殖的理想场所，送风时带菌的水即被吹成了细小水微粒，人一旦吸入 5μm 或更小的水粒，就会因其直接到达肺泡部位而引起感染。大量调查数据均证实，天然水源中的军团菌含量较少，很难对人造成感染；而空调冷却塔、水淋浴喷头等若污染军团菌，对人健康的威胁极大，已构成了重要的公共卫生问题。北京市自 1987 年出现首次军团菌病疫情以来，已有 6 次军团菌病暴发，其中 3 次发生于写字楼和宾馆中。

防止军团菌病的传播，不仅要保证水的洁净，还需要每年至少两次彻底清洗冷却塔，并定期进行消毒。

呈短小杆状。有微荚膜、菌毛和单端鞭毛，无芽孢。革兰染色阴性，镀银染色呈黑褐色。营养要求高，需氧，在 2.5%～5%CO_2环境中生长良好。抵抗力强，在污水中能存活 1 年以上；对一般消毒剂敏感，1%甲酚皂数分钟即可杀死。

本菌在自然界广泛存在，人工管道的水源中常见，如医院空调冷却水、淋浴头、辅助呼吸机等所产生的气溶胶颗粒中均存在此菌，主要经呼吸道感染，多流行于夏秋季。微荚膜、菌毛、毒素和多种酶类可能是嗜肺军团菌的致病物质，军团菌产生的吞噬细胞活化抑制因子如磷酸酶、核酸酶和细胞毒素等能抑制吞噬体与溶酶体融合，故不仅不被杀死，反而可在细胞内生长繁殖导致细胞的死亡。主要引起两类军团菌病即军团菌肺炎（军团菌病）和庞蒂亚克热（Pontiac fever），前者症状较重，主要表现为亚急性或急性肺炎，潜伏期 2～10d，初觉不适，继之寒战、发热超过 39℃、咳嗽、胸痛，多伴有中枢神经系统和消化系统症状；后者症状较轻类似流感，病程 1 周。感染后产生以细胞免疫为主的免疫。

标本可采集下呼吸道分泌物、胸水、活检肺组织及血液等。涂片作革兰染色检查意义不大，荧光抗体染色镜检有诊断意义。

至今尚无有效的军团菌疫苗，预防应强调水源的管理，包括对人工管道系统的消毒处理。治疗可选用红霉素、利福平等药物。

五、幽门螺杆菌

幽门螺杆菌（*Helicobacter pylori*，HP）是 Warren1983 年首先从慢性胃炎、消化性溃疡患者的胃黏膜中分离出，1989 年 Goodwin 根据其形态特征、生长特点等从弯曲菌属中划分出来而命名之。

案例 3-14

患者，男性，48 岁。慢性胃炎 3 年，近 1 个月加重，胃镜活检分离到革兰阴性 S 形细菌，菌体两端有多根鞭毛，运动活泼。

思考题

1. 该患者可能感染了什么菌？
2. 该菌与什么病有关？

呈 S 形或海鸥状。单端 2～6 根鞭毛，运动活泼。革兰染色阴性。营养要求高，微需氧，生长缓慢。尿素酶丰富是区别其他弯曲菌的依据之一。

案例 3-14 提示

患者有胃炎病史，胃镜活检分离到革兰阴性 S 形细菌，菌体两端有多根鞭毛，运动活泼，可能感染幽门螺杆菌。

幽门螺杆菌致病物质尚不清楚。目前发现该菌与慢性胃炎和消化道溃疡有密切关系，

在这些疾病中，该菌的检出率高达 80%～90%。另据研究，幽门螺杆菌感染是胃癌的危险因子。感染幽门螺杆菌后，在患者血液和胃液中能检出特异性 IgG、IgM 和 IgA 抗体；亦产生多种细胞因子，可能与致病有关。

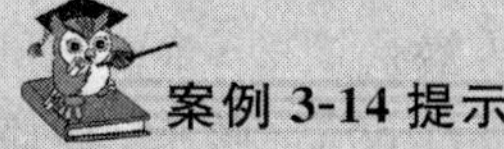

案例 3-14 提示

幽门螺杆菌与慢性胃炎、消化道溃疡及胃癌密切相关。

用胃镜取材涂片染色镜检或将标本接种于培养基分离后进行血清学反应鉴定，测定尿素酶活性为本菌的快速诊断方法之一，目前已有试剂盒供应。

目前正在试用重组脲酶幽门螺杆菌疫苗，并证明疫苗不仅有预防作用，同时还具有治疗作用。治疗主要用抗菌药及铋盐。

六、空肠弯曲菌

空肠弯曲菌（*Campylobacter jejuni*）菌体细长，呈弧形、S 形、螺旋形。一端或两端有单鞭毛，运动活泼。革兰染色阴性。营养要求高，需血液或血清，微需氧，一般在含 5% O_2、10% CO_2、85% N_2 的环境中生长良好。抵抗力弱，55℃ 5min、冰箱中很快死亡，对一般消毒剂敏感；但在室温中可存活 2～20 周，干燥环境条件下可存活 3h。

本菌是多种动物和禽类的正常寄居菌，人主要通过食入病菌污染的食物、水或接触畜禽而感染，产生霍乱样肠毒素而致病，引起婴幼儿急性肠炎、集体食物中毒，临床表现为头痛、不适、发热、痉挛性腹痛、腹泻、血便或果酱样便，量多，病程 5～8d；偶有细菌入血引起败血症或其他脏器感染。感染后可产生特异性抗体，能通过调理作用和活化补体作用增强吞噬细胞的吞噬、杀菌及补体的溶菌作用。

可用粪便标本涂片镜检，查找革兰阴性弧形或海鸥状弯曲菌，或用悬滴法观察鱼群样运动或螺旋式运动。鉴定用马尿酸水解试验、醋酸吲哚酚水解试验等生化反应以及 PCR 法直接检出粪便中的弯曲菌。

预防主要是注意食品及饮水卫生，加强人畜粪便管理。治疗可用红霉素、氨基糖苷类、氯霉素等。

其他病原菌常见的有流感杆菌、百日咳杆菌、铜绿假单胞菌、军团菌、幽门螺杆菌、空肠弯曲菌。

流感杆菌、百日咳杆菌、铜绿假单胞菌、军团菌均为革兰阴性小杆菌，分别引起急性化脓性炎症、小儿百日咳、继发铜绿假单胞菌感染、军团菌病。

幽门螺杆菌和空肠弯曲菌均为革兰阴性螺菌，前者与慢性胃炎和消化道溃疡有密切关系，后者引起婴幼儿急性肠炎、集体食物中毒等。

目标检测

一、名词解释

1. 卫星现象 2. 庞蒂亚克热

二、选择题

A 型题

1. “卫星现象”出现的原因是由于金葡菌能合成
   A. 生长因子　B. X 因子
   C. Y 因子　D. V 因子
   E. 维生素 K
2. 关于铜绿假单胞菌，下列哪项是错误的
   A. 产生水溶性色素
   B. 对多种抗生素不敏感，抵抗力较强
   C. 革兰阴性杆菌
   D. 多引起原发感染
3. 下列疾病后不能获得牢固免疫力的是
   A. 白喉　B. 百日咳
   C. 炭疽　D. 痢疾
4. 一老年男性慢性支气管哮喘患者住院期间经雾化吸入治疗后约 10d 出现乏力不适、头痛，继之出现高热，体温 39.8℃，呈稽留热。咳嗽有脓痰伴胸痛、恶心、腹泻。体检发现相对缓脉，肺部有实变体征。实验室检查：白细胞升高至 15×10^9/L，血钠<130mmol/L。经红霉素口服 3d 后体温降至正常。其感染的病原菌最可能是
   A. 肺炎链球菌　B. 肺炎支原体
   C. 嗜肺军团菌　D. 肺炎衣原体
5. 一烧伤患者入院后 2d 出现寒战、高热，体温 40～41℃，呈弛张热，创面渗出绿色脓液伴有生姜味。实验室检查：白细胞总数及中性粒细胞升高，核左移并出现细胞内中毒性颗粒，嗜酸粒细胞减少。临床诊断为败血症，其病原可能是
   A. 金黄色葡萄球菌　B. 大肠埃希菌
   C. 铜绿假单胞菌　D. 变形杆菌
6. 一 5 岁男孩，咳嗽 2 个月。初起有发热、喷嚏、轻咳

等症状。现已不发热，但咳嗽日渐加重，尤以夜间甚，为阵发性痉咳伴呕吐。体检：患儿精神委靡，面部浮肿，眼结膜出血，舌系带溃疡，肺部未闻及啰音。化验：白细胞总数高达 $30\times10^9/L$。经红霉素治疗 3d 后症状减轻。其感染的病原菌最可能是

A. 肺炎链球菌　B. 肺炎支原体
C. 百日咳杆菌　D. 嗜肺军团菌

X 型题

7. 属于革兰阴性小杆菌的是

A. 流感杆菌　B. 百日咳杆菌
C. 铜绿假单胞菌　D. 布鲁菌
E. 炭疽杆菌

8. 胞内寄生菌有

A. 布鲁菌　B. 百日咳杆菌
C. 结核杆菌　D. 军团菌
E. 伤寒沙门菌

三、简答题

1. 试述其他病原菌的感染途径及所致疾病？
2. 常见病原菌中哪些有特异性预防措施，举出疫苗或类毒素名称。

（肖守仁　唐和生）

第4章 病毒概述

学习目标

1. 说出病毒的概念、测量单位、化学组成与结构、增殖方式、培养方法、抵抗力和变异现象

2. 归纳病毒的致病机制

3. 分析病毒的感染方式、类型及免疫特点

4. 列出病毒标本的采集及检验方法

5. 简述病毒感染的防治原则

病毒(virus)是一类个体微小、结构简单、无细胞结构、只含一种类型核酸(DNA 或 RNA)、必须在易感活细胞内以复制方式增殖的非细胞型微生物。

病毒由于结构简单和常常来去踪迹难寻，所以是生命世界中迄今发现得较少的一类。在微生物引起的传染病中，75%是由病毒引起的。病毒性疾病传染性强，流行广泛，后遗症严重，死亡率高，并与一些非传染性疾病和肿瘤的发生密切相关，而且诊断困难，很少有特效药物，所以是最难驾驭的一类微生物，如 20 世纪 80 年代初出现的艾滋病、2003 年流行的急性呼吸系统综合征(SARS)等。因此，病毒是微生物的重要组成部分。

第1节 病毒的基本性状

一、形态与结构

(一) 大小

病毒的大小指病毒体的大小。病毒体是有感染性的完整病毒颗粒。病毒的大小通常以纳米(nm)为测量单位。最大的病毒直径约 300nm，最小的病毒直径约 20nm，绝大多数病毒直径小于 150nm 而需用电子显微镜来观察。病毒与其他微生物的大小比较见图 4-1。

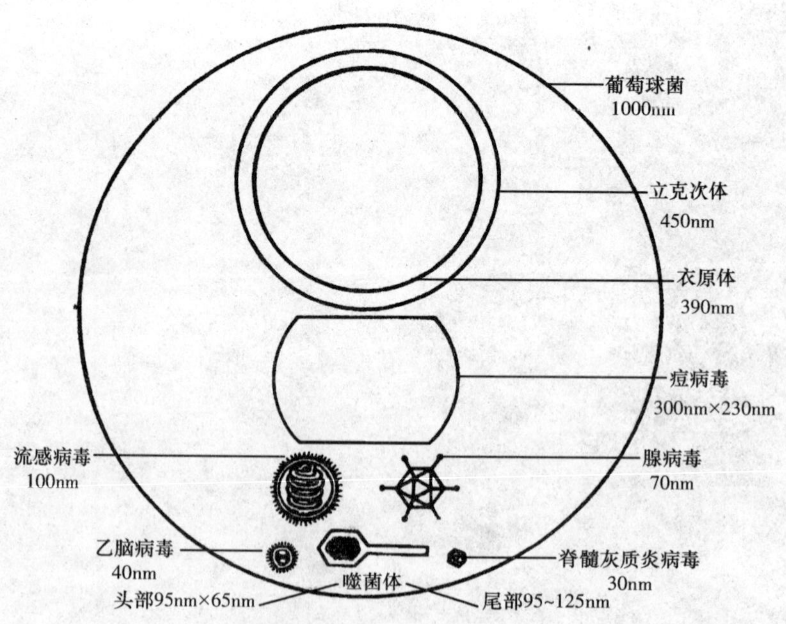

图 4-1 微生物的大小比较

(二) 形态

病毒的形态多种多样。有球形、杆形、砖形、弹形和蝌蚪形等(图4-2),对人致病的大多数病毒为球形或近似球形。

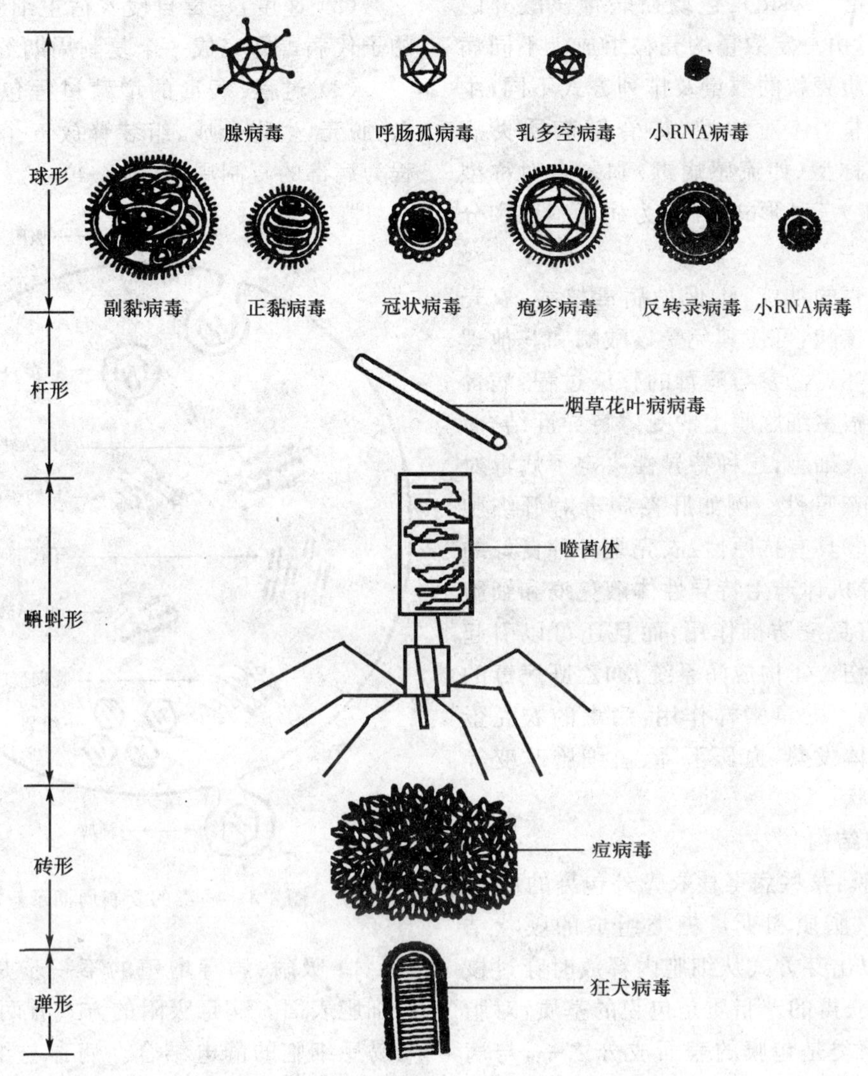

图4-2 病毒的常见形态与结构示意图

(三) 化学组成与结构

病毒的化学组成主要有核酸、蛋白质、脂质和糖类。病毒的结构与细菌类似,有基本结构核心、衣壳和辅助结构包膜、刺突。

1. 基本结构 病毒的核心和衣壳在一起构成核衣壳(nucleocapsid),有些病毒的核衣壳就是结构完整的、具有传染性的病毒体,因其外没有包膜故称为裸病毒。有包膜的病毒称为包膜病毒(图4-3)。

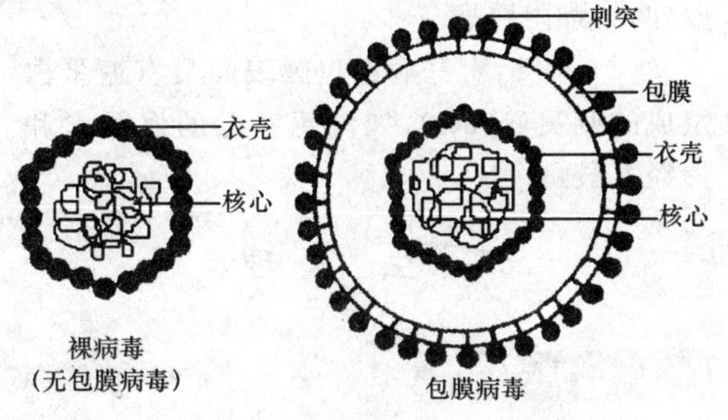

图4-3 病毒的结构示意图

(1) 核心(core):位于病毒体的中心,只含一种核酸(RNA或DNA)及少量功能蛋白质,病毒的核酸构成病毒的基因组,携带着病毒的全部遗传信息,决定病毒的形态、复制、遗传变异和感染等。由于核酸决定病毒的感染性,故称感染性核酸,裸露的核酸易被核酸酶

分解破坏，又不易吸附于宿主细胞，故感染性较病毒体弱；但因不受相应病毒受体的限制，所以其感染宿主细胞的范围较病毒体广。

(2) 衣壳(capsid)：包绕在病毒核酸外的一层蛋白质，由一定数量的壳粒组成。不同病毒衣壳蛋白质壳粒的数量及排列方式不同，主要有20面体立体对称型(如脊髓灰质炎病毒)、螺旋对称型(如流感病毒)和复合对称型(如痘类病毒)三种形式，可作为病毒鉴别和分类的依据之一。

病毒衣壳的功能：①保护病毒核酸：衣壳蛋白包绕着核酸，可使其免受核酸酶和其他理化因素的破坏。②参与病毒的感染过程：病毒蛋白质可与宿主细胞膜上的受体特异性结合，介导病毒穿入细胞，这种特异性决定了病毒对宿主细胞的亲嗜性。例如肝炎病毒对肝细胞的亲嗜性。③具有抗原性：衣壳是一种良好的抗原，可诱导机体产生特异性体液免疫和细胞免疫，不仅有免疫防御作用，而且还可以引起免疫病理损伤。④构成酶系统：如乙肝病毒的DNA聚合酶。⑤毒素样作用：病毒的衣壳蛋白可引起机体发热、血压下降、血细胞改变等全身中毒症状。

2. 特殊结构

(1) 包膜：某些病毒核衣壳外包裹的1～2层由蛋白质、脂质和少量糖类组成的膜状结构，是病毒以出芽方式从细胞内释放时穿过核膜和细胞膜获得的。脂质是包膜的基质，对脂溶剂敏感；糖类是包膜的表面成分之一，与病毒体的吸附、侵入宿主细胞有关。包膜的主要功能：①保护病毒体结构的完整性；②具有抗原性；③黏附致病。

(2) 刺突：有些病毒包膜表面具有糖蛋白组成的刺突(spike)，如流感病毒的血凝素和神经氨酸酶。

二、生　　理

(一) 增殖

1. 条件　病毒没有细胞结构，缺乏进行独立代谢的酶系统，因此在细胞外处于无活性和静止状态。只有进入易感活细胞内，由宿主细胞提供合成核酸和蛋白质的原料、酶系统、能量和合成场所才能进行增殖。

2. 规律

(1) 方式：病毒以复制(replication)的方式进行增殖。

(2) 速度：病毒自侵入宿主细胞到产生新的子代病毒即完成一个复制周期约10h左右。

(3) 过程：病毒的增殖过程包括吸附、穿入、脱壳、生物合成、组装释放五个阶段，此过程为病毒的复制周期(图4-4)。

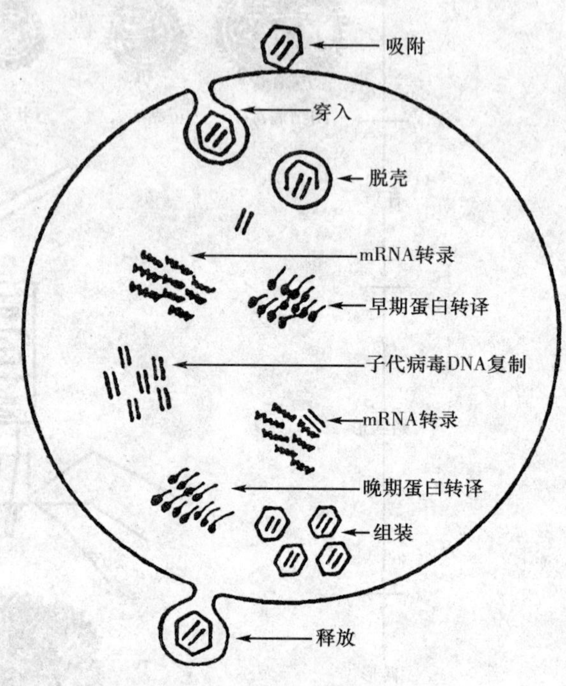

图4-4　病毒的复制周期示意图

1) 吸附：病毒增殖的第一步是吸附于易感细胞表面。病毒吸附的方式有两种：①病毒与易感细胞的静电结合。病毒与细胞一般较少吸引，若环境中有阳离子存在时，则可促进结合，但这种结合是非特异性和可逆的。②病毒蛋白质与易感细胞的表面受体结合。这种结合是不可逆的、特异性的，这种特异性结合决定了病毒对宿主细胞的亲嗜性和感染宿主的范围。如艾滋病病毒包膜表面的糖蛋白gp120与$CD4^+$细胞上的CD4分子特异性结合；脊髓灰质炎病毒的衣壳蛋白与灵长类动物细胞表面脂蛋白受体的结合。因此有人利用消除细胞表面的病毒受体，或利用与受体类似的物质阻断病毒与受体的结合，以开发抗病毒药物。

病毒的吸附需要一定的温度，在37℃时最佳。二价阳离子(Mg^{2+}，Ca^{2+})有促进吸附的作用。吸附过程大多在60min内完成。

2）穿入：病毒吸附于易感细胞后，可以不同方式进入细胞内，这个过程称为穿入。病毒穿入细胞膜的方式有三种：①胞饮：即细胞膜内陷将病毒包裹其中，形成类似吞噬泡的结构，病毒原封不动地进入细胞质中。裸病毒多以此种方式进入易感细胞内。②融合：即病毒与细胞膜融合，使病毒核衣壳进入胞质中。包膜病毒多以此方式进入易感细胞。③转位：有些无包膜病毒吸附宿主细胞膜后，其衣壳蛋白的某些多肽成分发生改变，使病毒直接穿过细胞膜进入细胞称为转位，但这种方式较为少见。噬菌体吸附于细菌后可能由细菌表面的酶类作用，导致噬菌体头部的核酸通过尾髓直接进入胞质。

3）脱壳：病毒脱去蛋白质外壳。脱壳后释放出基因组核酸发挥指令作用。脱壳必须有酶的参与，这种特异性蛋白水解酶称脱壳酶。

4）生物合成：病毒基因脱壳释放后利用宿主细胞提供的低分子物质合成大量病毒核酸和结构蛋白质的过程。这一阶段细胞内找不到完整的病毒体，也不能用血清学检测病毒的抗原，称为隐蔽期。各种病毒隐蔽期的长短不一，如脊髓灰质炎病毒 3～4h，而腺病毒16～17h。

病毒的生物合成包括三个重复过程：①以病毒核酸为模板转录、翻译出早期蛋白质，即功能蛋白；②以病毒核酸为模板，依靠早期蛋白质复制出子代病毒核酸；③以子代病毒核酸为模板，转录、翻译出晚期蛋白质，即子代病毒结构蛋白。

不同基因型的病毒转录 RNA 和翻译蛋白质的方式不同：①DNA 病毒：按 Crick 中心法则进行，即 DNA→RNA→蛋白质。首先以病毒核酸为模板，依靠宿主细胞内的依赖 DNA 的 RNA 多聚酶，转录出 mRNA，负责编码早期蛋白质。再以病毒核酸为模板，依靠早期蛋白质，即依赖 DNA 的 DNA 聚合酶，复制出大量子代病毒核酸。再以子代病毒核酸为模板，转录出晚期 mRNA，mRNA 可转译出大量晚期蛋白质，即病毒衣壳和包膜的结构蛋白。②RNA 病毒：RNA 病毒的核酸类型大多为单股 RNA。单股正链 RNA 本身具有 mRNA 的功能，可以转译出早期蛋白质，即依赖 RNA 的 RNA 多聚酶，然后再以病毒 RNA 为模板，依靠早期蛋白质复制出子代病毒核酸，然后翻译出病毒的衣壳蛋白和其他结构蛋白。单股负链 RNA 本身不具有 mRNA 的功能，需先复制出互补的正链 RNA 作为 m RNA，以后过程同单股正链 RNA。③反转录病毒：含有单股正链 RNA 和依赖 RNA 的 DNA 聚合酶即反转录酶的病毒。在反转录酶的作用下，以病毒 RNA 为模板转录出互补 DNA 链构成 RNA：DNA 杂交中间体，进一步产生双股 DNA，并以前病毒的形式整合于宿主细胞 DNA 中。当病毒进行复制时，先从细胞 DNA 上脱离下来，在宿主细胞提供的依赖 DNA 的 RNA 聚合酶作用下转录出病毒 RNA，再按 RNA 病毒的复制方式进行。

不同种类的病毒在细胞内进行生物合成的场所不一样。大多数 DNA 病毒在宿主细胞核内复制 DNA，在细胞质内合成蛋白质；而大多数 RNA 病毒（除去流感病毒和反转录病毒）均在细胞质内进行。

5）组装与释放：新合成的子代病毒核酸和蛋白质在宿主细胞内组合成病毒体的过程称为组装或成熟。大多 DNA 病毒在细胞核内组装，RNA 病毒和痘病毒在细胞浆内组装。

成熟病毒通过破胞或出芽方式从宿主细胞游离出来的过程称为释放。一般裸病毒破胞一次性释放，包膜病毒出芽通过细胞膜或核膜时包上包膜后释放。

病毒在宿主细胞内复制时，由于病毒本身或宿主细胞的原因，并非所有的病毒成分都能组装成完整的病毒体，而常有异常增殖：①缺陷病毒：由于病毒基因组不完整或基因位点改变，因而病毒在宿主细胞内不能复制出完整的有感染性的病毒体，这种病毒称为缺损病毒。当缺损病毒与另一种病毒共同培养时，若后者能弥补缺陷病毒的不足，使缺损病毒能增殖出完整的有感染性病毒，这种具有辅助作用的病毒称为辅助病毒。如丁型肝炎病毒必须在乙型肝炎病毒或其他嗜肝 DNA 病毒的辅助下才能进行增殖。②顿挫感染：病毒进入宿主细胞后，有的宿主细胞缺乏病毒复制所需的酶、能量、原料等必要条件，不能复制出有感染性的病毒颗粒，称为顿挫感染。不能提供病毒复制条件的宿主

细胞称为该病毒的非容纳细胞。如人腺病毒感染猴肾细胞则发生顿挫感染，猴肾细胞对人腺病毒而言，被称为非容纳细胞。

（二）干扰现象

两种病毒同时或先后感染同一宿主细胞时，可发生一种病毒抑制另一种病毒增殖的现象，称为干扰现象（interference）。干扰现象可发生在不同病毒之间，也可发生在同种、同型甚至同株病毒之间。

病毒产生干扰的机制可能与以下因素有关：①竞争营养：病毒消耗宿主细胞提供的原料、酶等，抑制被干扰病毒的生物合成或改变宿主细胞代谢途径，阻止另一种病毒 mRNA 的翻译。②竞争受体：一种病毒破坏宿主细胞的表面受体，因而阻止另一种病毒的吸附和穿入。③分泌产物：病毒诱导宿主细胞产生干扰素，抑制被干扰病毒的生物合成。

病毒的干扰现象是机体非特异性免疫的一个重要组成部分。另一方面，由于病毒之间存在干扰现象，因而使用病毒疫苗时，应注意避免干扰现象的发生。

（三）培养

病毒必须在活细胞中方能进行生命活动，因此提供活细胞能分离培养病毒。

1. 培养方法 主要有三种：①动物接种：最原始的方法。根据不同的病毒种类，选择敏感动物和接种途径。常用的动物有鼠、兔、猴，有的还需要雪貂和猩猩等，可鼻内、皮内、皮下、脑内、腹腔、静脉等接种。②鸡胚接种：一种比较经济简便的方法。一般采用孵化 9～14d 的鸡胚，按病毒特性分别接种于羊膜腔、尿囊腔、卵黄囊等部位。③组织细胞培养：分离鉴定病毒最常用的方法。一般将病毒接种到离体的活组织块或分散的细胞中培养，后者又称单层细胞培养。通常用人胚肾细胞、人胎盘羊膜细胞、人胚二倍体细胞、鸡胚等原代细胞以及 Hela 细胞、HEP-2 细胞和 KB 细胞等传代细胞制备单层细胞培养。

2. 培养结果 动物接种出现发病或死亡，鸡胚接种尿囊液或羊水出现血凝现象，组织细胞培养可见细胞变圆、聚集、坏死、溶解、脱落、细胞融合为多核巨细胞等细胞病变效应

（cytopathic effect，CPE）或形成包涵体或血凝现象等光学显微镜下观察到的病毒在细胞内增殖的指标，还可出现 pH 的改变。

包涵体（inclusion）是某些病毒感染细胞后在细胞质或细胞核内出现的嗜酸性或嗜碱性、圆形或椭圆形或不规则形的斑块。包涵体在光学显微镜下可见，根据其有无、部位、染色性和形态等可辅助诊断某些病毒性疾病，有重要的临床意义。

三、抵　抗　力

病毒受理化因素作用后失去感染性，称为病毒的灭活（inactivation）。灭活的病毒仍保留其抗原性、红细胞吸附、血凝和细胞融合等活性。病毒对理化因素的敏感性强弱因病毒的种类而异。了解理化因素对病毒的影响，对于预防病毒的感染和确保临床标本、毒株的保存以及生产和研究疫苗都具有重要意义。

（一）物理因素对病毒的影响

1. 温度 大多数病毒耐冷不耐热。0℃以下生存良好，干冰温度（－70℃）或液氮温度（－196℃）可长期保持其传染性，但反复冻融可使许多病毒灭活。大多病毒在 56℃ 30min、100℃几秒钟即被灭活。但有的病毒如乙肝病毒需 100℃ 10min 才能灭活。

2. 辐射 γ射线、X 射线和紫外线等均可使病毒灭活。X 射线和γ射线使核苷酸发生致死性断裂，而紫外线则抑制病毒 DNA 和 RNA 的复制。

3. pH 大多数病毒在 pH 6～8 的范围内比较稳定，而在 pH 5 以下或 pH 9 以上迅速灭活。但各种病毒对 pH 的耐受性有很大的不同。保存病毒标本常用 50％的中性甘油盐水。

（二）化学因素对病毒的影响

1. 脂溶剂 包膜病毒含脂类多，乙醚、氯仿、丙酮、去氧胆酸盐等脂溶剂可使包膜病毒的脂质溶解而使病毒灭活。借此可以鉴别包膜病毒和裸病毒。

2. 消毒剂 病毒对各种氧化剂、酚类、醇类、卤素物质敏感。H_2O_2、高锰酸钾、甲醛、苯

酚、过氧乙酸、碘酊等可灭活病毒。

(三) 生物因素对病毒的影响

病毒对抗生素不敏感。有些中草药如板蓝根、大青叶、大黄、贯仲等对某些病毒有抑制作用。

四、变 异

病毒与其他生物一样具有遗传变异的生命特征，但遗传是相对的，而变异是绝对的。由于病毒基因组结构简单、形式多样、非编码区少、可插入外源性基因及繁殖迅速等特点，因此是研究分子遗传学的重要工具。

(一) 变异现象

病毒在复制过程中更容易受周围特别是宿主内环境的影响而出现某些性状的改变，如感染性、致病性、抗原性、致癌性及对理化因素抵抗力或依赖性等变异。在医学实践中重要的有以下两种：

1. 抗原性变异 在自然界中，有些病毒容易发生抗原性变异，如甲型流感病毒包膜表面的血凝素和神经氨酸酶的抗原均较容易发生变异，使其引起的疾病容易暴发流行。

2. 毒力变异 指病毒对宿主致病性的变异，即病毒从强毒株变为弱毒或无毒株，或从无毒或弱毒株变为强毒株。如从自然感染动物中新分离出的狂犬病病毒(野毒株)对人和犬致病力强，若在家兔脑内连续传代后，其致病力减弱，据此可制备疫苗。

(二) 变异机理

1. 基因突变 病毒基因组由于碱基置换、缺失或插入而发生的遗传性变异为基因突变。病毒在增殖过程中自发突变率为 10^{-6}～10^{-8}，理化因素处理病毒时可提高突变率。基因突变产生突变株，如温度敏感突变株在28～35℃条件下可增殖，而在37～40℃时则不能增殖。利用这一原理已筛选出减毒的甲型肝炎病毒株，制备成疫苗。此外，还有抗原性突变株、耐药性突变株等。

2. 基因重组 两种或两种以上的病毒感染同一宿主细胞时，有时会发生基因的交换，称为基因重组。重组不仅发生于两种活病毒之间，也可发生于一种活病毒与另一灭活病毒之间，甚至发生于两种灭活病毒之间。核酸分节段的RNA病毒发生基因重组的频率高于其他病毒，由于每一节段相当于一个基因组，能独立进行复制，因此当两株不同亲代病毒感染同一细胞时，各基因节段复制后，被随机装入衣壳中，从而出现重组体子代，如流感病毒的变异。

五、分 类

病毒的分类方法有多种，根据其寄生宿主可分为动物病毒、植物病毒、昆虫病毒和细菌病毒等。与人类疾病相关的脊椎动物病毒分类目前常用以下两种方法：

(一) 生物学性状分类法

生物学性状分类主要依据：①基因特征：包括核酸类型与结构(DNA/RNA、单链/双链、分节段/不分节段等)；②大小与形态；③结构：包括衣壳的对称性、有无包膜；④对脂溶剂的敏感性等。1995年国际病毒分类委员会第一次将病毒分为三大类即DNA病毒、RNA病毒、DNA与RNA反转录病毒，将脊椎动物病毒进一步分为23个病毒科，这种以病毒生物学性状为依据的分类能较准确的将病毒定位，但在临床工作中使用不方便。

(二) 临床分类法

根据病毒引起人类疾病临床特点、感染靶细胞特性、传播途径等进行分类。

1. 呼吸道病毒 经呼吸道传播，引起呼吸道感染的病毒。如流感病毒、麻疹病毒、风疹病毒等。

2. 肠道病毒 经粪-口传播，在消化道初步增殖，进而侵犯神经组织等其他器官。如脊髓灰质炎病毒、埃可病毒与柯萨奇病毒等。

3. 肝炎病毒 为嗜肝病毒，引起人类各种肝炎。如甲、乙、丙、戊等型肝炎病毒。

4. 虫媒病毒 以昆虫为媒介传播，多为嗜神经病毒。如黄病毒中的乙型脑炎病毒、出血热病毒中的汉坦病毒等。

5. 皮肤黏膜感染病毒 经直接或间接接触传播，包括性传播病毒。如疱疹病毒、人类

免疫缺陷病毒、人乳头瘤病毒等。

亚 病 毒

亚病毒(subvirus)是近年来发现的比病毒更小更简单的传染因子,包括类病毒、卫星病毒和朊粒等。

1. 类病毒(viroid) 大小仅为最小病毒的1/20左右,由单股闭合环状RNA分子组成,无衣壳,不具备编码自身核酸复制的酶,其复制依靠宿主细胞提供的依赖DNA的RNA聚合酶,并直接干扰宿主细胞的核酸代谢。目前发现的类病毒有12种,主要引起马铃薯、柑橘、椰子、啤酒花等经济作物的严重病害,与人类疾病的关系尚不清楚。

2. 卫星病毒(satellite viruses) 原称拟病毒(virusoid),是具有高度二级结构的单股闭合环状RNA分子,无衣壳,不能直接在宿主细胞中复制,复制时需一种相应的"辅助"病毒,引起苜蓿等植物的病害。如人丁型肝炎病毒不能独立进行复制,必须在乙型肝炎病毒或其他嗜肝病毒辅助下才能复制,实际上是辅助病毒的卫星病毒。

3. 朊粒(prion) 又称传染性蛋白粒子,无核酸,可引起人的震颤病、克-雅症、格氏综合征、致死性家族性不眠症和动物中的海绵状脑病(疯牛病)、羊瘙痒病等。人食入患有疯牛病牛的肉制品而感染。朊粒是一个超出经典病毒学和生物学的全新概念,蛋白质反转录指导自身合成的观点向传统学说提出了强有力的挑战。

6. 肿瘤病毒 病毒感染后引起良性或恶性肿瘤的病毒,如人类T细胞白血病病毒已被公认,与肿瘤密切相关的有乙肝病毒、EB病毒、疱疹病毒等。

第2节 病毒的感染与免疫

病毒侵入机体并在易感细胞内复制增值,与机体发生相互作用的过程称为病毒感染。

一、感 染

(一) 感染源

病毒的感染来源与细菌一样,有外源性感染和内源性感染。

(二) 感染方式与途径

病毒感染机体的方式分为水平感染(horizontal infection)和垂直感染(vertical infection)。两种方式感染的病毒又分别通过各种途径进入机体引起感染。

案例 4-1

患者,31岁,孕妇,产前检查时发现其感染乙型肝炎病毒。医生告诉她产后要给婴儿免疫注射,预防乙肝的发生,该妇女非常担心孩子的健康。

思考题

1. 该婴儿可能感染乙肝病毒吗?
2. 乙肝病毒通过什么途径感染?

1. 水平感染 病毒在人群不同个体之间传播而导致的感染,称为水平感染。水平感染的途径与细菌感染途径基本一致,即包括呼吸道、消化道、接触、创伤、虫媒等途径。在自然条件下,皮肤和呼吸道、消化道黏膜是病毒入侵机体的三大重要门户。

(1) 呼吸道感染:吸入散布在空气中的病毒或污染病毒的尘埃、飞沫而受感染。经呼吸道感染的病毒很多,如流感病毒、副流感病毒、鼻病毒等。有的病毒以呼吸道黏膜为原发病灶,通过血流扩散到其他器官引起疾病,如腮腺炎病毒、麻疹病毒等。

(2) 消化道感染:食入病毒污染的水、食物等而感染。多为裸病毒,因包膜进入肠道时可被胆汁溶解,如甲型肝炎病毒、脊髓灰质炎病毒可经粪-口途径侵入机体,先在肠上皮细胞内增殖,然后经血流扩散到靶细胞内增殖引起病变。

(3) 接触感染:通过直接接触、间接接触或性接触感染。如单纯疱疹病毒、人类免疫缺陷病毒、人乳头瘤病毒等。

(4) 伤口感染:有些病毒通过动物咬伤伤口侵入机体而感染。如狂犬病病毒等。

(5) 虫媒感染:有些病毒通过昆虫叮咬而感染。如流行性乙型脑炎病毒等。

(6)医源性感染:经注射、输血、拔牙、手术、器官移植等,病毒经血感染,如乙型及丙型肝炎病毒等。

2. 垂直感染 病毒从亲代直接传给子代

称为垂直感染，是病毒感染的特点之一。主要通过两种方式：一种是母体内病毒通过胎盘传给胎儿，另一种是妇女产道的病毒在分娩时感染新生儿。前者主要是风疹病毒、巨细胞病毒、乙型肝炎病毒、人类免疫缺陷病毒，还有疱疹病毒、腮腺炎病毒、脊髓灰质炎病毒、柯萨奇病毒、麻疹病毒、水痘病毒、EB病毒等；后者如单纯疱疹病毒Ⅱ型、人类免疫缺陷病毒等。

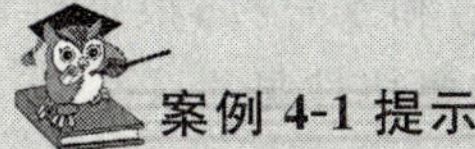
案例 4-1 提示

病毒的感染途径有水平感染和垂直感染两种，有些病毒可通过胎盘和产道造成新生儿的感染，我国通过垂直传播造成乙肝的比例较高。

(三) 影响因素

病毒感染与病毒的致病性、机体的免疫力及环境因素有密切关系。

1. 病毒的致病机制

(1) 病毒对宿主细胞的直接作用：病毒可利用细胞提供的原料和代谢酶等在细胞内大量复制增殖，影响细胞的代谢，导致细胞破坏；另外病毒也能作用于细胞的遗传物质，引起细胞的转化与凋亡。

1) 杀细胞效应：病毒在细胞内增殖引起细胞裂解死亡称为杀细胞感染(cytocidal infection)。多见于裸病毒，如脊髓灰质炎病毒、腺病毒等。其杀细胞机制有：①阻断细胞大分子如DNA、RNA和蛋白质的合成使细胞死亡；②病毒蛋白本身的毒性使细胞破坏；③病毒感染后导致细胞溶酶体破坏，引起自溶；④病毒感染引起细胞器损伤。

杀细胞感染是病毒感染中最严重的类型。当靶细胞破坏到一定程度，机体会出现严重的病理变化，甚至危及生命或留下后遗症。杀细胞性病毒在体外培养的细胞中，可使细胞变圆、坏死、溶解等，表现为细胞病变效应(cytopathic effect，CPE)。

2) 细胞膜改变：包膜病毒常在感染细胞膜表面表达病毒基因编码的糖蛋白，可促进感染细胞之间的融合，形成有诊断价值的多核巨细胞典型病理特征，另外，感染细胞表面可出现病毒基因编码的新抗原，导致免疫病理损伤。

3) 包涵体损伤：有些病毒感染后形成的包涵体可破坏细胞的正常结构和功能，有时可导致细胞死亡。

4) 细胞转化：某些病毒DNA或其片段整合到宿主细胞的DNA中，使宿主细胞的遗传性状发生改变，甚至发生恶性转化，成为肿瘤细胞。因此，病毒与肿瘤密切相关。

病毒与肿瘤

研究表明，有100多种病毒可引起动物恶性肿瘤。人类恶性肿瘤也与某些病毒的感染有关。如非洲儿童Burkitt淋巴瘤和我国南方多发的鼻咽癌与EB病毒、唇癌与单纯疱疹Ⅰ型病毒、宫颈癌与单纯疱疹Ⅱ型病毒和人乳头瘤病毒某些血清型、皮肤癌和阴茎癌与人乳头瘤病毒、原发性肝癌与乙型肝炎病毒等高度相关。RNA病毒中的人类嗜T细胞病毒Ⅰ型可引起人T细胞白血病，这是目前公认的人类致癌病毒。人类的某些良性肿瘤，如传染性软疣、乳头瘤等也与病毒有关。

近年来研究发现，许多动物和人的细胞中存在着肿瘤基因(c-one)，又称原癌基因，是细胞必须的正常基因，对细胞生长、分裂和分化的正常调节起关键作用，它的表达使细胞处于分裂增殖的幼稚状态；病毒也存在肿瘤基因(v-one)，是通过前病毒与细胞DNA重组而偶然从c-one得来的。在理化、生物(病毒)等致癌因素作用下，c-one转变为癌基因(oncogene)，促使细胞超常加速分裂而引起肿瘤。

5) 细胞凋亡：病毒感染细胞后引起细胞凋亡，使细胞质收缩、核染色体裂解等。如疱疹病毒、反转录病毒等。

(2) 病毒感染的免疫损伤作用：病毒感染后常导致宿主细胞膜的改变或出现新抗原引起免疫病理损伤。

1) 体液免疫的病理作用：许多病毒感染细胞后可使细胞表面出现新抗原，这种抗原与抗体结合后，可激活补体或发生抗体依赖性细胞介导的细胞毒作用(ADCC)，导致细胞破坏；病毒抗原也可与相应抗体形成免疫复合物，沉积于血管壁基底膜上，活化补体引起Ⅲ型超敏反应，造成局部组织损伤。

2) 细胞免疫的病理作用：细胞毒T细胞

可识别并损伤受病毒感染而出现新抗原的靶细胞，即引起第Ⅳ型超敏反应而造成组织细胞的损伤。

3）免疫细胞损伤作用：某些病毒可损伤免疫细胞，如人类免疫缺陷病毒能与 $CD4^+$ T 细胞结合，损伤 $CD4^+$ T 细胞，导致获得性免疫缺陷综合征。另外，疱疹病毒、风疹病毒可抑制淋巴细胞的活化。

2. 机体的免疫性 病毒感染后是否致病及致病的严重程度与机体的免疫力有关。机体抗病毒免疫同样包括非特异免疫和特异性免疫、体液免疫和细胞免疫，它们相互配合、共同发挥作用。

（1）非特异性免疫：主要是干扰素的作用。干扰素（interferon，IFN）是由病毒或其他干扰素诱生剂刺激巨噬细胞、淋巴细胞以及体细胞等多种细胞所产生的一种糖蛋白，具有抗肿瘤、广谱抗病毒、免疫调节等作用。由人类细胞诱生的干扰素有α、β和γ三种，根据性状不同又分两型，它们的主要特性见表 4-1。

表 4-1 各型干扰素的主要特性

类型	诱生剂	产生细胞	56℃ 30min、pH2	抗病毒	抗肿瘤
Ⅰ型 α	各种病毒	粒细胞、Mϕ、NK 细胞	稳定	较强	较弱
β	聚肌胞	成纤维细胞	稳定	较强	较弱
Ⅱ型 γ	各种抗原 PHA、ConA	T 细胞	不稳定	较弱	较强

（2）特异性免疫：

1）体液免疫的作用：对病毒抗原产生的抗体 IgG、IgM、IgA 三类有中和作用、补体结合作用和血凝抑制作用等。IgG 是主要的抗病毒中和抗体，能与病毒表面的抗原结合，阻止病毒的吸附和穿入，并可防止病毒通过血流播散，激活补体发挥溶细胞作用、调理作用和 ADCC 作用。分泌型 IgA 主要存在于黏膜分泌物中，具有中和病毒、局部抗病毒作用。IgM 产生最早，中和作用不及 IgG；不能通过胎盘，如新生儿血中检出 IgM 抗体，可诊断为宫内感染。

2）细胞免疫的作用：当病毒侵入细胞后，抗体的作用就受到限制，主要是细胞免疫发挥作用。细胞毒 T 细胞分泌穿孔素将带有病毒抗原的靶细胞穿出许多小孔，另分泌一种细胞毒素可降解靶细胞的细胞核而达到杀灭病毒的目的。迟发型超敏反应 T 细胞可释放淋巴因子活化吞噬细胞、增强 NK 细胞的杀伤作用等终止病毒的感染。

3. 环境因素 病毒感染的发生也与环境因素有密切关系。如自然因素中的气候、季节、温度、湿度及地理条件等均影响传染病的发生与流行，而社会因素中的战争、灾荒、贫困等促使传染病的发生与流行，改善生活条件、开展卫生运动、计划预防接种及实施医疗保健制度等对控制传染病的发生起重要作用。

（四）感染类型

病毒侵入机体后，因病毒的种类、毒力、数量和机体的免疫力不同，可表现不同的感染类型。根据有无临床症状分为隐性感染和显性感染，根据病毒在体内滞留的时间不同分为急性感染和持续感染。

案例 4-2

患者，女，55 岁，退休后情绪一直不佳，最近腰部出现带状排列的疱疹，痛痒难忍而就医。医生询问后得知其儿童期患过水痘，根据症状诊断为带状疱疹。

思考题

1. 该病与儿童期患水痘有关吗？
2. 该病属于什么感染类型？

1. 隐性感染与显性感染

（1）隐性感染：病毒感染后不出现临床症状为隐性感染或亚临床感染。这是由于机体抵抗力较强，而病毒的毒力较弱、数量较少，进入机体后不能大量增殖，不至于造成组织细胞的严重损伤。如脊髓灰质炎病毒、乙型脑炎病毒隐性感染多见。

（2）显性感染：病毒感染后出现临床症状为显性感染。这是由于机体抵抗力较弱，而病

毒的毒力较强、数量较多，进入机体后大量增殖，造成组织细胞的严重损伤。可表现为局部感染，如单纯疱疹、尖锐湿疣等；也可表现为全身感染，如流行性乙型脑炎、脊髓灰质炎、麻疹等。

2. 急性感染与持续感染

(1) 急性感染：潜伏期短，发病急，病程仅有数日或数周，恢复后机体不再有病毒存在。如流感、甲型肝炎等。

(2) 持续感染：潜伏期常较长，发病缓，病毒在机体内持续数月、数年甚至数十年，可出现症状，也可不出现症状而长期带毒成为重要传染源。根据患者的疾病过程和病毒与宿主的关系等，又分为三种类型：①慢性感染。急性或隐性感染后，病毒并未完全清除，仍持续存在于血液或组织中并不断排出体外，病程可长达数月或数年，甚至数十年。如乙型肝炎病毒引起的慢性肝炎。②迟发感染。又称为慢发病毒感染，病毒感染后潜伏期长，可达数年或数十年，一旦出现症状为亚急性进行性加重，直至死亡。如人类免疫缺陷病毒引起的艾滋病和麻疹病毒引起的亚急性硬化性全脑炎等。③潜伏感染。原发感染后，病毒基因潜伏于一定的组织或细胞中，但并不能产生感染性病毒，在某些条件下病毒被激活而急性发作出现临床症状。如水痘-带状疱疹病毒初次感染引起儿童水痘，病愈后病毒潜伏在脊髓后根神经节或颅神经感觉神经节内，当机体免疫力下降时可活化、增殖、扩散到皮肤引起成人带状疱疹。当免疫力改善时，带状疱疹可自愈，病毒又可潜伏至原处，一定条件下又可发作。

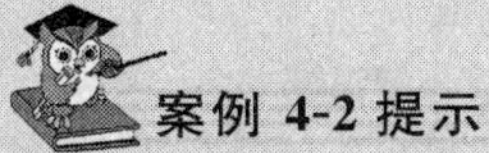

案例 4-2 提示

病毒的感染类型有持续性感染，其中潜伏感染常常是儿童时初发，成人后由于免疫力下降等原因而再次发作。

二、免　　疫

病毒与细菌一样，感染后也可获得不同程度和维持时间的免疫力。一般认为有病毒血症的，且抗原性单一的免疫力强、持续时间长，如麻疹病毒、脊髓灰质炎病毒；反之，仅在细胞间扩散，不侵入血流，抗原性容易变异的病毒，感染后只获得弱的短暂免疫力，如流感病毒、鼻病毒等。

第3节　病毒感染的微生物学检查与防治原则

一、微生物学检查

由于病毒严格细胞内寄生，分离培养步骤繁杂，传统检测方法难以满足临床常规诊断的需要。随着分子生物学技术研究的进展，病毒诊断技术已由传统方法扩展到新的快速诊断方法，如“非典”的病原检查就是一个很好的例子，它为我们进行疾病的诊断、治疗和预防提供了有力的科学依据。

(一) 标本的采集与送检

1. 标本采集　严格无菌操作；发病初期或急性期采集；不同病毒感染采集不同部位的标本，如呼吸道感染取鼻咽分泌物、肠道感染取粪便、脑内感染取脑脊液、病毒血症取血液等。血清学诊断要在不同的时间取双份血清进行效价的测定。

2. 标本送检　标本采集后应立即送检，否则须放在装有冰块的保温瓶或含有抗生素的50%甘油盐水中，同时注意标记。

(二) 检验程序

1. 直接涂片染色镜检　简便和快速的检测方法之一，对于包涵体和某些大病毒颗粒可用光学显微镜检查，但大多数病毒需用电子显微镜或免疫电镜检查。

2. 分离培养与鉴定　常用的分离培养方法有动物接种、鸡胚接种和组织细胞培养，根据病毒在细胞内增殖的指标(见本章第1节)及血清学反应、PCR技术等进行鉴定。新分离病毒的鉴定较复杂，首先测定病毒核酸类型，再进行理化性状的检验，根据形态、大小、结构、细胞培养特性以及对脂溶剂的敏感性和耐酸性试验等初步鉴定病毒的科属，最后用血清学试验及核酸杂交等技术检测病毒的特异性抗原及标记性核酸以鉴定其型别。

病毒血清学诊断包括中和试验、补体结合试验和血凝抑制试验。

3. 病毒感染的快速诊断　包括直接镜

检、免疫学检查和基因检查。

(1) 形态学检查:即直接涂片染色镜检。

(2) 免疫学检查:免疫荧光技术、酶免疫技术、放射免疫技术、红细胞凝集抑制试验、中和试验等均可以测定病毒的抗原或抗体,进行病毒的早期诊断。临床上常用的方法主要是免疫荧光法和酶联免疫吸附试验,如乙肝"两对半"和"非典"的测定等都是用ELISA。

(3) 基因检查:主要有核酸杂交技术、PCR技术。①核酸杂交技术:是利用核苷酸可在体外一定条件下解离和重组的性质,将一条已知的单链DNA或RNA用放射性核素或非放射性物质标记后作为探针,与待测标本中相应的DNA或RNA进行杂交,再用放射自显影或其他显色法来确定待测核酸的方法。它更特异、敏感、快速,且能定量和分型。②核酸扩增技术:是一种体外基因快速扩增技术。该法是将检材中未知的DNA提取、变性为单链作为模板,然后加入一些与模板基因有互补作用的引物、合成寡核苷酸的原料和DNA多聚酶,在一定温度条件下,使其合成新的互补链,再复制、延伸,从而合成大量的核酸,故标本中的微量(pg水平)病毒基因经数小时能扩增到ng水平而被检出。常用的方法有PCR。

二、防治原则

病毒感染目前为止仍没有很好的诊断和治疗方法,所以预防非常重要而且有效。

案例 4-3

某地近期有腮腺炎流行。患者,女,13岁,发热,双侧腮腺肿大而就诊。医生诊断为腮腺炎。

思考题

1. 腮腺炎为病毒感染,用抗生素治疗有效吗?
2. 与腮腺炎患者接触的儿童如何预防?

(一) 预防

包括非特异性传染病预防和特异性免疫预防。

1. 非特异性预防

(1) 控制感染源:隔离、治疗患者。如麻疹、腮腺炎等。对艾滋病等还需注意国境检疫。

(2) 切断感染途径:严格消毒、加强卫生管理等。如流感流行期间应尽量避免人群聚集,必要时戴口罩,保持室内通风清洁消毒,不随地吐痰,饮食分餐制等;乙型肝炎、艾滋病应严格消毒注射器等。

(3) 保护易感人群:人工免疫提高机体免疫力进行长期或紧急预防,也可用药物预防。如麻疹可接种疫苗进行长期预防,亦可使用抗毒素进行紧急预防;流感在流行期间可接种丙种球蛋白和口服板蓝根等。

2. 特异性预防

人工自动免疫接种疫苗、类毒素以进行长期预防或人工被动免疫注射抗毒素、丙种球蛋白、细胞因子以进行紧急预防(见五年制《免疫学基础》)。

(1) 人工主动免疫:应用各种疫苗进行人工主动免疫。如流行性乙型脑炎疫苗、狂犬疫苗等灭活疫苗和脊髓灰质炎疫苗、麻疹疫苗、腮腺炎疫苗、风疹疫苗、黄热病疫苗等减毒活疫苗,还有乙型肝炎病毒亚单位疫苗、流感病毒亚单位疫苗和乙型肝炎病毒基因工程疫苗等。

(2) 人工被动免疫:常用的有人血清丙种球蛋白、胎盘丙种球蛋白、转移因子等。注射丙种球蛋白用于流感、甲型肝炎、麻疹、腮腺炎和脊髓灰质炎的紧急预防,可使接触者不出现症状或出现轻微症状。近年来用高滴度抗-HBs的乙型肝炎免疫球蛋白预防乙型肝炎有一定疗效,常与乙型肝炎疫苗联合使用预防母婴传播有显著效果。

案例 4-3 提示

腮腺炎为病毒感染,病毒对抗生素无效,对腮腺炎的预防常用疫苗,紧急预防可用人工被动免疫制剂。

(二) 治疗

1. 化学制剂 主要是从分子水平对病毒复制的不同环节进行干扰。

(1) 金刚烷胺(amantadine):抑制病毒脱壳。主要用于流感病毒的治疗。

(2) 碘苷(IDU):又名疱疹净,是第一个

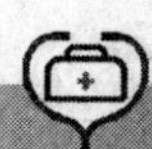

用于临床的抗病毒药物，为抑制病毒核酸复制的核苷类药物。全身应用毒性较大，限于局部用药，常用于眼疱疹的治疗。

(3) 阿昔洛韦(acyclovir，ACV)：又称无环鸟苷，能选择性作用于疱疹病毒，抑制DNA聚合酶和DNA合成。多用于治疗唇疱疹、生殖器疱疹、疱疹性脑炎与新生儿疱疹。

(4) 丙氧尿苷(dihydrooxyproopoxymethyl guanine，DHPG)：作用类似于ACV，对单纯疱疹病毒的疗效比ACV好，且对细胞的毒性比较小。

(5) 利巴韦林(ribavarin)：商品名病毒唑，为抑制病毒核酸复制的核苷类药物。主要用于RNA病毒感染的治疗，但因其对细胞核酸也有抑制作用，故副作用较多。

(6) 阿糖腺苷(adenine arabinoside，Ara-A)：为抑制病毒核酸复制的核苷类药物。主要用于疱疹性脑炎、新生儿疱疹和带状疱疹的治疗，也可用于乙肝的治疗。

(7) 齐多夫定(Zidovudine)：反转录酶抑制剂，临床上作为治疗艾滋病的一线药物，但有抑制骨髓作用。

(8) 拉米夫定(3TC)：1995年开始应用的反转录酶抑制剂，毒性作用小，临床上主要用于对AZT耐药的艾滋病治疗。

(9) 赛科纳瓦(saquinavir)、英迪纳瓦(indinavir)、瑞托纳瓦(ritonavir)：蛋白酶抑制剂，用于HIV感染的治疗。3TC加蛋白酶抑制剂联合治疗HIV，被称为"鸡尾酒"疗法，可较长期抑制病毒复制，受到普遍重视。

2. 干扰素和干扰素诱生剂

(1) 干扰素(IFN)：具有广谱抗病毒、免疫调节及抗肿瘤作用。IFN-α、IFN-β抗病毒作用副作用小，且不会产生耐药性，可用于治疗带状疱疹、疱疹性角膜炎，也可治疗慢性肝炎和人乳头瘤病毒及鼻病毒引起的感染。

(2) 干扰素诱生剂：有诱生干扰素和促进免疫的作用。常用的有多聚肌苷酸和多聚胞苷酸构成的polyI：C(或称聚肌胞)，可用于治疗带状疱疹、疱疹性角膜炎，也试用于病毒性肝炎和出血热的治疗。另外，甘草甜素(甘草酸)和芸芝多糖等中草药提取物也是一种干扰素诱生剂。

3. 中草药 近年来研究表明中草药对病毒有一定的抑制作用。如板蓝根、大青叶、贯众、苍术等可用于腺病毒、鼻病毒、疱疹病毒、肝炎病毒的防治。

另外，细胞因子IL-2/TNF和抗病毒基因疗法亦有一定的疗效。

病毒是一类个体微小、无细胞结构、只含一种类型核酸、严格细胞内寄生性、以复制方式繁殖的非细胞型微生物。人类传染病中75%是由病毒引起的。

病毒以纳米为测量单位，主要由核酸和蛋白质组成，在易感活细胞内以复制方式增殖，某些病毒可形成包涵体，动物接种、鸡胚接种和细胞培养可分离病毒。

病毒感染的方式有水平感染和垂直感染，是否发病决定于病毒的毒力和人体的免疫状态。持续感染是病毒特有的感染类型。抗病毒免疫以细胞免疫为主。干扰素具有广谱抗病毒作用，可用于多种病毒感染的治疗。

随着科学的发展，病毒性疾病的检测方法越来越快速、敏感、特异。

目前病毒性疾病的治疗仍没有很有效的方法，所以预防就显得特别重要，除一般传染病预防措施外，主要提高免疫力。

小结

一、名词解释

1. 病毒 2. 干扰现象 3. 包涵体 4. 垂直感染 5. 慢发病毒感染

二、选择题

A型题

1. 引起人类传染病最常见的微生物是
   A. 衣原体 B. 支原体
   C. 病毒 D. 放线菌
   E. 螺旋体
2. 病毒的增殖方式是
   A. 复制 B. 二分裂
   C. 多分裂 D. 芽生
   E. 裂殖
3. 水平感染不包括
   A. 呼吸道 B. 消化道
   C. 伤口 D. 胎盘
   E. 虫媒
4. 病毒的增殖过程不包括
   A. 吸附、穿入 B. 脱壳

C. 生物合成　　D. 二分裂

E. 组装、释放

5. 某地流行甲型肝炎。王某前几天和好友一起进餐，5天后好友生病住院，诊断为甲型肝炎。请问王某最好采取的紧急预防措施是

A. 注射抗生素　　B. 口服抗菌药物

C. 接种疫苗　　D. 口服中草药

E. 注射丙种球蛋白

X型题

6. 病毒的特性是

A. 体积小，能通过细菌滤器

B. 含有 DNA 和 RNA

C. 无核糖体

D. 结构简单，有的只有核衣壳

E. 以复制方式增殖

7. 病毒衣壳的作用有

A. 保护核酸　　B. 吸附易感细胞受体

C. 分类依据　　D. 构成病毒特异性抗原

E. 本身具有传染性

8. 病毒核酸的功能有

A. 传递遗传信息　　B. 编码结构蛋白

C. 决定感染性　　D. 与病毒的亲嗜性有关

E. 编码非结构蛋白

9. 病毒衣壳结构的对称包括

A. α 螺旋对称　　B. 20 面体立体对称

C. 螺旋对称　　D. 12 面体立体对称

E. 复合对称

10. 病毒的持续感染包括

A. 慢性感染　　B. 潜伏感染

C. 隐性感染　　D. 慢病毒感染

E. 垂直感染

11. 干扰素的特性有

A. 种属特异性　　B. 广谱抗病毒作用

C. 抗肿瘤作用　　D. 无副作用

E. 免疫调节作用

12. 容易发生垂直感染的病毒有

A. 乙型肝炎病毒　　B. 风疹病毒

C. 巨细胞病毒　　D. 人类免疫缺陷病毒

E. 腮腺炎病毒

13. 病毒分离培养的方法有

A. 动物接种　　B. 鸡胚接种

C. 组织细胞培养　　D. 血培养

E. 人工培养

14. 用丙种球蛋白预防效果较为肯定的疾病有

A. 乙型肝炎　　B. 麻疹

C. 甲型肝炎　　D. 狂犬病

E. 脊髓灰质炎

三、简答题

1. 试述病毒的化学组成与结构。
2. 归纳病毒的致病机理。
3. 简述病毒的防治原则。

（常冰梅）

第5章 常见病毒

学习目标

1. 叙述流感暴发流行的原因、规律及预防方法

2. 说出麻疹病毒、冠状病毒、腮腺炎病毒的致病及预防方法

3. 简述其他呼吸道病毒的致病及预防

第1节 呼吸道病毒

呼吸道病毒指一大类能侵犯呼吸道引起呼吸道局部病变或仅以呼吸道为侵入门户，主要引起呼吸道外组织器官病变的病毒。呼吸道病毒中最主要的是流感病毒和麻疹病毒，常见的还有副流感病毒、呼吸道合胞病毒、腮腺炎病毒、腺病毒、风疹病毒、鼻病毒、冠状病毒等。据统计，90%以上急性呼吸道感染由病毒引起。

一、流行性感冒病毒

流行性感冒病毒(influenza virus)简称流感病毒，是引起人和动物流行性感冒(简称流感)的病原体。有甲(A)、乙(B)、丙(C)三型，其中1934年分离出的甲型流感病毒是引起人类流感流行最为频繁和全球大流行的重要病原体。

(一) 生物学性状

1. 形态与结构 呈球形或椭圆形(图5-1)，新分离株常呈丝状。球形直径8～120nm，丝状有时可长达4000nm左右。流感病毒的核衣壳呈螺旋对称，为有包膜的病毒。

(1) 核衣壳：病毒核酸为含7～8个节段的单股负链RNA，甲型、乙型流感病毒分8个片段，丙型流感病毒分7个片段。这一特点使

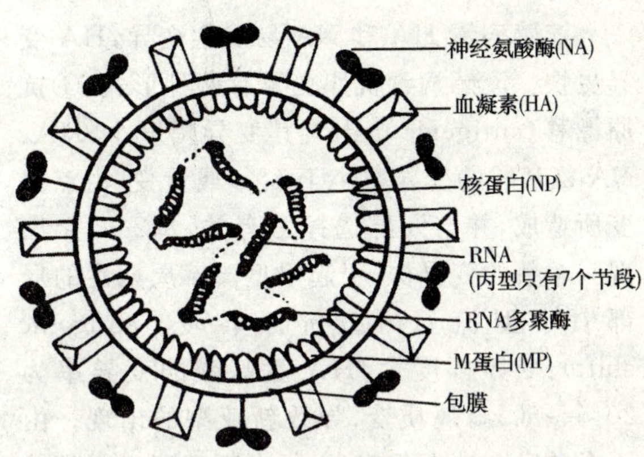

图5-1 流感病毒结构示意图

病毒在复制中易发生基因重组，导致新病毒株的出现。包绕核酸的为核蛋白(NP)和3个与核酸复制和转录有关的依赖RNA的RNA多聚酶蛋白。RNA和NP合称核糖核蛋白，即核衣壳，呈螺旋对称。病毒核蛋白为可溶性抗原，抗原性稳定，未发现变异，具有型特异性。

(2) 包膜：流感病毒包膜有两层结构，内层为病毒基因编码的基质蛋白(M蛋白)，具有保护病毒核心和维持病毒外形的作用。M蛋白抗原性稳定，亦具有型特异性。包膜外层为来自宿主细胞的脂质双层膜，甲型和乙型流感病毒包膜上面镶嵌有两种由病毒基因编码的糖蛋白刺突——血凝素(hemagglutinin, HA)和神经氨酸酶(neuraminidase, NA)，它们是划分流感病毒亚型的依据，抗原性极易变异。①HA：与病毒吸附和穿入宿主细胞有关。HA能与人、鸡、豚鼠等多种红细胞表面*N*-乙酰神经氨酸受体结合引起红细胞凝集(简称血凝)。HA具有免疫原性，为保护性抗原，其诱导的相应抗体称血凝抑制抗体，能抑制血凝现象和中和病毒感染性，为保护性抗体。② NA：作用于宿主细胞表面糖蛋白末端神经氨酸与相邻糖基的连接链，使其断裂，破坏细胞膜上病毒特异性受体，使病毒从感染细胞膜上解离，有利于成熟病毒的释放和集聚病毒的扩散。但不能中和病毒的感染性。NA

具有抗原性，其相应抗体能抑制酶的水解作用。

2. 分型、变异 根据NP和M蛋白抗原性的不同可将流感病毒分为甲、乙、丙三型；甲型又可根据HA和NA抗原性不同，再区分为若干亚型，乙型、丙型流感病毒至今尚未发现亚型。

流感病毒HA和NA易发生变异，HA变异更快。流感病毒抗原变异有两种形式：①抗原漂移(antigenic drift)：其变异幅度小，HA、NA氨基酸的变异率小于1%，属量变，由点突变所造成，并与人群选择力有关，每2～5年出现一个新的变异株，引起甲型流感周期性的局部中小型流行。②抗原转变(antigenic shift)：变异幅度大，HA氨基酸的变异率为20%～50%，属质变，导致新亚型的出现。由于人群完全失去免疫力，每次新亚型出现都曾引起世界性的流感暴发流行。随后该亚型进入抗原漂移阶段，直至新亚型出现才终止流行。

近一个世纪，甲型流感病毒已经历过数次重大变异(表5-1)。1977年，H_1N_1 又重新出现，感染者大多为30岁以下青年人，表明过去的感染具有保护作用。1998年流行的甲3亚型(A3，H_3N_2)，人群普遍对该株缺乏免疫力，造成该株在亚洲部分地区和次年在西欧等地区的暴发流行。

表5-1 甲型流感病毒抗原转变引起的世界性流行

流行年代	亚型类别	代表株
1947	H_1N_1(亚甲型)	A/FM/1/47
1957	H_2N_2(亚洲甲型)	A/Singapore/1/57
1968	H_3N_2(香港甲型)	A/HongKong/1/68
1977	H_1N_1	H_3N_2

3. 培养特性 流感病毒可在鸡胚和培养细胞中增殖。初次分离接种羊膜腔阳性率较高，传代适应后可移种于尿囊腔。细胞培养一般可用原代猴肾细胞或狗肾传代细胞。在培养液中加入胰酶，促使HA裂解，可扩大培养细胞范围。病毒在鸡胚和细胞中均不引起明显的病变，需用红细胞凝集试验或红细胞吸附试验以及免疫学方法证实病毒的存在。

4. 抵抗力 弱。不耐热，56℃ 30min被灭活，0～4℃能存活数周，-70℃以下可长期保存；对干燥、紫外线、乙醚、甲醛、乳酸等均敏感。

(二) 感染与免疫

1. 感染源 感染源为急性患者，发病初2～3d内传染性强，冬春季为流行季节。

2. 感染途径 病毒主要经飞沫在人与人之间直接传播，传染性强。

3. 致病机制 流感病毒在呼吸道上皮细胞内增殖，引起细胞变性、坏死、脱落，黏膜充血水肿。病毒感染后症状轻重不等，约50%感染后无症状，严重者可致病毒性肺炎。

4. 所致疾病 流感病毒引起流感。潜伏期1～4d，突然发病，有畏寒、发热、头疼、肌痛、厌食、乏力、鼻塞、流涕、咽痛和咳嗽等症状。热度可高达38～40℃，持续3～5d。病毒仅在局部增殖，一般不入血。年老体弱、心肺功能不全和幼儿在感染后，易继发细菌性感染，特别是肺炎，常危及生命。

禽流感

研究表明，所有哺乳动物的流感病毒均来源于禽类(如鸭)。而猪和某些哺乳动物在新亚型的出现中起关键作用，猪对人、哺乳动物和禽类流感病毒均敏感，这给各种亚型流感病毒在猪中进行基因重组创造了条件。抗原转换可以产生对人的致病性，由动物、禽类直接传给人。1997年，香港发生禽流感，为 H_5N_1，波及大批鸡群，同时发生20例禽流感患者，死亡6例。虽 H_5N_1 毒株不能在人间直接传播，但感染的鸡经鸭可传给猪，在猪中进行病毒基因重组则可传给人，再引起人间流行。

禽流感主要通过病禽的排泄物、分泌物等经呼吸道、消化道、眼结膜等感染，引起发热、咳嗽、鼻塞、呼吸困难、肌肉酸痛等症状，有的有恶心、腹痛、腹泻，少数因并发症死亡。预防禽流感的发生主要是注意避免接触病禽及其分泌物、食用煮熟的禽类制品、注意个人卫生、不到疫区旅行、接种流感疫苗等。

5. 免疫性 流感病毒感染后可引起特异性免疫。特异性中和抗体包括IgG、IgM和SIgA，局部中和抗体SIgA在预防感染和阻止疾病发生中起重要作用。但亚型间无交叉免疫。

(三) 微生物学检查与防治原则

1. 微生物学检查 在流感暴发流行时，根据典型症状即可作出临床诊断。实验室检查主要用于鉴别诊断和分型，特别是监测新变异株的出现、预测流行趋势和提出疫苗预防建议。

感冒、流感与上感

很多人，甚至某些医务人员对"感冒"的概念不清楚，存在许多误解。

感冒及普通感冒是由多种病毒引起的一种呼吸道传染病，其中30%～50%由鼻病毒引起，次为冠状病毒、副流感病毒、呼吸道合胞病毒、埃可病毒、柯萨奇病毒等。多发于初冬，但可发生于任何季节，具有散在性。起病较急，初为咽干、咽痒或灼热感，后有喷嚏、鼻塞、流清鼻涕、咽痛，有时流泪、味觉迟钝、呼吸不畅、声嘶、少量咳嗽等。可有低热、不适、轻度畏寒、头痛。鼻黏膜充血、水肿、有分泌物，咽部轻度充血。

流感由流感病毒引起，好发于冬春季，易流行。起病急，全身症状较重，有寒战、高热、全身酸痛、头痛、鼻塞、流涕、咽痛、结膜充血等。

"上感"泛指上呼吸道感染，是鼻腔、咽腔或咽喉部急性炎症的统称。病原体可以是细菌，也可以是病毒，主要指细菌感染引起的鼻炎、咽喉炎等。

病毒性感冒和流感对抗生素不敏感，只有继发(合并)细菌感染或细菌性"上感"才可用抗生素治疗。因此，临床上应正确诊断，合理治疗，避免滥用抗生素。

(1) 标本采集：取急性期患者咽漱液或鼻咽拭子进行培养，也可取血液进行血清学诊断。

(2) 检查程序：取标本接种细胞或鸡胚进行病毒分离培养；或取双份血清用血凝抑制试验和中和试验检测抗体，如恢复期抗体效价较急性期增高4倍或以上，即有诊断价值。也可选用补体结合试验、酶免疫测定、免疫荧光法等。另外，可用核酸杂交、PCR或序列分析检测病毒核酸。

2. 防治原则

(1) 预防：流行期间应尽量避免人群聚集，必要时戴口罩，保持室内通风清洁，公共场所每$100m^3$空间可用2～4ml乳酸溶于10倍水中加热熏蒸，能灭活空气中的流感病毒。

免疫接种是预防流感最有效的方法，但必须与当前流行株的型别基本相同，目前使用较多的为三价灭活疫苗。

(2) 治疗：尚无特效疗法，盐酸金刚烷胺及其衍生物甲基金刚烷胺可减轻全身中毒症状。此外，干扰素滴鼻及中药板蓝根、大青叶等有一定疗效。

二、麻疹病毒

麻疹病毒(measles virus)是麻疹的病原体。麻疹是儿童时期最常见的急性呼吸道传染病，发病率几乎达100%，常因并发症的发生导致死亡。在疫苗使用前，全世界每年大约有1.3亿儿童患病，700万～800万儿童死亡。疫苗使用以来，发病率大幅下降。目前WTO已将消灭麻疹列为继消灭脊髓灰质炎后的主要目标。

案例 5-1

患儿，女，6岁，全身皮肤出现斑丘疹，并有高热、咳嗽、流泪、结膜炎等症状。医生诊断为麻疹病毒感染。

思考题

1. 该病最常见的并发症是什么？
2. 该病与亚急性硬化性全脑炎有关吗？

(一) 生物学性状

1. 形态与结构 呈球形，直径150nm。核心为不分节段的单股负链RNA，衣壳呈螺旋对称，有包膜，包膜上有放射状排列的刺突，由血凝素(HA)和融合因子(F)组成。只有一个血清型，但20世纪80年代以来，各国都有关于麻疹病毒抗原性变异的报道；核苷酸序列分析表明，麻疹病毒存在着抗原漂移。

2. 培养特性 麻疹病毒可在原代或传代细胞(人胚肾、人羊膜、Vero细胞等)中增殖，引起细胞融合，形成多核巨细胞，在细胞核及细胞浆内出现嗜酸性包涵体。

3. 抵抗力 较弱，对紫外线、脂溶剂和一般消毒剂敏感，56℃ 30min可被灭活，－20℃

可保存数月。

(二)感染与免疫

1. 感染源与感染途径 麻疹急性期患者为感染源,潜伏期至出疹期均具有传染性,通过飞沫或鼻腔分泌物污染玩具、用具等感染易感人群,传染性强。冬春季发病率最高。

2. 致病机制及所致疾病 病毒先在呼吸道上皮细胞内增殖,然后进入血流,出现第一次病毒血症,病毒随血流侵入全身淋巴组织和单核吞噬细胞系统,在其细胞内增殖后,再次入血形成第二次病毒血症,此时眼结膜、口腔黏膜、皮肤、呼吸道、消化道、泌尿道、小血管受损产生病变,表现为细胞融合成多核巨细胞,核内和胞浆内形成嗜酸性包涵体等。少数病例病毒尚可侵犯中枢神经系统。临床表现除高热、畏光,还有鼻炎、眼结膜炎、咳嗽三个主要前驱症状,此时患者传染性最强。发病2d后,口颊黏膜出现Koplik斑,为周围绕有红晕的灰白色斑点,对临床早期诊断有一定意义。随后1~2d,全身皮肤相继出现红色斑丘疹,先是颈部,然后为躯干,最后到四肢,出疹期病情最严重。4d后消退、脱屑。麻疹一般可治愈。但患者抵抗力低下、护理不当,死亡率亦可高至25%以上。最常见的并发症为肺炎,占麻疹死亡率的60%。最严重的并发症为脑炎,发病率为0.5%~1.0%,其中死亡率为5%~30%。约有0.1%幼儿麻疹患者体内的麻疹病毒可在脑组织内潜伏,至青少年期发生亚急性硬化性全脑炎(subacute sclerosing panencephalitis,SSPE),发生率为0.6/10万~2.2/10万。从麻疹发展到SSPE平均7年,患者大脑功能发生渐进性衰退,表现为反应迟钝、精神异常、运动障碍,病程6~9个月,最后导致昏迷死亡。现认为患者脑组织中麻疹病毒为缺陷病毒,但病毒分离困难。

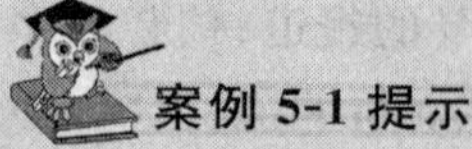
案例5-1提示

麻疹是儿童常见的传染病,易感者初次接触发病率几乎可达100%,麻疹常有并发症发生,应对患者加强护理。

3. 免疫性 麻疹自然感染后一般免疫力牢固,抗体可持续终生,母亲抗体能保护新生儿。其中抗H抗体和抗F抗体在抵抗麻疹病毒再感染中起重要作用。麻疹的恢复主要靠细胞免疫,T细胞缺陷者会产生麻疹持续感染,导致死亡。但细胞免疫也是引起麻疹出疹、麻疹后脑炎的原因。

(三)微生物学检查与防治原则

1. 微生物学检查 根据临床表现即可作出诊断,一般无需进行实验室检查。病毒分离可采取前驱期呼吸道标本和血液标本接种原代人胚肾或猴肾细胞,观察多核巨细胞及包涵体。亦可采取呼吸道、尿沉淀物用免疫荧光法检查病毒抗原。血清学诊断应取双份血清或检测IgM。此外,亦可进行核酸杂交和PCR检测。

2. 防治原则 麻疹减毒活疫苗是当前最有效疫苗之一。初次免疫我国定在8月龄,接种后抗体阳转率达90%以上;7岁时必须进行再次免疫,免疫力可维持10~15年。自实施常规免疫接种以来,麻疹发病率大幅度下降。

对接触麻疹患者的易感者,紧急用丙种球蛋白或胎盘球蛋白进行人工被动免疫,可有效阻止发病或减轻症状。对患者应早隔离,以防传播。

三、腮腺炎病毒

腮腺炎病毒(mumps virus)是流行性腮腺炎(俗称"痄腮"、"猪耳朵")的病原体,呈世界性分布。

(一)生物学性状

1. 形态与结构 呈球形,直径90~300nm,核心为不分节的单股负链RNA,衣壳为螺旋对称,有包膜,包膜上有HA和NA等刺突。只有一个血清型。

2. 抵抗力 弱,对紫外线和脂溶剂敏感。

(二)感染与免疫

1. 感染源与感染途径 人是腮腺炎病毒唯一的宿主,感染源为患者,病毒通过飞沫或人与人直接接触传播,儿童为易感者。好发于冬春季节,传染性强。

2. 致病机制及所致疾病 潜伏期2~3周。病毒侵入呼吸道上皮细胞和局部淋巴结

内增殖后进入血流形成病毒血症，再通过血液侵入腮腺及其他器官，如睾丸、卵巢、胰腺、肾脏和中枢神经系统等，引起流行性腮腺炎，主要症状为一侧或双侧腮腺肿大而疼痛，有发热、肌痛和乏力等。病程1～2周。30%感染后无症状。青春期感染者，男性易合并睾丸炎（约20%），女性易合并卵巢炎（约5%），偶可并发病毒性脑膜炎（0.1%）。

3. 免疫性 感染后可获得牢固持久的免疫。

(三) 微生物学检查与防治原则

1. 微生物学检查 典型病例无需实验室检查即可作出诊断。若需要，可取患者唾液、尿液或脑脊液进行病毒分离。也可用血凝抑制试验、ELISA和免疫荧光法进行血清学诊断来检测病毒的抗原和抗体。

2. 防治原则 及时隔离患者，防止传播。疫苗接种是唯一有效的预防措施，目前使用的为减毒活疫苗，可产生长期免疫效果。现已将腮腺炎病毒、麻疹病毒、风疹病毒组成了三联疫苗（MMR），广泛应用于临床。丙种球蛋白有防止发病和减轻症状作用。流行期间易感人群可服用板蓝根和金银花进行预防。

四、冠状病毒与SARS冠状病毒

冠状病毒（coronavirus）分类上属于冠状病毒科，只感染脊椎动物，可引起人和动物呼吸道、消化道、肝脏及神经系统疾病。2003年冬春季节全球30多个国家暴发流行的严重急性呼吸衰竭综合征（severe acute respiratory syndrome，SARS），为传染性极强的SARS冠状病毒引起的急性呼吸道传染病。

(一) 生物学特性

1. 形态与结构 呈不规则形，大小为120～160nm，核衣壳呈螺旋对称，核心为不分节段的单股正链RNA，有包膜，包膜上有排列间隔较宽的突起，使整个病毒颗粒外形如日冕或冠状而得名。

SARS冠状病毒与冠状病毒相似，病毒颗粒不规则，直径60～200nm，核心为单股负链RNA，有包膜，包膜表面有向四周伸出的突起，形似花冠。

2. 抵抗力 不强。在体外自然存活时间为3h，在粪便和尿液中可存活1～2d。56℃ 30min或PH3可被灭活，对脂溶剂敏感。常规细胞培养分离病毒困难，最适温度为33～35℃。

(二) 感染与免疫

卡洛·乌尔巴尼——为SARS命名的人

2003年初，一种严重的呼吸道传染性疾病肆虐世界，震撼全球。46岁的意大利传染病专家卡洛·乌尔巴尼是为SARS命名又不幸被SARS病毒感染而成为世界上第一位以身殉职、牺牲在抗击"非典"前线的医务工作者。

2003年2月28日，越南河内的越法医院电话急告世界卫生组织代表处，希望派一位专家给一名叫约翰尼·陈的美籍华人会诊。寄生虫防治方面有专长的乌尔巴尼第一个赶到该医院，他把这位商人所患非典型肺炎称作"严重急性呼吸系统综合征"，英文缩写为"SARS"，并敏锐地发现这种疾病的严重性及其可能带来的威胁，建议所有医护人员采取更加严密的防护措施。由于乌尔巴尼的及时提醒，越南的疫情迅速得到了控制，从发现第1例患者时起，仅有63人感染、5人死亡。但乌尔巴尼自己却未能逃脱SARS的魔掌，3月11日赴曼谷主持一个儿童寄生虫病学术会议，刚下飞机就被送进一所医院隔离治疗，3月29日不幸病逝。卡洛·乌尔巴尼将名垂青史。

感染源为患病的人、哺乳动物和鸟类，通过飞沫经呼吸道近距离传播，传染性强，好发于冬春季。冠状病毒10%～30%引起普通感冒，其重要性仅次于鼻病毒，居第二位，各年龄组均可发病，婴幼儿为主。病毒仅侵犯上呼吸道，一般引起轻型感染，但可使原有呼吸道感染急性加重，甚至引起肺炎。

2003年造成的多个国家和地区流行的SARS冠状病毒主要引起SARS，临床表现起病急，以发热为首发症状，体温一般>38℃，可有咳嗽，多为干咳、少痰，偶有血丝，患者还有畏寒、头痛、肌肉酸痛、乏力等症状。免疫细胞数量减少，肺部有弥漫性炎症，严重者出现呼吸加速、气促或明显呼吸窘迫，部分病例迅速

发展为呼吸衰竭，并可伴有其他器官衰竭。免疫力低下者感染病情严重，可导致死亡。死亡率4.2%。冠状病毒还与人类腹泻和胃肠炎有关。

病后血清中可有抗体产生，但免疫力不强，再感染仍可发生。

（三）微生物学检查与防治原则

1. 微生物学检查 可取急性期患者痰液细胞培养或鸡胚接种进行病毒分离，但SARS冠状病毒的分离必须在P3实验室进行。也可取患者血清检测抗体，或用核酸杂交和PCR法检测病毒核酸。

2. 防治原则 SARS已列为乙类传染病，应严格控制传染源，隔离患者和疑似患者，注意空气流通和消毒，增强体质。我国自行研制的疫苗已进入临床研究阶段。本病无特异疗法，我国对重症患者使用肾上腺皮质激素、干扰素、中医中药、适当抗生素及支持疗法等综合治疗措施，有较好疗效。

五、风疹病毒

风疹病毒(rubella virus)，是风疹(又名德国麻疹)的病原体。

案例 5-2

一孕妇怀孕3个月，近期内出现发热、咽痛、咳嗽、耳后淋巴结肿大，且全身出现红色的斑丘疹，类似麻疹症状。

思考题

1. 该孕妇可能感染什么病毒？
2. 该病毒会影响到胎儿吗？

（一）生物学性状

呈球形，直径约60nm，核心为单股正链RNA，衣壳为20面体立体对称，有包膜，包膜上刺突有血凝性。只有一个血清型。能在多种细胞内增殖，使细胞形成空斑。

（二）感染与免疫

人是病毒唯一的自然宿主。病毒经呼吸道传播，潜伏期约2～3周。病毒先在呼吸道黏膜上皮细胞增殖，经病毒血症播散全身。儿童是主要易感者，表现类似麻疹样出疹，但较轻，伴耳后和枕下淋巴结肿大。成人感染症状较严重，除出疹外，还有关节炎和关节疼痛、血小板减少、出疹后脑炎等。

风疹病毒感染最严重的问题是能垂直传播导致胎儿先天性感染。孕妇在4个月孕期内感染风疹病毒对胎儿危害最大，可引起胎儿死亡或出生后表现为先天性心脏病、耳聋、失明、智力低下等。

风疹病毒感染后可获得持久免疫力，孕妇血清抗体有保护胎儿免受风疹病毒感染的作用。

（三）预防原则

风疹减毒活疫苗接种是预防风疹的有效措施，常与麻疹、腮腺炎组合成三联疫苗(MMR)使用。我国自己研制的风疹减毒活疫苗，免疫原性良好。对接触风疹患者的风疹抗体阴性孕妇应立即注射大剂量丙种球蛋白进行紧急预防。

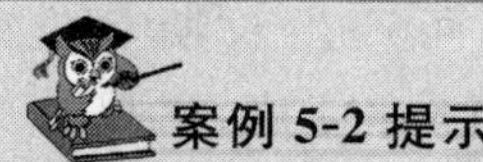

案例 5-2 提示

风疹病毒感染后可出现类似麻疹的临床表现，但症状较轻，孕妇在妊娠4个月内要预防风疹病毒的感染，以免影响胎儿的发育。

六、其他呼吸道病毒

（一）腺病毒

腺病毒(adenovirus)是一群侵犯呼吸道、眼结膜、淋巴组织、消化道和泌尿道的病毒。

呈球形，直径70～90nm，核心为双链DNA，衣壳呈20面体立体对称，无包膜。约有100个血清型，其中能感染人类的至少有42个型别。

病毒主要通过呼吸道、胃肠道和密切接触传播。儿童易感，大多无症状，成人感染不常见，主要引起咽炎、扁桃体炎、肺炎、流行性眼结膜炎、急性出血性膀胱炎和胃肠炎等多种疾病。

病毒感染后，机体产生的相应抗体对同型病毒有持久的保护作用。

可用病毒分离法和免疫学方法或分子生

物学试验进行诊断。

目前尚无理想疫苗。

(二) 呼吸道合胞病毒

呼吸道合胞病毒(respiratory syscytial virus,RSV)是在婴幼儿中引起严重呼吸道感染的最重要病原体。

呈球形,直径约100～350nm,核心为不分节段的单股负链RNA,衣壳呈螺旋对称,包膜上有与宿主细胞膜受体结合的G蛋白和使感染细胞融合的F蛋白两种刺突。

呼吸道合胞病毒在每年冬春季均有流行。主要经飞沫传播,当污染的手、物品直接接触眼或鼻黏膜表面时,最容易感染,也是医院内感染的重要病原体。所有的年龄都易感,几乎每个人都受过感染。

病毒感染局限于呼吸道,不产生病毒血症。病毒侵入呼吸道上皮细胞内增殖,引起细胞融合。致病机制尚未完全清楚。可导致严重的细支气管炎和肺炎,造成死亡。

病毒感染后,免疫力不强,再感染常见,但症状较轻。

目前安全有效的预防疫苗正在配制中,但仍没有特异的治疗方法。

(三) 副流感病毒

副流感病毒(parainfluenza virus)是引起轻型流感样症状的呼吸道病毒,但在婴幼儿也可引起严重的下呼吸道感染。

呈球形,直径为125～250nm,核心为RNA,有包膜和刺突。根据抗原结构不同可分5个血清型。

病毒通过飞沫或人与人接触传播。初次感染多发生在5岁以下。病毒在上呼吸道上皮细胞内增殖,引起病毒血症。约有25%的病例病毒可扩散到下呼吸道,引起细支气管炎和肺炎,2%～3%可引起严重的急性喉气管支气管炎。2岁以下婴幼儿易引起下呼吸道感染,成人则以上呼吸道感染多见。急性喉气管支气管炎常由1型、2型引起,3型引起的下呼吸道感染发病率仅次于呼吸道合胞病毒,4型一般不引起严重疾病。1型和3型亦是医院内感染的重要病原体。

保护性免疫包括细胞免疫和SIgA,但持续时间短,再感染常见。

呼吸道病毒是经呼吸道感染的病毒,包括流感病毒、麻疹病毒、腮腺炎病毒、SARS冠状病毒、呼吸道合胞病毒以及其他病毒科中的风疹病毒、腺病毒、鼻病毒等。据统计,90%～95%急性呼吸道感染由病毒引起。

流感病毒是一种有包膜的RNA病毒,包膜表面的HA和NA刺突与病毒的分型、致病性、抗原性、流行及疫苗制备有关;流感传染性强、发病率高,预防主要是流行期间尽量避免人群聚集,必要时戴口罩,保持室内通风清洁消毒,不随地吐痰,饮食分餐制,服用板蓝根等中药或肌注丙种球蛋白等。

麻疹病毒引起的麻疹、腮腺炎病毒引起的腮腺炎均是儿童常见的呼吸道传染病。SARS冠状病毒引起严重急性呼吸衰竭综合征,即SARS。

小结

一、名词解释

1. 抗原漂移 2. Koplik斑 3. SARS

二、选择题

A型题

1. 造成流感世界性大流行的主要原因是流感病毒
   A. 毒力强　B. 分布广
   C. 人群易感　D. 形成新亚型
   E. 抵抗力强
2. 关于麻疹致病和免疫错误的是
   A. 通过呼吸道传播　B. 全身出现斑丘疹
   C. 有柯氏斑　D. 易并发肺炎
   E. 病后免疫力不牢固
3. 流行性感冒的病原体是
   A. 麻疹病毒　B. 风疹病毒
   C. 流感病毒　D. 腺病毒
   E. 冠状病毒
4. 亚急性硬化性全脑炎的病原体是
   A. 流感病毒　B. 麻疹病毒
   C. 风疹病毒　D. 腺病毒
   E. 腮腺炎病毒
5. 预防流感病毒感染和阻止其发病最重要的抗体是
   A. IgG　B. IgM
   C. SIgA　D. IgD
   E. IgE
6. 张某,5岁,两周前曾与一麻疹患儿接触。近日出现高热、咳嗽、流泪、眼结膜充血等症状而就医。体检时发现其口颊黏膜处有灰白色外绕红晕的白

点。该患儿可能感染的病毒是

A. 风疹病毒　　B. 麻疹病毒
C. 流感病毒　　D. 腺病毒
E. 鼻病毒

X 型题

7. 属于呼吸道病毒的是
A. 流感病毒　　B. 麻疹病毒
C. 腮腺炎病毒　　D. 乙脑病毒
E. 轮状病毒

8. 腮腺炎病毒的特性是
A. 只有一个血清型
B. 对脂溶剂敏感
C. 可引起男性不育和脑膜炎
D. 病后可获得牢固免疫
E. 可用减毒活疫苗预防

三、简答题

1. 流感病毒的变异性与流感流行有什么关系？
2. 如何预防麻疹和 SARS？

（常冰梅）

第 2 节　肠道病毒

学习目标

1. 列出肠道病毒的主要特点
2. 分析脊髓灰质炎病毒疫苗的使用注意事项
3. 说出柯萨奇病毒、埃可病毒和轮状病毒的致病性

凡通过消化道感染的病毒称肠道病毒。肠道病毒在分类上属于小 RNA 病毒科中的一个属，广泛分布于自然界中。人类肠道病毒可侵犯多种脏器引起多种疾病，主要包括脊髓灰质炎病毒 1～3 型、柯萨奇病毒、埃可病毒、轮状病毒、新肠道病毒 68～71 型等。其共同特点：①呈球形，直径约 20～30nm，核心为单股正链 RNA(＋ssRNA)，衣壳呈 20 面体立体对称，无包膜；②耐乙醚和酸，pH3～5 条件下稳定，在污水和粪便中存活数月，但 56℃ 30min 可被灭活，对紫外线、干燥敏感；③在宿主细胞质内增殖，迅速引起病变；④主要经消化道感染，在肠道细胞内增殖，并能侵入血液、神经系统及其他组织，引起多种疾病，如麻痹、无菌性脑炎、心肌炎、腹泻等。

案例 5-3

早产儿，男，8 个月，以突然发热、水样腹泻和呕吐等于 2006 年 10 月 25 日急诊入院。体检：体温 38℃，轻度脱水，蛋花样便。

思考题

1. 患儿可能患什么病？
2. 该病应采取哪些防治措施？

一、脊髓灰质炎病毒

脊髓灰质炎病毒(poliovirus)为脊髓灰质炎的病原体，是肠道病毒中对人致病的重要病毒。脊髓灰质炎是一种侵害神经系统的急性传染病，以侵犯脊髓前角的运动神经元、脑神经核等运动神经为主要表现，引起肢体的弛缓性麻痹，多见于儿童，又名小儿麻痹。此病呈全球性分布，发病在温、热带地区比严寒的北极地区为多。多为隐性感染(约占 90%～95%)，发病者有瘫痪型(1%或更少)和无瘫痪型、顿挫型(约 4%～8%)。

(一) 生物学性状

1. 形态与结构　呈球形，颗粒较小，直径约 27～30nm，故称小 RNA-V。核心为单股正链 RNA(＋ssRNA)；衣壳呈 20 面体立体对称，主要由四种蛋白组成，其中 VP_1～VP_3 是与宿主细胞表面受体和中和抗体 Fab 段结合的部位，VP_4 位于衣壳内部起稳定病毒结构的作用；无包膜。

2. 抵抗力　对理化因素抵抗力较强，在污水和粪便中可存活数月，在胃肠道能耐胃酸、蛋白酶和胆汁的作用，pH 3～9 稳定，室温下可存活数日，但 56℃ 30min 可被灭活，1mol/L $MgCl_2$ 或其他二价阳离子能显著提高病毒对热的抵抗力。

(二) 感染与免疫

1. 感染源与感染途径　感染源为患者和无症状病毒携带者，主要经粪-口感染，易感者多为 15 岁以下尤其是 5 岁以内儿童。

2. 所致疾病　脊髓灰质炎。病毒侵入后在咽喉部和肠道淋巴组织中增殖，90%以上为隐性感染，不表现或只出现轻微发热、咽痛、腹部不适；然后进入血液，形成第一次病毒血症，出现发热、头痛、咽痛和呕吐等症状；约0.1%～2%感染者病毒侵入中枢神经系统，在脊髓前角运动神经细胞内增殖，引起细胞变性坏死，出现暂时性肢体麻痹或永久性肢体麻痹，极少数病例可发生延髓麻痹而导致呼吸、循环衰竭死亡。

乔纳斯·索尔克与脊髓灰质炎疫苗

脊髓灰质炎曾使世界许多儿童终生残疾，严重危害人类健康。1951年小儿麻痹症病原体脊髓灰质炎病毒的三种不同株被分离出来。针对这三种脊髓灰质炎病毒，美国学者乔纳斯·索尔克开始了疫苗研制工作，他的首次试验对象包括他自己的三个孩子，疫苗产生了效果，但对疫苗是否安全还缺乏信心；1954年他进行了更大的试验，结果非常成功，这些儿童产生了针对所有三种病毒的抗体，而其中没有一人患病，当人们得知消息，工厂鸣响了汽笛，学校敲响了钟声，随后在各国推广。

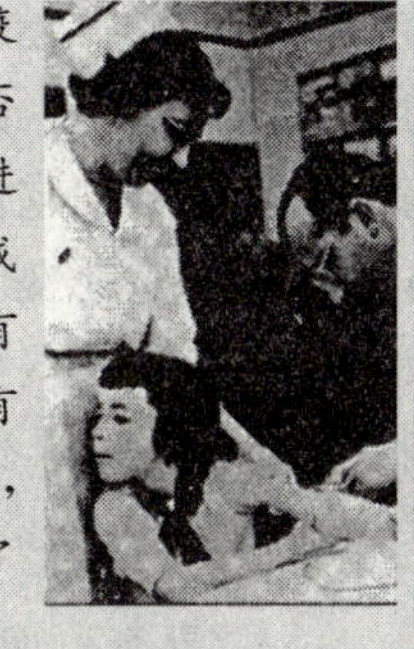

我国1960年自行研制成功脊髓灰质炎减毒活疫苗，并逐步在全国推广应用，脊髓灰质炎的发病率和死亡率显著下降。20世纪60年代初，我国每年报告的脊髓灰质炎病例达20 000～42 000例，1994～2001年连续7年未发现本土脊髓灰质炎野病毒，2001年10月世界卫生组织宣布中国已实现了2000年消灭脊髓灰质炎的目标，2002年10月29日我国首次公布了这一成果。

3. 免疫性 感染后可获得对同型病毒的牢固免疫力。主要为体液免疫，SIgA在黏膜局部与病毒结合而阻止其侵入血流，血清中的中和抗体IgG、IgA、IgM可阻止病毒侵入中枢神经系统。

（三）微生物学检查与防治原则

1. 微生物学检查 发病1周内取粪便标本加抗生素处理后接种原代猴肾或人胚肾细胞，37℃培养7～10d，观察细胞病变作出诊断，再用中和试验进一步鉴定其型别。亦可取血进行血清学检查，若抗体增长4倍及以上有诊断意义。核酸杂交或PCR等分子生物学技术对病毒基因的检测有助于早期诊断。

2. 防治原则 除隔离患者、消毒排泄物、加强饮食卫生、保护水源外，主要对婴幼儿和儿童实行人工主动免疫，对未服疫苗而又接触了患者的儿童应及早给予丙种球蛋白或胎盘球蛋白肌注。

目前有灭活脊髓灰质炎疫苗（IPV）和脊髓灰质炎减毒活疫苗（OPV）。OPV口服类似自然感染，既可诱发血清产生中和抗体，又可刺激肠道局部产生SIgA，还可通过粪便排出疫苗病毒而扩大免疫接种范围，因而广泛应用，但极少数发生疫苗麻痹型脊髓灰质炎（VAPP）病例。因此，建议最初两次免疫用IPV以排除VAPP的危险。小儿麻痹症糖丸的使用应注意口服、间隔服、冷开水送服、冬季服、婴幼儿服、不在哺乳时服等。

我国自1986年实行2月龄开始连续3次口服OPV、每次间隔1个月、4岁加强1次的免疫程序，血清抗体阳性率100%，免疫力持久，使脊髓灰质炎的发病率急剧下降，2001年10月世界卫生组织宣布中国已实现了2000年消灭脊髓灰质炎的目标。但我们仍要警惕境外脊髓灰质炎野病毒的传入，不能麻痹大意。

二、柯萨奇病毒与埃可病毒

柯萨奇病毒（coxsackie virus）是1948年Dalldorf从美国柯萨奇镇的两名疑似脊髓灰质炎患儿的粪便中分离出来，故名。埃可病毒（enteric cytopathic human orphanvirus，ECHO）是人类肠道致细胞病变孤儿病毒的简称，于1951年在脊髓灰质炎流行期间偶尔从健康儿童粪便中分离出来的。

两种病毒的生物学性状、感染、免疫与脊髓灰质炎病毒相似。

根据柯萨奇病毒感染乳鼠产生的病灶不同分为A、B两组，A组有23个血清型，B组有6个血清型。埃可病毒有31个血清型。

感染途径除消化道外，还可经接触和呼吸道感染，病毒在肠道细胞内增殖，临床表现多样化，如类脊髓灰质炎、无菌性脑炎、心肌炎、流行性胸痛、普通感冒等。在脊髓灰质炎已基本消灭的地区，由埃可病毒和柯萨奇病毒所致的中枢神经系统感染显得更加突出，1岁以下的婴儿感染后常因神经后遗症导致智力障碍，应引起注意。感染后可获得型特异性免疫。

取咽拭、粪便和脑脊液等标本接种到细胞或乳鼠分离培养，观察其病变。双份血清检查

抗体滴度增高4倍及以上有诊断意义。还可应用PCR对心肌炎及慢性心肌病进行核酸检测。

目前尚无特异防治方法。

三、轮状病毒

轮状病毒(rotavirus)是1973年澳大利亚学者Bishop等发现，它与Norwalk病毒、肠道腺病毒、冠状病毒、杯状病毒和小圆病毒等都是腹泻的病原体，其中轮状病毒、Norwalk病毒引起急性胃肠炎。

呈球形，直径约70～75nm。核心为分11个节段的双股RNA；有双层衣壳，壳粒从内向外呈放射状排列，犹如车轮状幅条结构，故名，根据内衣壳VP_6的抗原性和基因片段电泳图谱不同分为A～G7个组；无包膜。

抵抗力较强，在粪便中可存活数日或数周，耐酸碱和乙醚，在pH3～10仍可保持其感染性，55℃30min可被灭活。

呈世界性分布，A～C组可引起人和动物腹泻，D～G组只引起动物腹泻。A组最为常见，是婴儿腹泻的最主要病原，6个月至2岁婴幼儿多见，在发展中国家是导致婴儿死亡的第二位原因，好发于秋冬季；B组引起成人腹泻，目前仅见于我国，可引起暴发流行，无季节性；C组引起的腹泻少。

案例5-3提示

6个月至2岁的婴幼儿，突然发病。出现发热、水样腹泻、蛋花样粪便、呕吐、轻度脱水等。发病季节在秋末冬初。患儿可疑为轮状病毒所致腹泻。

感染源为患者和无症状病毒携带者，患者每克粪便中排出的病原体可达10^{10}个，主要经粪-口传播，婴幼儿易感。潜伏期24～48h。病毒侵入人体后在小肠黏膜绒毛细胞内增殖，病毒蛋白VP_4为主要致病因子，造成微绒毛萎缩、变短、脱落，吸收功能下降，引起严重水样腹泻和水、电解质平衡失调，常伴呕吐、腹痛、发热等，可因脱水、酸中毒而死亡。一般病程3～5d，自限性，可恢复。感染后可获得对同型病毒的免疫力，起保护作用的主要是SIgA。

可用电镜或免疫电镜检查粪便中的病毒颗粒，特异性诊断率高达90%～95%以上；亦可用ELISA或免疫荧光法检查粪便中的病毒抗原或血清中的病毒抗体；还可用聚丙烯酰胺凝胶电泳法，根据A、B、C三组轮状病毒11个基因片段特殊分布图形进行分析判断，在病原诊断和流行病学调查中有重要意义。

预防主要是控制传染源，切断感染途径。特异性疫苗正在研制中。治疗应及时输液，纠正电解质平衡，防止严重脱水及酸中毒的发生，以减少婴幼儿的死亡率。

四、新肠道病毒

新肠道病毒68～71型具有小RNA病毒科的基本特性，大多能在猴肾原代细胞和传代细胞及某些人源传代细胞中生长，在细胞质中增殖，并产生CPE，使感染细胞圆缩，核凝结，折光力增强，最后变性、脱落。近年来还证实新肠道病毒除产生溶细胞性感染外，还存在持续感染，可引起呼吸道感染、眼病和脑脊髓膜炎等。但新肠道病毒中某些病毒型引起的麻痹和无菌性脑膜炎，一般比脊髓灰质炎轻，且大多预后良好。新型肠道病毒所致疾病见表5-2。

表5-2 新肠道病毒所致疾病

病毒	所致疾病
肠道病毒68型	小儿肺炎、支气管炎
肠道病毒69型	(尚不清楚)
肠道病毒70型	急性出血性眼结膜炎
肠道病毒71型	急性出血性眼结膜炎、手足口病、脑脊髓膜炎

肠道病毒均为无包膜小球形RNA病毒，经粪-口途径传播，在肠道细胞内增殖，并侵入血液、神经系统及其他组织，引起多种疾病，如麻痹、无菌性脑炎、心肌炎、腹泻等。

脊髓灰质炎病毒大多为隐性感染，只有少数侵入中枢神经系统，在脊髓前角运动神经细胞内增殖，引起细胞变性坏死，出现暂时性肢体麻痹或永久性肢体麻痹，极少数病例可发生延髓麻痹而导致呼吸、循环衰竭死亡。隔离患者、消毒排泄物、加强饮食卫生、保护水源是预防脊髓灰质炎的重要措施，但最主要的是口服脊髓灰质炎减毒活疫苗糖丸，应用时须注意口服、间隔服、冷开水送服、冬季服、婴幼儿服、不在哺乳时服等。

柯萨奇病毒与埃可病毒感染途径除消化道外，还可经接触和呼吸道传播，引起类脊髓灰质炎、无菌性脑炎、心肌炎、流行性胸痛、普通感冒等；轮状病毒主要引起急性胃肠炎。

小结

一、名词解释

1. VAPP 2. OPV

二、选择题

A 型题

1. 脊髓灰质炎病毒的感染方式是

A. 经血感染 B. 虫媒叮咬感染

C. 粪-口感染 D. 经呼吸道感染

2. 对与脊髓灰质炎患者密切接触者的紧急预防措施是

A. 注射减毒活疫苗

B. 注射人丙种球蛋白

C. 口服减毒活疫苗

D. 隔离患者

3. 脊髓灰质炎三价疫苗分次服用的原因是

A. 三次服用的是不同型别的疫苗

B. 三型病毒之间有交叉免疫

C. 三型疫苗之间有干扰现象

D. 三型疫苗毒力不同

4. 婴幼儿腹泻最常见的病原是

A. 脊髓灰质炎病毒 B. 柯萨奇病毒

C. 埃可病毒 D. 轮状病毒

X 型题

5. 肠道病毒包括

A. 脊髓灰质炎病毒 B. 柯萨奇病毒

C. 埃可病毒 D. 轮状病毒

E. 新肠道病毒

6. 属于脊髓灰质炎病毒免疫的特点是

A. 肠道局部 SIgA 可阻止野毒株的入侵

B. 血清 IgG 可阻止病毒入侵中枢神经系统

C. 只有显性感染才能获得免疫力

D. SIgA 可通过初乳传给新生儿

E. 口服疫苗随粪便排出,扩大了免疫范围

三、简答题

1. 简述肠道病毒的共同特点。

2. 试述脊髓灰质炎的预防策略和措施?

(李裕福)

第3节 肝炎病毒

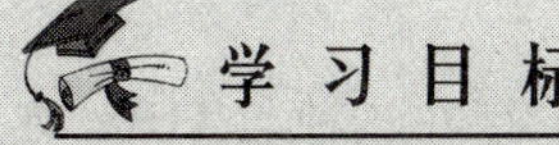

1. 叙述肝炎病毒的感染途径、致病特点和预防措施

2. 归纳乙肝五项的临床意义

肝炎病毒是病毒性肝炎的病原体。病毒性肝炎是危害人类健康最严重的疾病之一,已成为主要的社会公共卫生问题。主要有甲型肝炎病毒(HAV)、乙型肝炎病毒(HBV)、丙型肝炎病毒(HCV)、丁型肝炎病毒(HDV)、戊型肝炎病毒(HEV)及近年来新发现的庚型肝炎病毒(HGV)、TT 型肝炎病毒(TTV)等。此外,EB 病毒、巨细胞病毒、黄病毒、风疹病毒等也可引起肝炎,但肝细胞并非惟一的靶细胞,所以不列入肝炎病毒范畴。

一、甲型肝炎病毒

甲型肝炎病毒(hepatitis A virus,HAV)是甲型肝炎的病原体,1973 年 Feinstone 等首先用免疫电镜发现,1979 年细胞培养成功,1993 年第八届国际病毒性肝病会议建议将其归为嗜肝 RNA 病毒。甲型肝炎分布于全世界,目前我国人群感染率为 70%~80%。

(一) 生物学性状

1. 形态与结构 呈球形,颗粒小,直径约 27nm。核心为单股正链 RNA(+ssRNA),衣壳呈 20 面体立体对称,无包膜(图 5-2)。只有一个血清型。

图 5-2 HAV 结构示意图

2. 抵抗力 强,较耐热,60℃ 1h 不被灭活,耐 pH3.0,对乙醚、氯仿稳定,25℃干燥条件下至少存活 1 个月。加热 100℃ 5min、0.35%甲醛 72h、紫外线照射 1h 可被灭活。

(二) 感染与免疫

1. 感染源与感染途径 感染源为患者及隐性感染者。发病前后两周内均可传染;发病两周后,随肠道及血清中抗体的产生,粪便中不再排出病毒。主要经粪-口途径感染,传染性强。病毒随患者粪便排出,由于耐热、耐氯

化物，因而可在污染的淡水、海水和食物中存活数月或更久，故容易引发暴发流行。1988年上海曾发生因食用被HAV污染的毛蚶而暴发甲型肝炎流行，患者达30余万，危害十分严重。

案例 5-4

患者，女，18岁。因腹胀、纳差1周，发热5天，眼黄2天入院。患者平日喜食毛蚶，在入院1个月前曾去海南旅游20天，回广州的路上觉腹部不适，但无发热和呕吐，2天后胃纳下降，出现厌油腻、恶心、呕吐、全身乏力；随后家人发现其眼部及面部皮肤发黄，即送医院求治。入院时体温36.5℃，脉搏80次/分，呼吸16次/分，血压120/70 mmHg；全身皮肤轻微黄染，无出血点及蜘蛛痣，巩膜中度黄染；心肺无异常发现；肝肋下2cm，有触痛，脾未触及。实验室检查：血常规及大便常规正常。尿常规蛋白(+)、胆红素(+)、尿胆原(+)。肝功能异常。

思考题

1. 最可能的诊断是什么？该病主要传播途径是什么？
2. 需进一步做哪些检查？

2. 所致疾病 甲型肝炎。潜伏期约15～50d，平均30d。HAV随污染的水、食物进入人体，在咽及肠道局部增殖后侵入血液形成病毒血症，最终到达肝脏，可能主要通过免疫病理反应而引起肝细胞损伤。甲型肝炎隐性感染多见，有临床症状者主要表现为急性肝炎，患者有全身不适、乏力、厌食、厌油、发热、肝肿大、压痛和肝功能损害等表现，部分患者出现黄疸，发病较急，病程较短，一般不转为慢性，预后较好。

3. 免疫性 病后可获得持久免疫，对病毒再感染有免疫力。

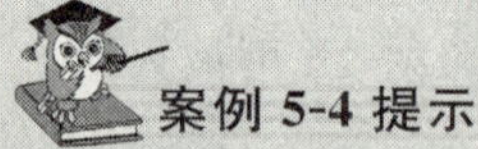

案例 5-4 提示

根据患者食毛蚶史及临床表现诊断为急性肝炎。病毒随粪便排出污染周围环境，经口感染，故又称为粪-口途径传播。

(三) 微生物学检查与防治原则

1. 微生物学检查 以测定病毒抗原和抗体为主。可用免疫电镜直接检查患者粪便中的病毒颗粒。用ELISA和放射免疫测定(RIA)检测患者血清HAV-IgM抗体是甲型肝炎早期诊断最实用的方法，几乎全部的甲型肝炎患者在出现症状时(病后2～12周)抗HAV-IgM阳性且效价很高。

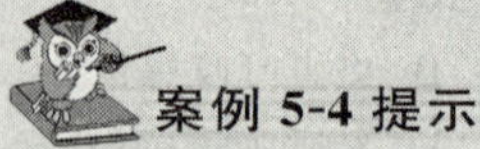

案例 5-4 提示

要确定诊断需做血清学鉴定，以与戊型肝炎鉴别。

2. 防治原则 预防主要是加强粪便管理、保护水源、注意个人及饮食卫生，其次对患者排泄物、食具、物品应认真消毒。特异性预防可使用甲型肝炎灭活疫苗或减毒活疫苗；注射丙种球蛋白进行被动免疫对紧急预防甲肝有一定效果。同时注意对患者的隔离治疗。

二、乙型肝炎病毒

乙型肝炎病毒(hepatitis B virus，HBV)是乙型肝炎的病原体。1963年，Blumberg研究人类血清蛋白的多态性时在澳大利亚土著人血清中发现的，1986年被国际病毒分类委员会定为嗜肝DNA病毒科。HBV在世界范围内传播，估计全球乙型肝炎患者和无症状HBV携带者达3.5亿之多，分布于各年龄组；我国HBV感染率约10%，患者及无症状HBV携带者约1.2亿。

(一) 生物学性状

1. 形态与结构 完整的HBV呈球形，直径42nm，因Dane于1970年首先在乙肝感染的血清中发现，故又称Dane颗粒。核心为双股未闭合的DNA(dsDNA)。有双层衣壳，外衣壳相当于病毒的包膜，由脂质双层和蛋白质组成，HBV的表面抗原(HBsAg)存在于脂质双层中；外衣壳内部包裹着一直径为27nm的内核，其表面为内衣壳，相当于病毒的衣壳，呈20面体立体对称，含HBV的核心抗原(HBcAg)和e抗原(HBeAg)(图5-3)。

乙肝患者血清中存在三种与HBV有关的颗粒(图5-4)：①大球形颗粒：即Dane颗粒，完整的HBV，有传染性，含有病毒的全部抗原。②小球形颗粒：直径22nm，是HBV感

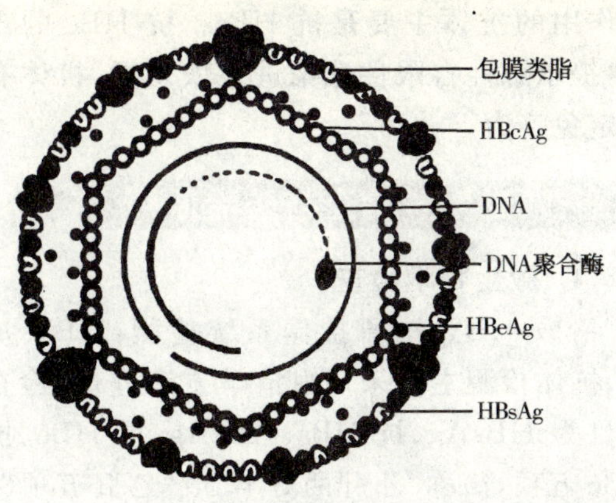

图 5-3 HBV 结构示意图

染者血清中最常见的颗粒，不含 DNA 和 DNA 多聚酶，是 HBV 装配时过剩的外衣壳亚单位聚合体，含 HBsAg，无传染性。③管型颗粒：实际上是聚合成串的小球形颗粒，直径 22nm，长 100～500nm。

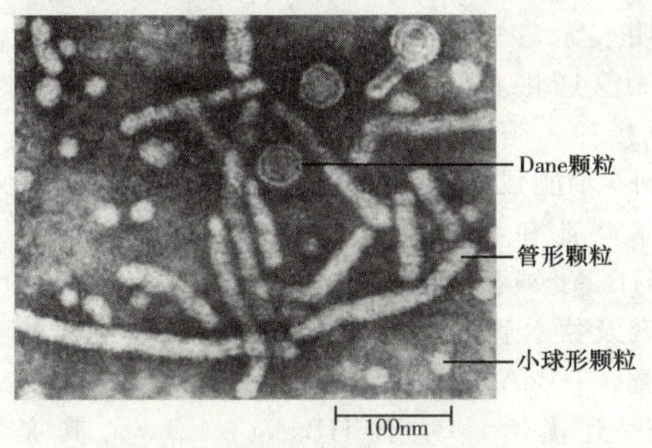

图 5-4 HBV 三种颗粒形态

2. 抗原组成 HBV 具有外衣壳抗原和内衣壳抗原。前者包括 HBsAg、前 S_1 抗原和前 S_2 抗原，后者包括 HBcAg、HBeAg。

(1) 表面抗原(HBsAg)：化学成分为糖脂蛋白，存在于 Dane 颗粒、小球型颗粒和管型颗粒表面，是 HBV 感染的标志之一。具有免疫原性，可刺激机体产生特异保护性中和抗体——抗 HBs，血清中出现抗 HBs 可视为乙型肝炎恢复的标志。

HBsAg 是制备疫苗的主要成分，有 adr、adw、ayr、ayw 4 个亚型，我国汉族以 adr 多见，少数民族多为 ayw。因有共同的 a 抗原，故制备疫苗时各亚型间有交叉保护作用。前 S_1 抗原和前 S_2 抗原的抗原性比 HBsAg 更强，抗前 S_1 抗体和抗前 S_2 抗体通过阻断 HBV 与肝细胞的结合而起抗病毒作用，故有学者主张 HBV 疫苗中应包含上述成分。

(2) 核心抗原(HBcAg)：化学成分为蛋白质，是 Dane 颗粒内衣壳成分，其表面被 HBsAg 覆盖，不易在血清中检出，只存在于 HBV 感染者的肝细胞内；抗原性强，从肝细胞中释放出来时，能刺激机体首先产生抗 HBc-IgM，以后产生抗 HBc-IgG，后者可在血清中持续存在较长时间。抗 HBc-IgM 阳性提示病毒处于复制状态，多见于乙型肝炎急性期和慢性肝炎急性发作期。抗 HBc-IgG 低滴度是过去感染的标志，高滴度提示 HBV 有活动性复制。抗-HBc 无中和作用，为非保护性抗体。

案例 5-5

患者，女，30 岁，拟行胆囊手术，术前检查肝功能正常，乙肝两对半：HBsAg(＋)、HBeAg(－)、抗 HBc(－)、抗 HBe(－)、抗 HBs(－)。

思考题

1. 从 HBV 抗原抗体检测结果分析，此人处于什么状态？

2. 术后对患者进行伤口护理时，宜采取什么措施以预防传播？

(3) e 抗原(HBeAg)：HBV 感染的肝细胞内由病毒编码、转录合成的可溶性蛋白质，存在于核心结构表面或游离于血清中。其消长与 HBV 病毒体及 DNA 多聚酶消长基本一致，故可作为 HBV 复制及血液具有强传染性的指标之一。出现抗 HBe 常提示 HBV 增殖减弱或停止。过去曾认为抗 HBe 的出现是传染性低、预后好的征象，但由于可能存在不表达 HBeAg 而在抗 HBe 阳性情况下仍大量复制的突变株，因此，对抗 HBe 阳性的患者预后判断应同时检测血清中 HBV-DNA。此外，在 HBsAg(＋)的肝硬化患者中，抗 HBe(＋)、甲胎蛋白(AFP)增高提示早期肝癌的可能。

3. 抵抗力 强。对低温、干燥、紫外线和一般化学消毒剂均能耐受，不被 70％乙醇灭活，室温下存活半年仍可保持传染性。高压蒸汽灭菌、100℃ 10min、0.5％过氧乙酸、5％次氯酸钠等可灭活 HBV，消除其传染性。

(二) 感染与免疫

1. 感染源与感染途径 感染源主要是患者或无症状 HBV 携带者。HBV 可存在于感

染者的血液、唾液、精液、乳汁、阴道分泌液、宫颈分泌液和羊水中，乙肝潜伏期、急性期和慢性活动期患者血清都有传染性，无症状 HBV 携带者是更危险的传染源。主要经血感染和垂直感染，偶可经接触感染。①经血感染：HBV 在血液中大量存在，人对其极易感，只需极少量污染血液进入人体即可导致感染。输血、输液、手术、注射、拔牙、血液透析以及被污染的医疗器械意外损伤均可造成 HBV 传播；共用剃刀、针刺、皮肤黏膜微小创伤等也可传播 HBV。经血液和血制品传播的肝炎病毒还有 HCV、HDV、HGV 和 TTV。②垂直感染：父亲或母亲若为 HBV 携带者或 HBeAg(＋)者，可通过感染卵子或通过胎盘感染胎儿；但主要是分娩时胎儿经产道感染；哺乳也是传播 HBV 的途径。有些婴儿在母体子宫内已经被感染，表现为出生时已是 HBsAg 阳性。人群中 HBV 携带者近 50%来自垂直传播。③接触感染：由于 HBV 存在于体液中，可通过性接触和密切接触而感染，造成 HBV 感染的家庭聚集现象。

2. 所致疾病 乙型肝炎。潜伏期约 60～160d。HBV 在肝细胞内增殖，主要通过免疫病理损伤肝细胞，也可通过与肝细胞 DNA 整合引起肝细胞转化导致原发性肝癌。乙型肝炎临床表现呈多样性，可由无症状 HBV 携带者至急性肝炎、慢性肝炎、重症肝炎等。乙型肝炎危害比甲型肝炎更大，易转为慢性肝炎，部分可演变为肝硬化或原发性肝癌。

3. 免疫性 感染后可获得免疫力，起保护作用的抗体主要是抗 HBs。抗 HBe 的出现，提示急性自限性感染进入恢复期，机体有一定免疫力。

(三) 微生物学检查与防治原则

1. 微生物学检查

(1) HBV 抗原抗体系统检测：HBV 抗原、抗体检测主要采用血清学方法进行，检查项目为 HBsAg、抗 HBs、HBeAg、抗 HBe、抗 HBc 五项，简称“乙肝两对半”或“乙肝五项”。检测结果需结合临床综合分析各项指标方能作出正确判断(表 5-3)。

HBV 抗原抗体系统检测的临床意义：①乙型肝炎病情及传染性判断。HBsAg、HBeAg、抗 HBc 是否阳性。②判断预后。HBsAg、HBeAg、抗 HBc 阳性持续 6 个月以上则认为已向慢性转化，HBsAg、HBeAg 转阴表示乙型肝炎进入恢复期而预后良好。③筛选供血员。乙肝两对半指标均阴性(接种乙肝疫苗后单项 HBsAb 阳性者除外)才能成为献血员。④乙型肝炎流行病学调查和判断人群对 HBV 的免疫情况。HBsAg 或抗 HBs 是否阳性。⑤对饮食、保育及饮水管理等行业人员定期进行健康检查。HBeAg、HBV-DNA 是否阳性。⑥指导优生优育。对于 HBsAg(＋)，尤其是 HBeAg(＋)或 HBV- DNA(＋)的夫妇，采取正确的围生期阻断措施，预防垂直感染。

表 5-3 HBV 抗原、抗体检测结果的临床分析

HbsAg	HBeAg	抗 HBs	抗 HBe	抗 HBc	结果分析
＋	－	－	－	－	无症状携带者(有传染性)
＋	＋	－	－	－	急慢性乙型肝炎或无症状携带者(有传染性)
＋	＋	－	－	＋	急慢性乙型肝炎(大三阳，传染性强)
＋	－	－	＋	＋	乙型肝炎急性期转恢复(小三阳，有传染性)
－	－	＋	＋	＋	感染恢复期(传染性弱)
－	－	＋	＋	－	感染恢复期(传染性弱)
－	－	－	－	＋	既往感染(无传染性)
－	－	＋	－	－	既往感染或接种过疫苗(无传染性)

(2) 血清 HBV-DNA 检测：常用 PCR 或核酸杂交技术检测。血清 HBV-DNA 阳性表明有 HBV 复制，血清中存在完整的 HBV 颗粒，传染性强。

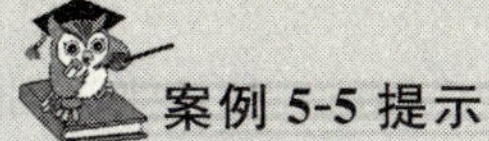

案例 5-5 提示

HBsAg 存在于 Dane 颗粒、小球型颗粒和管型颗粒表面。乙型肝炎病毒的潜伏期约 60～160d，感染早期或无症状携带者血液中可测到 HBsAg。

2. 防治原则

(1) 治疗患者：乙肝的治疗至今尚无特效方法，一般认为用广谱抗病毒药物和调节机体免疫功能的药物同时治疗较好。拉米夫定（贺普汀）、利巴韦林、阿糖腺苷、Ⅰ型干扰素及清热解毒、活血化瘀的中草药等，对部分病例有一定疗效，同时注意休息、营养、护肝治疗。对患者的血液、分泌物和排泄物，用过的餐具、水杯、衣服和被褥均需消毒处理。管理好 HBV 携带者，如进一步检查 HBeAg、HBV-DNA 阳性者应调离接触食品、自来水或幼托工作，不能献血。

(2) 严格筛选献血员：严格血制品检查和医疗器械消毒，防止医源性感染。

乙肝病毒携带者能怀孕吗?

根据临床观察，乙肝表面抗原阳性和 e 抗原阳性的妇女怀孕，所生婴儿乙肝病毒感染率高达 88.1%，其中 5% 是在宫内感染，其余大部分是在围生期吸入母血、羊水或阴道分泌物受到感染；单项乙肝表面抗原阳性所生婴儿乙肝病毒感染率亦达 38%。而且婴儿一旦感染乙肝病毒，85%～90% 会发展为慢性乙肝，25% 成年后将死于肝硬化或肝癌。因此，阻断乙肝病毒母婴传播对于保证下一代的健康有重要意义。

早在 20 世纪 70～80 年代，发达国家应用 HBIg 阻断母婴传播起到了很好的效果，我国 20 世纪 80 年代也已应用 HBIg，为乙肝母亲生育解决了后顾之忧。携带乙肝病毒的妇女如怀孕，从怀孕 7 个月（怀孕第 28 周）起每月注射 1 支 HBIg，可使胎儿受到保护。对于怀孕接近临产的妇女，如果发现是乙肝病毒携带者，则新生儿在诞生 24h 内立即接种乙肝疫苗，剂量加倍，1 个月和 6 个月后作加强免疫，对新生儿保护率达 86.65%；如果出生后立即及生后 1 个月在接种乙肝疫苗的同时注射 HBIg，则对子女的保护效果更好。

(3) 人工主动免疫：注射乙肝疫苗是预防乙型肝炎最有效的方法。我国实施的计划免疫项目已经增加了乙肝疫苗。常用基因工程疫苗，主要应用于婴幼儿以及小学生，同时也用于所有易感者、危险人群和免疫抑制者，如血友病患者、肾透析患者及工作人员，牙科、外科及检验室工作人员，家庭密切接触者等。一般以月为计时单位，采用 0、1、6 免疫方案，上臂三角肌内注射。对所有易感人群均有免疫效果，但成年人随着年龄的增长，免疫效果有所下降。

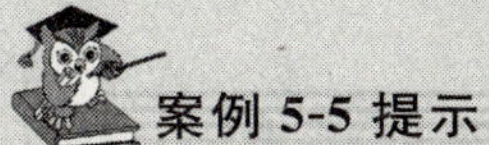

案例 5-5 提示

乙肝病毒传播途径有三种：①血液感染。输血、输液、手术、注射、皮肤黏膜微小创伤及被污染的医疗器械意外损伤等。②垂直感染。胎盘、分娩、哺乳等。③性接触和密切接触感染。严格医疗器械消毒，防止医源性感染；意外发生伤口接触或被污染针头刺伤时，使用高效价人乙肝免疫球蛋白（HBIg）作紧急预防。

(4) 人工被动免疫：使用高效价人乙肝免疫球蛋白（HBIg）作紧急预防。医护工作中意外发生伤口接触或被污染针头刺伤等情况时，可立刻注射 HBIg 0.08mg/kg，一般 1 周内注射有预防效果，2 个月后需重复注射 1 次。HBIg 与乙肝疫苗联合应用，阻断垂直传播，效果优于单用乙肝疫苗。

三、丙型肝炎病毒

丙型肝炎病毒（hepatitis C virus，HCV）是引起丙型肝炎的病原体，1989 年被命名，1991 年归为黄病毒科丙型肝炎病毒属。

呈球形，直径约 30～60nm。核心为单股正链 RNA（+ssRNA），有 6 个基因型，易发生变异；包膜抗原变异使病毒持续存在，这可能是丙型肝炎易发展成为慢性的原因之一。

HCV 的致病与 HBV 相似。感染源主要是患者和病毒携带者，发病前 2 周至发病后 10 周血液具有传染性。最主要的感染途径是输血感染，占输血后肝炎的 80%～90%，因此又称为输血后肝炎；也可通过生活上的密切接触、性接触、垂直方式感染。潜伏期约 7 周。隐性感染多见，发病时即已进入慢性病程，50%～60% 以上感染者转为慢性，其中

20%～30%发展为肝硬化，甚至转化为肝癌。感染后获得的免疫力弱，对再感染无明显保护作用。

应用ELISA和RIA检测体内抗HCV是目前诊断HCV感染的最常用方法，可快速筛选献血员和诊断丙型肝炎。用RT-PCR检测HCV-RNA可供诊断，常用HCV-RNA转阴作为饮食业及幼托人员病愈恢复的指标。

对献血员、血制品应查抗HCV，以防输血后肝炎。治疗与乙型肝炎相同，主要使用Ⅰ型干扰素。

四、丁型肝炎病毒

丁型肝炎病毒（hepatitis D virus，HDV）是一种不能独立复制而必须在HBV或其他嗜肝DNA病毒辅助下才能复制的缺陷病毒。1977年发现，当时称为δ因子。感染呈世界性分布，我国以四川等西南地区较多见，感染率5%～8%，而沿海地区很少见。

呈球形，直径约35～37nm。核心为单股负链RNA（－ssRNA），衣壳为HBsAg，无包膜。抵抗力、灭活方法与HBV相似，耐热，100℃20min其抗原性很少丢失。

致病与HBV相同。HDV感染需同时感染HBV（共同感染），或先有HBV或其他嗜肝DNA病毒感染（重叠感染）。潜伏期3～4周。HDV与HBV的共同感染或重叠感染常导致原有感染加重，引起重症肝炎，增加慢性肝炎的危险性。抗HDV无保护作用。

应用ELISA和RIA检测血清中的HDAg是诊断HDV感染的最好和最直接指标，检测血清中抗HDV亦具有较高的特异性和敏感性。用核酸杂交技术检测血清中和肝细胞内的HCV-RNA是最特异和敏感的方法，可判断血清的传染性和抗病毒药物的治疗效果。防治措施与HBV相似，严格筛选供血员或血制品对有效控制HDV感染及传播具有重要意义。

五、戊型肝炎病毒

戊型肝炎病毒（hepatitis E virus，HEV）是戊型肝炎的病原体。1989年在美国夏威夷国际肝癌会议上被正式命名。HEV感染遍布全世界，我国以新疆地区最多，东北、西南及沿海城市也有散发病例。

呈球形，直径约27～34nm。核心为单股正链RNA（＋ssRNA），衣壳呈20面体立体对称，无包膜。只有一个血清型。

感染源是患者，主要经粪-口传播，传染性强。患者粪便污染水源、食物可引起暴发流行。潜伏期2～9周。表现为急性肝炎，多数患者发病后6周好转并痊愈，不发展为慢性肝炎。但怀孕6～9个月的妇女感染后病情重，病死率高达10%～20%。感染后产生的抗体维持时间短，可发生再感染。诊断应注意与甲型肝炎区别，可用ELISA检测血清中抗HEV-IgM或用免疫电镜查粪便中的HEV或用RT-PCR检测血清、粪便中的HEV-RNA。防治原则与甲型肝炎相似，主要是加强粪便管理、保护水源、注意个人和食品卫生，杜绝“病从口入”。

己型肝炎病毒

己型肝炎病毒（hepatitis F virus，HFV）是临床非甲非乙型肝炎的病原体。大小约60～70nm，无包膜。主要经血感染，受血或血制品者、血液病患者以及长期接触血液的医务人员是高危人群。潜伏期平均61d。呈亚临床经过。缺乏特异性诊断方法，所以目前只有在排除HBV、HCV、HGV、CMV、EBV等病毒感染的情况下方考虑HFV感染。

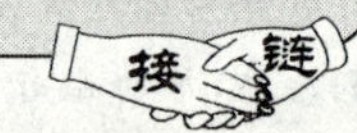

六、庚型与TT型肝炎病毒

庚型肝炎病毒（hepatitis G virus，HGV）为单股正链RNA病毒（＋ssRNA），主要经血制品、静脉注射毒品等肠外途径感染，可引起急性和慢性肝炎，一般症状较轻，发展成慢性肝炎者较丙型肝炎少。HGV可单独感染，也可与HBV、HCV重叠感染，但并不加重HBV或HCV感染者的病情。

TT型肝炎病毒（transfusion transmitted virus，TTV）是1997年首先从一例日本输血后非甲-庚型肝炎患者血清中发现的，初以患者姓名命名，现认为可能是一种新型的与输血传播相关的肝炎病毒。呈球形，直径约30～50nm。核心为单链线状DNA，无包膜。主要通过血液或血液制品传播。

各型肝炎病毒的主要特性见表5-4。

表 5-4 各型肝炎病毒的主要特性

特点/型别	HAV	HBV	HCV	HDV	HEV	HGV	TT 型
发现或命名年代	1973	1963	1989	1977	1989	1995	1997
核酸类型	RNA	DNA	RNA	RNA	RNA	RNA	DNA
病毒大小(nm)	27	42	30～60	35～37	27～34	?	30～50
包膜	－	＋	＋	－	－	－	－
感染途径	粪-口	血液、垂直	血液	血液、垂直	粪-口	血液	血液
潜伏期	15～50d	60～160d	约 7 周	3～4 周	2～9 周	?	?
无症状携带者	罕见	多见	多见	多见	罕见	多见	?
慢性肝炎	－	＋	＋	＋	－	＋	?
肝硬化	－	＋	＋	＋	－	?	?
肝癌	－	＋	＋	－	－	＋	?
病毒抗原	HAV	HBsAg HBeAg HBcAg	HCV	HBsAg HDV	HEV	HGV	TTV
特异预防	疫苗、丙球	疫苗、HBIg	－	－	－	－	－

肝炎病毒是一组主要侵噬肝细胞引起肝炎的病毒，公认的有 HAV、HBV、HCV、HDV 和 HEV，新近发现的还有 HGV 和 TTV。除 HBV、TTV 为 DNA-V 外，其他均为 RNA-V。

不同肝炎病毒的生物学性状各异，但从感染者临床表现和流行病学特征上大致分为两类：HAV 和 HEV 经粪-口途径感染，引起急性肝炎；其他经肠道外途径感染，主要经输血注射，HBV 和 HDV 还可垂直感染，引起急性肝炎、慢性肝炎及慢性病毒携带者等多种临床表现。其中，HAV 感染率高，且容易暴发流行；HBV 危害最大，多引起慢性肝炎，甚至肝硬化、肝癌；HCV 是输血后引起慢性肝炎和肝硬化的主要原因；HDV 可与 HBV 混合或重叠感染，导致乙肝病毒感染症状加重与恶化。

HBV 有三对抗原抗体系统，通过检测“两对半”可帮助诊断疾病、判断预后和筛选供血员等，具有重要的临床意义。

不同的病毒性肝炎应针对感染途径采取相应的预防措施，甲型肝炎主要是加强个人和饮食卫生，乙型肝炎则主要是加强血制品的管理，两种肝炎均可接种疫苗进行预防。

小 结

目标检测

一、名词解释

1. HAV　2. Dane 颗粒　3. HBsAg

4. 无症状 HBsAg 携带者　5. δ 因子

二、选择题

A 型题

1. 甲型肝炎病毒的致病性，下列哪项不正确
   A. 粪-口途径感染
   B. 很少转化为慢性
   C. 病后粪便或血中可长期携带病毒
   D. 可引起散发或暴发流行
2. 血液中不易查到的 HBV 抗原是
   A. HBsAg　B. HBeAg
   C. HBcAg　D. 抗 HBc
3. 表示 HBV 感染，血液具有高度传染性的指标是
   A. HBsAg、抗 HBe、抗 HBc
   B. HBsAg、HBeAg、抗 HBc
   C. 抗 HBs、抗 HBc、抗 Hbe
   D. HBsAg、HBeAg、HBcAg
4. 不必接受 HBIg 被动免疫的人是
   A. 母亲为 HBsAg 阳性的新生儿
   B. 输入了 HBsAg 阳性血液者
   C. 无症状 HBsAg 携带者
   D. 体表破损处沾染了 HBeAg 阳性血清者
5. 引起输血后肝炎的最常见病毒是
   A. HBV　B. HCV
   C. HDV　D. HEV
6. 目前预防乙型肝炎的最佳措施是
   A. 隔离患者
   B. 加强医院内消毒隔离及献血员检查
   C. 注射乙肝疫苗
   D. 搞好粪便管理及水源保护
7. 接触甲型肝炎者需医学观察
   A. 20d　B. 35d

C. 40d　　D. 45d

8. 可将甲型肝炎病毒灭活的最低温度条件是

A. 56℃,30min　　B. 60℃,12h

C. 100℃,5min　　D. 100℃,10min

9. 接种乙型肝炎疫苗对预防乙型肝炎的传播具有重要意义,其重点接种对象是

A. 慢性乙型肝炎患者

B. 乙型肝炎病毒携带者

C. 母亲 HBsAg 阳性生下的新生儿

D. 接受过输血的患者

10. 陈某,女,22岁。突起高热,上腹不适,恶心,食欲减退,体温38.5℃,出现黄疸,皮肤瘙痒,肝肋下1.5cm,腹水阴性,血 ALT1200U,初步诊断为甲型病毒性肝炎,此型肝炎的传播途径是

A. 消化道传播　　B. 性传播

C. 母乳传播　　D. 血液传播

11. 一15岁女性,近5d来低热、乏力、纳差、恶心伴呕吐,近3d来黄疸日益加重,尿如浓茶,触诊肝肋下2.5cm、质软,有触痛和叩击痛。检查肝功能异常。其病因最可能是

A. 巨细胞病毒感染　　B. EB 病毒感染

C. 肝细胞癌　　D. 肝炎病毒感染

12. 一男性静脉吸毒者,10年前检查 HBsAg(+),近日突发重症肝炎,并于10d内死亡。你推测可能是合并哪种病毒感染?

A. HGV　　B. HCV

C. HDV　　D. HEV

X 型题

13. 病毒性肝炎的类型有

A. 甲型　　B. 乙型

C. 丙型　　D. 戊型

E. 丁型

14. 病毒性肝炎患者的主要护理措施为

A. 休息　　B. 合理营养

C. 加强运动　　D. 适量饮酒

E. 保持乐观情绪

15. 可转为慢性肝炎并发展为肝硬化和肝癌的病毒性肝炎类型是

A. 甲型　　B. 乙型

C. 丙型　　D. 丁型

E. 戊型

三、简答题

1. 试述 HBV 抗原抗体系统检测指标的临床意义。

2. 结合 HAV 和 HBV 的感染途径谈怎样预防甲型肝炎和乙型肝炎。

3. 肝炎病毒是如何传播的?

第4节　黄　病　毒

学习目标

1. 归纳黄病毒的共同特点

2. 描述乙脑病毒的传播媒介、流行季节、所致疾病特点及预防原则

3. 列出登革病毒、森林脑炎病毒的传播媒介、流行季节及所致疾病

黄病毒是一大群通过吸血节肢动物叮咬人、家畜及野生动物而传播的病毒,曾归类为虫媒病毒。我国主要有流行性乙型脑炎病毒、登革病毒和森林脑炎病毒。其共同特点:

(1) 呈小球形,直径约40~70nm,核心为单股正链 RNA(+ssRNA),衣壳呈20面体立体对称,包膜上有血凝素刺突。

(2) 抵抗力弱,对热、酸(pH3~5)、脂溶剂及紫外线敏感。

(3) 宿主范围广,可引起多种脊椎动物感染,最易感染的动物是乳小鼠;节肢动物既是传播媒介,又是储存宿主,因此,所致疾病有明显的地区性和季节性,具有典型的自然疫源性特点。

患者,男,10岁。于8月中旬出现发热,剧烈头痛,伴有喷射状呕吐。居住地蚊虫较多,未接种过疫苗。查体:T 39.4℃,R 32次/分,P 112次/分,BP 120/80mmHg。昏迷状态,面色潮红,呼吸急促,双瞳孔等大等圆,直径约3mm,对光反射迟钝,颈抵抗阳性,四肢肌张力较高,心肺无异常,腹平软,肝脾未触及,双膝反射未引出,左侧巴氏征阳性。血常规:Hb 164g/L,WBC 11×10^9/L,N 0.80,PLT 115×10^9/L。脑脊液检查:微浊,总细胞 500×10^6/L,WBC 460×10^6/L,N 0.70。生化:蛋白 558mg/L,糖 3.48mmol/L,氯化物 123.7mmol/L;新型隐球菌(-),乙脑特异性抗体 IgM(+)。

思考题

1. 可疑哪种病原体感染?

2. 该病原体的传染源、传播途径、易感人群以及流行特征怎样?

(4) 致病力强,所致疾病严重,主要表现

三种临床类型：①发热、皮疹、关节炎；②出血热；③脑炎。

一、流行性乙型脑炎病毒

流行性乙型脑炎病毒(epidemic encephalitis B virus)简称乙脑病毒，因1935年首先由日本学者从患病死亡者体内分离，因此国际上又称为日本脑炎病毒，通过蚊虫叮咬人、家畜及野生动物而传播，引起流行性乙型脑炎(简称乙脑)。

(一)生物学性状

1. 形态与结构 呈小球形，直径约45nm。核心为单股正链RNA(+ssRNA)，衣壳为20面体立体对称，包膜表面有糖蛋白组成的血凝素，能凝集鸡红细胞。抗原性稳定，很少变异。

2. 抵抗力 对热、酸、脂溶剂、消毒剂等敏感，56℃ 30min、100℃ 2min即被灭活；但在50%甘油中4℃可存活数月，−70℃可存活数年。

(二)感染与免疫

1. 感染源与感染途径 猪、牛、羊等家畜和家禽尤其是幼猪是乙脑病毒的中间宿主和感染源；蚊不仅是传播媒介，还可能是病毒的长期储存宿主，病毒在蚊体内增殖，动物被叮咬后出现短暂病毒血症，成为更多蚊感染病毒的传染源，形成蚊—动物—蚊之间的循环，传染性强。传播媒介我国主要是三带喙库蚊，流行季节与蚊活动高峰一致，南方为6～7月，华北地区为7～8月，东北地区为8～9月。

2. 所致疾病 流行性乙型脑炎。潜伏期10～14d。当带病毒蚊叮咬人时，乙脑病毒进入人体，在毛细血管内皮细胞和局部淋巴组织增殖，少量病毒入血形成第一次病毒血症，播散到肝、脾、淋巴结中继续大量增殖后再次入血引起第二次病毒血症，大多数患者有发热、头痛等综合征，若不继续发展，则成为轻型全身性感染。极少数患者病毒通过血-脑屏障侵入脑组织，造成脑实质及脑膜病变，表现高热、惊厥或昏迷等脑炎的严重症状，死亡率高，10%～15%的患者恢复后可留下痴呆、智力减退、瘫痪等后遗症。

3. 免疫性 感染后可获得牢固持久免疫，再感染少见。以体液中和抗体免疫为主。

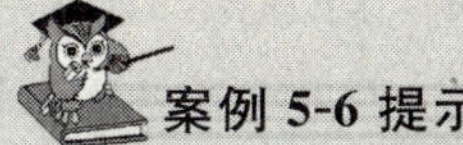

案例5-6提示

乙脑病毒以库蚊为储存宿主和传播媒介，以家畜(幼猪等)为传染源。其病毒可长期储存在蚊虫体内，通过叮咬家畜而使家畜感染，并在其体内增殖成为传染源。当其他蚊虫叮咬家畜感染病毒后即成为传播媒介，如再叮咬人，即可将病毒传播给人，导致人体感染。

其传播媒介、传播途径和致病性决定了其流行特征：与蚊密度的高峰期一致，多在夏秋季(6～9月)，以散发病例为主。其易感人群以自身免疫力较弱者(如小儿等)为主。

(三)微生物学检查与防治原则

1. 微生物学检查 病毒分离可采用乳鼠脑内接种法，然后进行血凝抑制试验、中和试验、补体结合试验或免疫荧光技术进行鉴定。特异性抗体检测是最常用的诊断方法，双份血清抗体检查效价增高4倍及以上可确诊。

2. 防治原则 隔离患者、防蚊灭蚊是预防乙脑的重要环节。在易感人群(6个月到10岁以下儿童)中大规模接种乙脑疫苗，是预防乙脑流行的关键。我国现在使用的乙脑减毒活疫苗安全有效。因幼猪是乙脑病毒的重要中间宿主及传染源，给流行地区的幼猪接种疫苗，可有效控制乙脑在猪群及人群中传播和流行。

二、登革病毒与森林脑炎病毒

登革病毒(dengue virus)与森林脑炎病毒(tick-borne encephalitis virus)的主要特性见表5-5。

表5-5 登革病毒与森林脑炎病毒的主要特性

主要特性	登革病毒	森林脑炎病毒
核酸型	RNA	RNA
血清型	4个	1个
传播媒介	伊蚊	硬蜱
储存宿主	猴	兽类、鸟类
流行季节	夏季	春季
主要流行区	热带、亚热带	俄罗斯东部、中欧
	我国广东、海南、广西等地	我国东北及西北某些地区

续表

主要特性	登革病毒	森林脑炎病毒
所致疾病	登革热	森林脑炎
临床表现	初次感染为发热、肌肉关节酸痛 再次感染为登革出血热/休克综合征	高热、头痛、昏睡，外周神经弛张性麻痹等
免疫力	差，可再感染	持久
防治原则	防蚊灭蚊 疫苗研制尚未成功	防蜱灭蜱 灭活疫苗效果好，减毒活疫苗正在研制中

黄病毒的共同特点：①小球形RNA病毒，衣壳呈20面体立体对称，包膜上有血凝素刺突。②抵抗力弱，对热、酸、脂溶剂及紫外线敏感。③宿主范围广，可引起多种脊椎动物感染，最易感染的动物是乳小鼠；节肢动物既是传播媒介，又是储存宿主，因此，所致疾病有明显的地区性和季节性，具有典型的自然疫源性特点。④致病力强，所致疾病严重，主要表现三种临床类型：发热、皮疹、关节炎；出血热；脑炎。

乙型脑炎病毒传染源主要是幼猪，传播媒介我国主要是三带喙库蚊，流行季节与蚊活动高峰一致，引起的流行性乙型脑炎死亡率高、后遗症多见，病后可获得牢固持久免疫。隔离患者、防蚊灭蚊是预防的重要环节，接种疫苗是预防的关键。

登革病毒的传播媒介是伊蚊，流行于夏季，引起登革热；森林脑炎病毒的传播媒介是硬蜱，流行于春季，引起森林脑炎，均应针对传播媒介进行预防。

小结

一、名词解释

自然疫源性疾病

二、选择题

A型题

1. 以家畜尤其是幼猪为传染源、以蚊子为传播媒介的病毒是
   A. 乙型脑炎病毒　　B. 汉坦病毒
   C. 登革病毒　　D. 森林脑炎病毒
2. 森林脑炎的流行季节是
   A. 春季　B. 夏季　C. 秋季　D. 冬季
3. 流行性乙型脑炎的主要传染源是
   A. 候鸟　　B. 马、牛、驴
   C. 猪　　D. 蝙蝠

4. 流行性乙型脑炎的发病季节是
   A. 1～3月　　B. 4～7月
   C. 7～8月　　D. 9～10月
5. 流行性乙型脑炎的传播途径是
   A. 血液传播　　B. 粪-口传播
   C. 密切接触　　D. 虫媒传播
6. 患者，男，5岁。发热、头痛、嗜睡4d入院。血常规：WBC 15 $\times 10^9$/L，N 0.85，L 0.15。脑脊液：WBC 100 $\times 10^6$/L，N 0.70，蛋白质0.6g/L，糖3mmol/L，氯化物198mmol/L。该患者最可能的诊断是
   A. 流行性脑脊髓膜炎　　B. 化脓性脑膜炎
   C. 乙脑脑炎　　D. 结核性脑膜炎

X型题

7. 流行性乙型脑炎患者的主要护理措施
   A. 高热以物理降温为主
   B. 抽搐时，防止坠床和咬伤舌
   C. 昏迷时，防褥疮，维持营养及水电平衡
   D. 防止继发感染
   E. 呼吸衰竭时给氧，保持呼吸道通畅
8. 乙型脑炎的健康教育内容应包括
   A. 防蚊、灭蚊　　B. 疫苗接种
   C. 中药预防　　D. 及时就诊
   E. 功能锻炼

三、简答题

1. 简述黄病毒的共同特点。
2. 结合乙脑病毒从蚊—猪—蚊—人的传播过程，试述其主要预防措施。

第5节　出血热病毒

学习目标

1. 简述汉坦病毒的感染源、感染途径、流行季节、所致疾病特点及防治原则
2. 说出新疆出血热病毒的传播媒介、流行季节和预防措施

我国已发现的出血热病毒有汉坦病毒、新疆出血热病毒和登革病毒，引起出血热(hemorrhagic fever)。出血热不是一种疾病的名称，而是一组疾病或一组综合征的统称。这些疾病或综合征是以发热、皮肤和黏膜出现瘀点或瘀斑，不同脏器的损害和出血，以及低血压和休克等为主要特征的。

一、汉坦病毒

汉坦病毒(Hanta virus，HV)又名流行性

出血热病毒，引起流行性出血热。于1978年从韩国汉坦河附近流行性出血热疫区捕获的黑线姬鼠首次分离出，故名。

案例 5-7

患者，女性，25岁。主诉：发热，全身疼痛，牙龈出血，尿少。以务农为业，有鼠类接触史。查体：T39℃，躯干上部稍充血，腋前及胸部有散在的出血点及条状瘀斑，结膜充血，口唇周围黏膜有渗血。血常规：Hb 122.2g/L，RBC 301 $\times 10^{12}$/L，WBC 8.9 $\times 10^{9}$/L，N 0.64，L 0.26，异形淋巴细胞 0.04，BUN 35.34mmol/L，抗 HFRS 病毒抗体 IgM 及 IgG 阳性。

思考题

1. 在我国，引起出血热的病原体主要有哪些？传播媒介分别是什么？
2. 诊断汉坦病毒感染的常用微生物学检查方法是什么？

（一）生物学性状

1. 形态与结构 呈球形或多形性，直径约120nm（图5-5）。核心为单股负链RNA（－ssRNA），分L、M、S三个节段，分别编码病毒的RNA多聚酶（L）、衣壳蛋白（N）和包膜刺突糖蛋白（G_1、G_2）；衣壳呈螺旋对称；包膜上的刺突为血凝素，能凝集鹅红细胞。根据病毒抗原性和宿主不同，与人类关系密切的可分为Ⅰ～Ⅵ型六个血清型，Ⅰ、Ⅱ、Ⅲ型分别引起人的重、中和轻型感染，我国流行的是Ⅰ型和Ⅱ型。

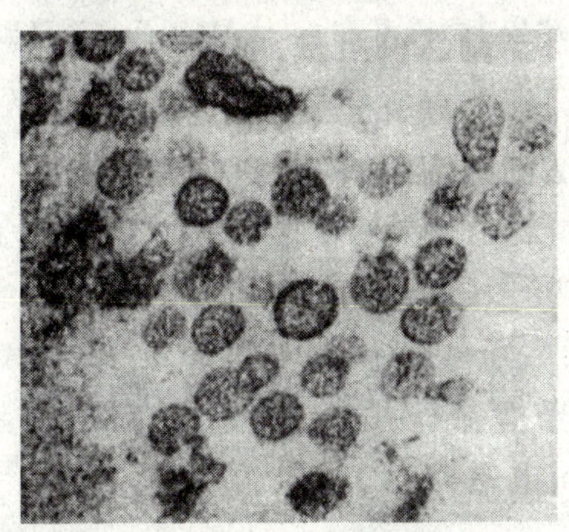

图5-5 汉坦病毒

2. 抵抗力 弱，对脂溶剂、紫外线、酸、热敏感，60℃1h可被灭活。但4～20℃相对稳定，室温下存在于水和食物中48h仍有传染性。

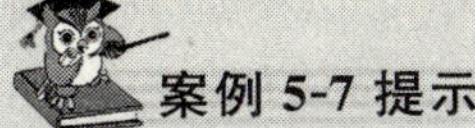

案例 5-7 提示

我国引起出血热的病原体有汉坦病毒、新疆出血热病毒和登革病毒。其中汉坦病毒以鼠类为传播媒介，通过直接接触或经呼吸道、消化道侵入而感染；而新疆出血热病毒和登革病毒主要通过节肢动物叮咬传播。

（二）感染与免疫

1. 感染源与感染途径 感染源和宿主主要为鼠类，我国已发现黑线姬鼠、田鼠、家鼠等20多种啮齿类动物能自然携带病毒，因此其流行与鼠类的分布、活动密切相关，表现出明显的地区性和季节性，我国累及28个省、市和自治区，发病高峰在11～12月份，病死率高达10%。主要通过鼠类唾液、尿和粪便污染环境，经呼吸道、消化道和接触等途径感染人；孕妇感染本病毒，可以垂直传播致胎儿死亡；我国已证实几种厉螨和小盾纤恙螨不仅是传播媒介，亦是储存宿主。易感人群以青壮年男性劳动者尤其是农民、矿工、野外工作者为主。

2. 所致疾病 流行性出血热。潜伏期1～2周。发病机制是其毒素直接或免疫病理作用于全身小血管及毛细血管，导致广泛性损伤、通透性增加、血管舒缩功能和微循环障碍。起病急，典型的临床表现为高热、出血和肾损害，常伴有三痛（头痛、腰痛、眼眶痛）和三红（面、颈、上胸部潮红），典型的临床过程为发热期、低血压休克期、少尿期、多尿期和恢复期。

3. 免疫性 病毒感染后2d即可产生抗体，在清除病毒、促进康复和防止再感染中起重要作用。病后可获得牢固免疫，但隐性感染所获得的免疫力不强。

（三）微生物学检查与防治原则

1. 微生物学检查 用免疫荧光法等检查肾、肺组织中的病毒抗原，病毒分离需在具严格隔离的实验室进行，可接种于易感动物（黑线姬鼠或初生乳鼠）。用免疫荧光法或ELISA等检测特异性IgM抗体1∶20或双份血清抗体增高4倍及以上有诊断意义。

2. 防治原则 灭鼠防鼠、注意环境卫生和个人防护是预防本病传播的重要综合措施。对易感人群可使用灭活疫苗，免疫后血清中和

抗体阳性率 92%、保护率 93%～97%。尚无特效疗法，主要是对症和支持治疗。

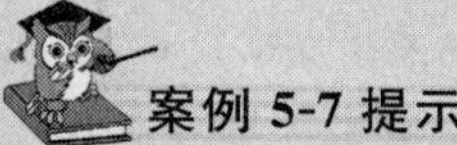

案例 5-7 提示

汉坦病毒感染的微生物学检查：病毒的分离培养、病毒抗原的检查和特异性 IgM，IgG 的检测。

二、新疆出血热病毒

新疆出血热病毒引起新疆出血热，是从我国新疆塔里木盆地出血热患者体内分离获得，故名。

呈球形，直径约 90～120nm。核心为单股正链 RNA(＋ssRNA)，衣壳呈 20 面体立体对称，包膜表面有血凝素刺突。抵抗力与汉坦病毒相似，但抗原性与之无交叉免疫。

新疆出血热是荒漠牧场的自然疫源性疾病，有明显的地区性和季节性，每年 4～5 月蜱大量增殖，也是发病高峰。羊是主要储存宿主，还有牛、马、骆驼、子午砂鼠、塔里木兔等。蜱是传播媒介，以动物—蜱—人的方式在疫区流行。人被带毒硬蜱叮咬而感染，潜伏期 5～7d，临床可见发热、皮肤黏膜出血、全身疼痛、便血、血尿和低血压休克等。感染后可获得持久免疫力。微生物学检查方法与汉坦病毒基本相同。防治措施主要是防蜱灭蜱、隔离治疗患者、消毒患者衣物、加强医务人员防护等，我国研制的灭活疫苗有预防效果。

常见的出血热病毒有汉坦病毒、新疆出血热病毒和登革病毒。

汉坦病毒又名流行性出血热病毒，引起流行性出血热，主要通过鼠类唾液、尿和粪便污染环境，经呼吸道、消化道和接触等途径感染人；孕妇感染本病毒，可以垂直传播致胎儿死亡。易感人群以青壮年男性劳动者尤其是农民、矿工、野外工作者为主。起病急，典型的临床表现为高热、出血和肾损害，常伴有三痛（头痛、腰痛、眼眶痛）和三红（面、颈、上胸部潮红），典型的临床过程为发热期、低血压休克期、少尿期、多尿期和恢复期。灭鼠防鼠、注意环境卫生和个人防护是预防本病传播的重要综合措施，疫苗亦有一定的效果；尚无特效疗法，主要是对症和支持治疗。

新疆出血热病毒由硬蜱、登革病毒由伊蚊叮咬传播，分别引起新疆出血热和登革热。

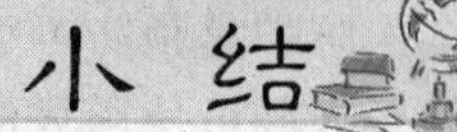

一、名词解释

流行性出血热的三痛三红

二、选择题

A 型题

1. 引起出血热的病毒是
   A. 乙型脑炎病毒　B. 登革病毒
   C. 狂犬病毒　D. 麻疹病毒
2. 流行性出血热病毒的核酸类型是
   A. 单正股 DNA　B. 单负股 DNA
   C. 单正股 RNA　D. 单负股 RNA
3. 下列哪种动物不属于汉坦病毒的易感动物
   A. 家鼠　B. 大鼠
   C. 小盾恙螨　D. 幼猪
4. 关于新疆出血热病毒，下列叙述哪项不正确
   A. 首先在我国新疆采集的标本中分离
   B. 为有包膜的 RNA 病毒
   C. 黑线姬鼠为该病毒的传播媒介
   D. 病后免疫力牢固
5. 关于流行性出血热流行病学正确的是
   A. 传染源主要是猪和黑线姬鼠
   B. 传染途径仅为虫媒接触和消化道传播
   C. 本病的预防关键是灭鼠和疫苗注射
   D. 伴有肾病综合征的出血热是我国最常见的类型
6. 以下哪项是流行性出血热的病原体
   A. 细菌　B. 立克次体
   C. 病毒　D. 支原体
7. 流行性出血热病理改变最明显的器官是
   A. 心脏　B. 肝脏
   C. 脑垂体　D. 肾脏

X 型题

8. 流行性出血热发热期患者主要护理措施是
   A. 卧床休息，少搬动　B. 半流质饮食
   C. 冰袋冷敷降温　D. 乙醇擦浴降温
   E. 退热止痛剂降温

三、简答题

1. 试述汉坦病毒的致病特点。
2. 我国常见出血热病毒的主要储存宿主和传播媒介是什么？

第 6 节　疱疹病毒

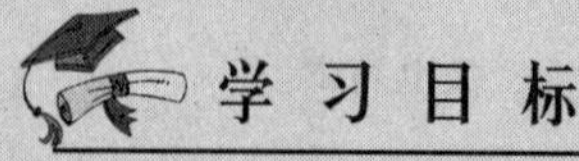

1. 归纳疱疹病毒的共同特点
2. 简述疱疹病毒的感染途径、所致疾病、潜伏部位及防治原则

疱疹病毒呈球形，中等大小，直径约150～200nm，核心为双股线型DNA，衣壳呈20面体立体对称，包膜上有具黏附作用的糖蛋白刺突(图5-6)。

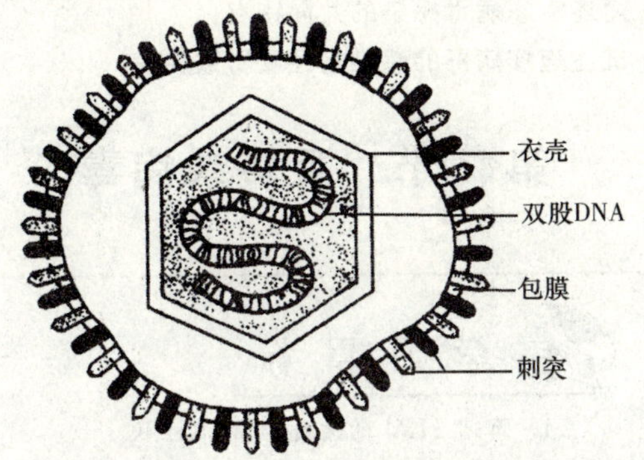

图5-6 疱疹病毒结构示意图

案例5-8

患者，女，20岁。因经常出现口唇黏膜处水疱而就诊。患者发热时口唇周围起针头大小的小疱，常为一群，也有两三群，自觉有轻度烧灼感，历时1周左右可自愈，反复发作多次，并伴有口腔溃疡、咽炎、舌炎等现象。

思考题

1. 该患者为何种病原体感染？
2. 该病原体一般潜伏在人体什么部位？

感染人类的疱疹病毒主要有单纯疱疹病毒(herpes simplex virus，HSV)、水痘-带状疱疹病毒(varicella-zoster virus，VZV)、巨细胞病毒(cytomegalo virus，CMV)和EB病毒(Epstein-Barr virus，EBV)。其共同特点：①病毒可通过垂直传播感染胎儿和新生儿，造成流产、胎儿畸形或出生后发育迟缓、智力低下；②除水痘-带状疱疹病毒外，原发感染多为隐性感染；③病毒感染细胞后可表现为增殖感染和潜伏感染两种状态；④病毒DNA可与宿主细胞DNA整合，引起细胞转化，与肿瘤密切相关。常见疱疹病毒的主要特性见表5-6。

案例5-8提示

根据临床表现可诊断为单纯疱疹1型病毒感染。

不同的疱疹病毒其体内潜伏部位不同，HSV-1潜伏于三叉神经节或颈上神经节，HSV-2潜伏于骶神经节，EBV潜伏于B淋巴细胞内。

原发感染后少数病毒不被清除，以非活化状态存留于机体内。病毒不增殖，也不破坏细胞，与宿主细胞处于暂时平衡状态，一旦病毒被再激活，可转为显性感染，引起疾病复发。

表5-6 常见疱疹病毒的主要特性

主要特性	HSV	VZV	CMV	EBV
核酸型	DNA	DNA	DNA	DNA
血清型	HSV-1、HSV-2	1个		
形成多核巨细胞	+	+	+	−
核内嗜酸性包涵体	+	+	+	−
感染途径	主要是直接接触、性接触、垂直传播，其次是经黏膜和破损皮肤	呼吸道 垂直	垂直、接触 消化道、输血	接触、输血
所致疾病	HSV-1原发：多为隐性感染，少数发生龈口炎等 HSV-1再发：唇疱疹、唇癌 HSV-2：主殖器疱疹、宫颈癌、新生儿疱疹	原发：水痘 再发：带状疱疹	先天畸形、巨细胞包涵体病、传染性单核细胞增多症	传染性单核细胞增多症、非洲儿童恶性淋巴瘤、鼻咽癌
潜伏部位	HSV-1：三叉神经节和颈上神经节 HSV-2：骶神经节	脊髓后根神经节、颅神经感觉神经节	延腺、乳腺、肾、白细胞或其他腺体	B淋巴细胞
治疗	丙种球蛋白 碘苷、阿糖胞苷、干扰素	减毒活疫苗、丙种球蛋白 阿昔洛韦、阿糖腺苷、泛昔洛韦、干扰素	试用疫苗	试用疫苗

疱疹病毒是一组有包膜的DNA病毒，感染人类的主要是单纯疱疹病毒、水痘-带状疱疹病毒、巨细胞病毒和EB病毒。其共同特点：①病毒可通过垂直传播感染胎儿和新生儿，造成流产、胎儿畸形或出生后发育迟缓、智力低下；②除水痘-带状疱疹病毒外，原发感染多为隐性感染；③病毒感染细胞后可表现为增殖感染和潜伏感染两种状态；④病毒DNA可与宿主细胞DNA整合，引起细胞转化，与肿瘤密切相关。

目标检测

一、名词解释

1. HSV-1　2. 潜伏感染

二、选择题

A型题

1. 以下哪种病毒可引起潜伏感染
   A. 流感病毒
   B. 单纯疱疹病毒
   C. 狂犬病毒
   D. 脊髓灰质炎病毒
2. 哪种病毒初次感染多表现为水痘
   A. CMV　B. HSV-1
   C. VZV　D. HSV-2
3. HSV潜伏感染的部位是
   A. 神经细胞
   B. 上皮细胞
   C. 黏膜细胞
   D. 血细胞
4. 关于水痘患者的治疗，下列不正确的是
   A. 加强护理
   B. 预防继发细菌感染
   C. 对症治疗
   D. 皮疹广泛时加用激素

X型题

5. 水痘患者皮疹的护理措施包括
   A. 保持皮肤清洁，每日用肥皂水清洗
   B. 皮肤瘙痒者可用炉甘石洗剂
   C. 皮肤破溃者可用甲紫
   D. 常规应用抗生素预防感染
   E. 衣裤要勤洗勤换
6. 下列传染病中，病后可获持久免疫力的有
   A. 麻疹
   B. 百日咳
   C. 细菌性痢疾
   D. 蛔虫症
   E. 水痘

三、简答题

1. 简述疱疹病毒感染的共同特点。
2. 试述疱疹病毒的感染途径及所致疾病。

第7节　反转录病毒

学习目标

1. 简述HIV的主要生物学性状
2. 概述HIV的致病机制、感染与免疫特点
3. 说出HIV的感染途径与防治原则
4. 列出人类嗜T细胞病毒的感染途径与所致疾病

反转录病毒科(Retroviridae)是一群含反转录酶的病毒。种类多、分布广，但有以下共同特点：①球形，直径约80～120nm，核心为单股正链RNA(+ssRNA)，有包膜；②具有两条相同正链RNA组成的基因组；③其核心有反转录酶；④通过DNA中间体独特的复制方式；⑤基因能与宿主DNA整合。

一、人类免疫缺陷病毒

人类免疫缺陷病毒(human immunodeficiency virus，HIV)是获得性免疫缺陷综合征(acquired immune deficiency syndrome，AIDS)的病原体。AIDS于1981年首次在美国报道，HIV于1983年由法国巴斯德研究所Montagnier等首次分离成功。HIV主要有HIV-1和HIV-2两个型别，世界上的AIDS大多由HIV-1引起，HIV-2只在西非呈地区性流行。我国正由高危人群向普通人群大面积传播。从1985年报道首例，截止到2006年10月31日，我国艾滋病感染人数累计超18万人；如不能采取有效干预行动，预计到2010年中国艾滋病病毒感染者将可能达到1200万。

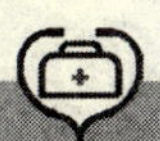

案例 5-9

患者，男，24 岁。因发热、消瘦、咳嗽、腹泻 1 个月就诊。患者 4 年前开始吸毒，1 年后发展至静脉吸毒，期间常有性滥交。2 年前出现不明原因的间歇性发热伴全身肌肉和关节痛，面部和躯干有多个斑丘疹，2 周后，症状自然消失。近 1 个月来患者渐感疲劳，出现发热、咳嗽、腹泻、体重下降。口腔检查有毛状黏膜白斑。血常规：WBC 48×10^9/L，N 0.85，L 0.10，M 0.05。X 线胸透可见双侧肺部有网状浸润病灶。

思考题

1. 该患者可能患有什么疾病？为什么？
2. 应做哪些病原学检查以进一步确诊？
3. 该病应如何防治？

(一) 生物学性状

1. 形态与结构 呈球形，直径约 100～120nm，核心为单股正链 RNA(+ssRNA)及反转录酶、核酸内切酶等；衣壳呈 20 面体立体对称；包膜中嵌有两种特异性糖蛋白 gp120 和 gp41，前者为能与 CD4 分子及中和抗体结合的刺突，后者为介导病毒包膜与宿主细胞膜融合而利于病毒侵入细胞的跨膜蛋白(图 5-7)。

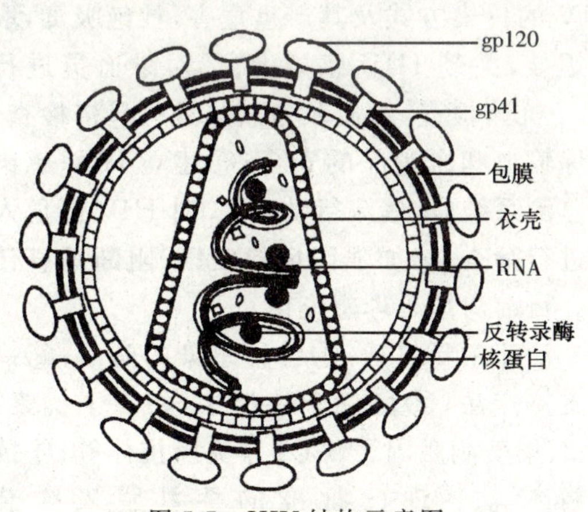

图 5-7 HIV 结构示意图

2. 抵抗力 较弱。耐碱不耐酸，对热和常用消毒剂敏感，56℃ 30min 即能破坏血清中病毒的酶系统，60℃ 3h 或 80℃ 30min 能使 HIV 完全灭活而丧失感染性；0.2%次氯酸钠、0.1%氯石灰、0.3%过氧化氢、0.5%甲酚皂、70%乙醇、5%苯酚、5%甲醛等消毒剂可灭活病毒。但最近发现 70%乙醇溶液和碳酸溶液对 HIV 作用不稳定。对紫外线、γ 射线不敏感，在室温下体液中可存活 15d。

(二) 感染与免疫

1. 感染源与感染途径 感染源是 HIV 无症状携带者及 AIDS 患者，其血液、精液、阴道分泌液、唾液、乳汁、脑脊液等均含病毒。主要传播途径有三种：①血液传播：通过输血或血制品、器官移植或未彻底消毒的注射器感染，吸毒者多；②性传播：AIDS 是重要的性传播疾病之一，同性恋者多；③垂直传播：经胎盘、产道和哺乳等传播，以产道为主。

2. 所致疾病 艾滋病。HIV 能选择性地侵犯表达 CD4 分子的细胞，主要是 $CD4^+$ T 细胞，其次还有单核/巨噬细胞、B 细胞、树突状细胞及神经胶质细胞、神经元等，引起 $CD4^+$ 细胞缺损和功能障碍为主的严重免疫缺陷。

HIV 感染的特点：①潜伏期长：典型病程分急性期、潜伏期、AIDS 相关综合征期、典型 AIDS 期。感染初期病毒大量复制，约 2～3 个月出现发热、咽炎、皮疹等症状，即急性期，持续 1～2 周；然后大多数病毒以前病毒形式整合于宿主细胞染色体上长期潜伏下来，此期可长达 6 个月至 10 年；当机体受到各种因素的刺激，潜伏的病毒可被激活再次大量繁殖而引起免疫损伤出现临床症状，即进入 AIDS 相关综合征期，患者可有发热盗汗、全身倦怠、体重下降、皮疹、慢性腹泻、全身淋巴结肿大、舌上白斑等；病情继续发展，出现严重免疫缺陷，可发生各种机会性感染或并发肿瘤，5 年死亡率 90%，且死亡多发生在出现临床症状的 2 年内(图 5-8)。②严重免疫系统损伤：HIV 感染 $CD4^+$ 细胞可使 T 细胞和巨噬细胞大量破坏，CD4/CD8 比例倒置，导致免疫功能严重缺陷。③合并各种致死性机会感染和肿瘤：常见的有巨细胞病毒感染、白色念珠菌感染、卡氏肺囊虫感染、弓形虫感染及 Kaposi 肉瘤、恶性淋巴瘤等。

3. 免疫性 HIV 感染可使机体产生特异性免疫，包括抗 gp120 中和抗体、效应性 T 细胞(CTL)和 NK 细胞，在急性期能降低血清中病毒的数量、杀伤 HIV 感染细胞和阻止病毒在细胞间的扩散，但因辅助性 T 细胞和

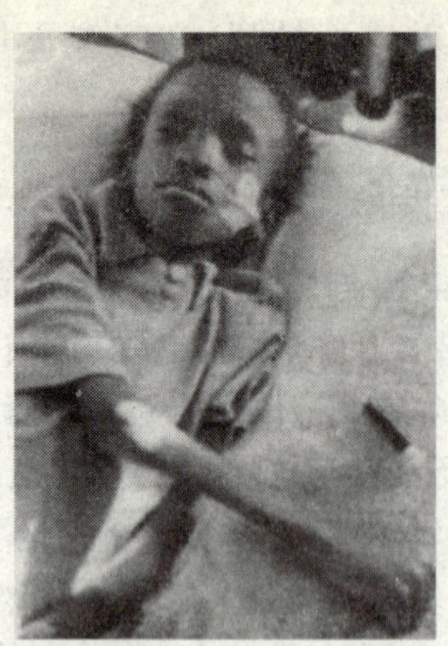
图 5-8 AIDS 患儿

其他免疫细胞受损，不能清除体内病毒和HIV潜伏感染的细胞而构成长时期的慢性感染状态。

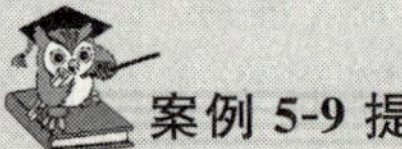

案例 5-9 提示

患者有吸毒和性滥交史，2年前出现不明原因的间歇性发热等急性期症状，近期内疲倦乏力，持久性腹泻，体重明显减轻，且持续发热；口腔出现毛样白斑等症状，为 AIDS 相关综合征典型症状。

(三) 微生物学检查与防治原则

1. 微生物学检查

(1) 检测抗体：感染 1～4 周内可测到特异性抗体。初筛检测方法主要有 ELISA、放射免疫分析(RIA)、荧光免疫分析(IFA)，因 HIV 抗原与其他反转录病毒有交叉反应，故有一定的假阳性。确诊试验常用免疫印迹法，通过电泳将 HIV 的各种蛋白抗原分离，可检出针对不同分子量大小的 HIV 结构蛋白，特异性高。

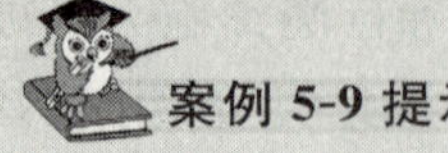

案例 5-9 提示

普通人艾滋病病毒抗体均阴性，如果 HIV 抗体阳性，又具有前述临床表现之一者，可确诊为艾滋病。进一步检查应检测 HIV 抗原及病毒分离等，但阳性率较低。

(2) 检测病毒及其组成成分：可进行病毒分离，测定病毒抗原常用 ELISA 法，但在漫长的潜伏期中可为阴性；用 PCR 检测病毒核酸可作为病情监测以及药物疗效指标。

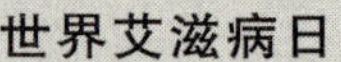

世界艾滋病日

1988年1月世界卫生组织在伦敦召开了一次"全球预防艾滋病规划"部长级高级会议。会上提出"1988年为全球防治艾滋病年，12月1日为世界艾滋病日"。以后每年12月1日都被作为"世界艾滋病日"以号召全世界人民行动起来，共同对抗艾滋病。

历年"世界艾滋病日"的主题：1988年"全球共讨、征服有期"，1989年"青年与艾滋病"，1990年"妇女与艾滋病"、1991年"共同迎战、挑战"，1992年"预防艾滋病，全社会的责任"，1993年"是行动的时候了"，1994年"艾滋病与家庭"，1995年"共享权力、共担责任"，1996年"同一世界、同一希望"，1997年"生活在有艾滋病世界中的儿童"，1998年"青少年迎战艾滋病的主力军"，1999年"关注青少年，预防艾滋病——倾听、学习、尊重"，2000年"预防艾滋病，男士责无旁贷"，2001年"预防艾滋病，你我同参与"，2002年和2003年"相互关爱、共享生命"，2004年"关注妇女，抗击艾滋"，2005年和2006年"遏制艾滋、履行承诺"。

2. 防治原则 预防的综合措施包括：①开展广泛宣传教育，普及预防知识，认识 HIV 的传染方式及其严重危害，杜绝吸毒，取缔娼妓，关爱 HIV 感染者；②对献血员进行 HIV 抗体检查，对血及血制品进行严格检查，确保输血和血制品的安全；③建立 HIV 感染的监测系统，掌握流行动态；④对 HIV 高危人群进行筛查；⑤加强国境检疫；⑥阻断垂直传播。目前尚缺乏理想疫苗。

治疗主要包括：①各种感染的防治；②一般支持疗法；③免疫支持疗法，如 α-干扰素、IL-2、集落刺激因子、CD4 单克隆抗体等；④抗病毒疗法。现已批准的叠氮脱氧胸苷(AZT)、双脱氧胞苷(ddC)及双脱氧肌苷(ddI)三种药物均为反转录酶抑制剂，可干扰病毒 DNA 复制而抑制 HIV 增殖，但副作用大且易发生耐药性；联合交替使用(三合一)两种 HIV 反转录酶抑制剂和一种蛋白酶抑制剂即所谓"鸡尾酒疗法"，能有效地抑制病毒在体内的复制，减轻 AIDS 症状，延长感染者和患者的生命，给 AIDS 患者带来了一线曙光，但仍会发生耐药性，且费用昂贵。目前，基因疗

法能阻止病毒复制，是治疗艾滋病很有潜力的新方法。

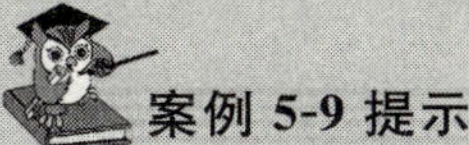

案例 5-9 提示

AIDS 因尚无有效疫苗预防也无有效的治疗手段或药物，因此，目前只能采取综合措施切断传播途径。

二、人类嗜 T 细胞病毒

人类嗜 T 细胞病毒（human T-cell lymphotropic virus，HTLV）是 1980 年日本 Miyoshi 和美国 Gallo 等从白血病患者中首先分离出来的。有 HTLV-Ⅰ和 HTLV-Ⅱ两种，主要特性见表 5-7。

表 5-7 HTLV-Ⅰ和 HTLV-Ⅱ的主要特性

主要特性	HTLV－Ⅰ	HTLV-Ⅱ
核酸型	RNA	RNA
反转录酶	＋	＋
大小	约 100nm	约 100nm
gp120（与 CD4 结合）	＋	＋
宿主细胞	$CD4^+$T 细胞	$CD4^+$T 细胞
感染途径	输血注射、性接触、垂直	输血注射、性接触、垂直
所致疾病	成人 T 细胞白血病 热带下肢痉挛性瘫痪 B 细胞淋巴瘤	毛细胞白血病 $CD4^+$ 细胞淋巴瘤
流行区	日本西南部、加勒比海区、南美洲东北部、非洲一些地区 我国福建沿海	
检查防治	与 HIV 相似	与 HIV 相似

反转录病毒是一群含反转录酶的病毒，主要有 HIV 和 HTLV，具有以下共同特点：①有包膜的 RNA-V；②具有两条相同正链 RNA 组成的基因组；③其核心有反转录酶；④通过 DNA 中间体独特的复制方式；⑤基因能与宿主 DNA 整合。

HIV 是人类获得性免疫缺陷综合征（AIDS）的病原体。感染源是 HIV 携带者及 AIDS 患者，其血液、精液、阴道分泌液、唾液、乳汁、脑脊液等均含病毒；通过性接触、血液、垂直传播而侵犯、损伤 $CD4^+$ 细胞尤其是 $CD4^+$T 细胞。感染潜伏期长，免疫损伤严重，常合并各种致死性机会感染和肿瘤。感染后产生的免疫不能清除体内病毒。预防综合措施包括：①开展广泛宣传教育，普及预防知识，认识 AIDS 的传染方式及其严重危害，杜绝吸毒，取缔娼妓；②对献血员及血制品进行严格检查；③建立 HIV 感染的监测系统，掌握流行动态；④对 HIV 高危人群进行筛查；⑤加强国境检疫；⑥阻断垂直传播。目前尚缺乏理想疫苗。治疗主要是防治感染、一般支持、免疫支持、抗病毒等。

HTLV 有两型，感染途径与 HIV 相似，主要引起白血病。

小 结

一、名词解释

1. AIDS 2. gp120

二、选择题

A 型题

1. 与 HIV 感染特点不符的是
   A. 可垂直传给胎儿
   B. 潜伏期长
   C. 免疫严重受损
   D. 常由于外源性感染而致死
2. HIV 的感染途径不包括
   A. 同性或异性间性行为
   B. 药瘾者共用污染 HIV 注射器
   C. 输血和器官移植
   D. 日常生活中的一般接触
3. 人类嗜 T 细胞病毒所致的疾病是
   A. 人类免疫缺陷综合征
   B. 成人 T 淋巴细胞和人毛细胞白血病
   C. 淋巴瘤
   D. 血友病
4. 艾滋病的传染源是
   A. 猪 B. 犬
   C. 鼠 D. 吸血昆虫
   E. 患者、病毒携带者
5. 黄女士，40 岁。发热、咳嗽、气促伴吞咽疼痛 1 周。体温 38℃，两侧颊黏膜见散在溃疡表面白色分泌物，两肺闻及啰音。血 WBC4 $\times 10^9$/L，CD4/CD8 <1，X 线胸片示两肺间质性肺炎。1 年前曾去泰国旅游。疑诊"艾滋病"，不恰当的护理措施是
   A. 安置患者于安静舒适的隔离病室内，病室外挂黄色标志进行严密隔离

B. 提供患者与其家属和亲友接触沟通的机会，以获得更多的心理支持

C. 给予高热量、高蛋白、高维生素的清淡易消化食物

D. 护理操作时严格执行消毒隔离措施

6. 宋先生，40岁。近月来低热、盗汗、全身乏力，伴食欲减退、腹泻和体重减轻。体温37.8℃，两侧颌下、颏下及腹股沟淋巴结均增大，无压痛，能活动。血WBC3.5×10^9/L，血清抗-HIV(+)。制定护理计划时应列在首选位置的护理诊断是

A. 体温过高

B. 活动无耐力

C. 有传播感染的危险

D. 营养失调：低于机体需要量

X型题

7. 预防AIDS的综合性措施有

A. 普及预防知识，杜绝吸毒卖淫

B. 加强血及血制品管理

C. 加强对HIV的监测

D. 加强疫苗研制

E. 加强国境检疫

8. 艾滋病的易感者是

A. 男性同性恋者　　B. 有多个性伴侣者

C. 静脉吸毒者　　D. 血友病患者

E. 病毒性肝炎患者

三、简答题

1. 简述反转录病毒的共同特点。

2. 怎样预防AIDS?

第8节 其他病毒

学习目标

1. 简述狂犬病毒的致病特点

2. 说出人被犬或其他动物咬伤后的正确处理方法

3. 简述人乳头瘤病毒的感染途径及所致疾病

一、狂犬病毒

狂犬病毒(rabies virus)是弹状病毒科、属的一种嗜神经病毒，引起狂犬病。狂犬病是一种古老的疾病，至今仍在世界2/3的地区流行，全球每年约有6万多人死于狂犬病。中国从1998年起狂犬病的发病数连续攀升，发病及死亡的病例居世界第二位，成为不容忽视的社会卫生问题。

案例5-10

患者，男，35岁，农民工，因食欲下降、畏寒、头痛、咽痛、咳嗽、乏力、身上时有蚁行感、已愈合的伤口周围痒痛4d；怕风，饮水时恶心、咽喉部紧缩、有窒息感1d入院。患者1个月前回乡下探亲时被狗咬伤，自行包扎止血后，数日伤口愈合，未打狂犬疫苗。入院时查体：痛苦面容，情绪紧张；T 38℃，血压140/95mmHg，脉搏110次/分，呼吸深快。化验：外周血白细胞总数增高，中性粒细胞占85%。

思考题

1. 该患者最有可能是什么病？引起上述疾病的病原体有什么特征？

2. 可做哪些检查协助进一步确诊？

3. 怎样预防该病？

(一) 生物学性状

1. 形态与结构 形似子弹状，约75 nm×180nm，核心为单股负链RNA(-ssRNA)，衣壳呈螺旋对称，包膜上有血凝素刺突。病毒在神经细胞质内形成卵圆形的嗜酸性包涵体，称内基小体(图5-9，彩图17)，有诊断价值。

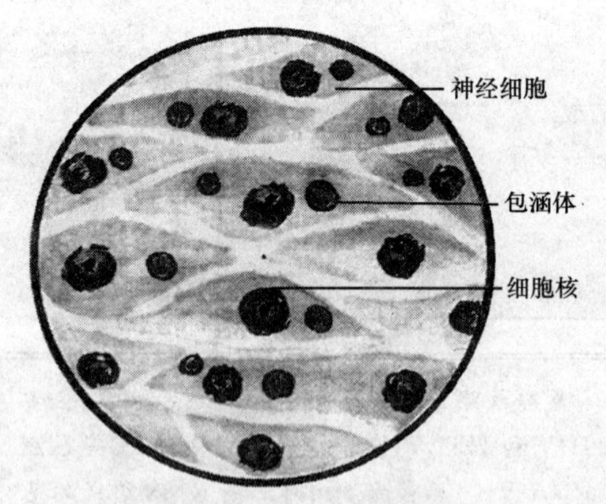

图5-9 狂犬病毒包涵体

2. 抵抗力 较低。对热、干燥、紫外线和消毒剂敏感，加热60℃5 min、强酸、强碱、甲醛、碘、乙醇可灭活病毒，肥皂水和去污剂也能灭活病毒。室温下病毒传染性可保持1～2周，4℃下可存活数月，冷冻干燥可保存数年。

（二）感染与免疫

1. 感染源与感染途径 感染源是狗、猫、狼、狐狸、浣熊、蝙蝠等动物。尤其疯狗（狂犬），发病前5d唾液中可带大量病毒，是主要传染源；无症状"带毒动物"是危险传染源。人被带毒动物咬伤、舔伤、抓伤或破损皮肤黏膜接触带病毒物品而感染。也可通过吃病畜肉或动物残食经消化道感染；或移植潜伏期带毒者的器官感染。

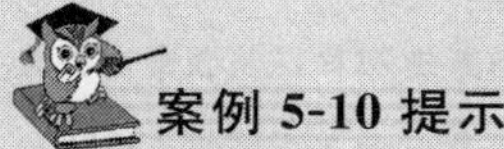

案例 5-10 提示

患者有被动物咬伤史，又具有伤口处感觉异常、"恐水"和怕风等狂犬病的特殊症状，该患者最有可能是狂犬病。

狂犬病病毒是狂犬病的病原体，为严格的嗜神经病毒，不侵入血流。病毒在肌纤维细胞中增殖后，沿神经末梢上行至中枢神经细胞继续增殖，引起脑和脊髓广泛损伤；再沿神经纤维扩散至唾液腺及其他组织。感染者出现狂犬病的典型症状。

狂犬病病毒形似子弹状，为有包膜的－ssRNA病毒，在神经细胞质内形成内基小体；对热、干燥、紫外线和消毒剂敏感，室温下病毒传染性可保持1～2周。

2. 所致疾病 狂犬病。特点是潜伏期长、严格嗜神经性、中枢神经系统损害严重。潜伏期长短取决于伤口位置及伤口内病毒的数量，一般为1～3个月，也有短至3天或长达10年以上者，潜伏期内进行主动免疫可能预防发病。病毒通过伤口进入人体，先在肌纤维细胞中增殖，然后沿神经末梢以3mm/h速度上行至中枢神经细胞继续增殖，再沿神经纤维扩散至唾液腺及其他组织，引起脑和脊髓广泛损伤。人发病时早期（前驱期）有发热、头痛、乏力、流泪、流涎、呕吐或腹泻等症状。80％患者伤口周围感觉异样，如麻、痒、痛和蚁行感，此乃病毒繁殖刺激神经元所致，感觉异样也可出现在与伤口无关的其他部位。约1～5d后出现烦躁不安，对风、光、声等刺激敏感，饮水时喉头肌痉挛，甚至见水、闻水声、提及饮水均可引起严重的痉挛发作，故又称"恐水病"；3～5d后患者转入麻痹期，最后因昏迷、呼吸循环衰竭死亡，病死率几乎100％。

3. 免疫性 感染后可产生免疫，但不能清除已侵入神经系统内的病毒。

（三）微生物学检查与防治原则

1. 微生物学检查 狂犬病早期（前驱）症状多不典型，也无特异性，易误诊。可在发病第一周内取唾液、鼻咽洗液、角膜印片、皮肤切片，用免疫荧光法测病毒抗原，具有快速、特异、敏感和阳性率高的特点。还有狂犬病快速酶免疫诊断法和抗体检测，以及反转录PCR（RT-PCR）检测病毒核酸等检查方法。死亡后取患者或病兽脑组织标本分离病毒阳性、印片荧光抗体染色阳性、脑组织内检测到内基小体、RT-PCR方法检测到狂犬病病毒核酸均可确诊。

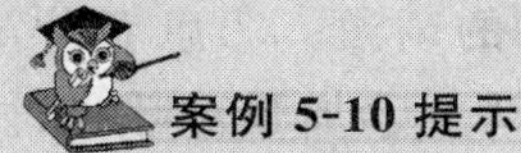

案例 5-10 提示

免疫荧光抗体法是一种迅速而特异性强的诊断方法，已广泛应用。发病第一周内取标本，用荧光抗体染色，若为阳性可与类狂犬病癔病、破伤风、病毒性脑炎等鉴别。狂犬病快速酶免疫诊断法和抗体检测，影响因素较多，易出现假阳性或假阴性。

死亡后脑组织内检测到内基小体、RT-PCR方法检测到狂犬病病毒核酸均可确诊。

人被动物咬伤后，应将动物隔离观察7～10d，若动物发病，即将其杀死，取脑组织切片找内基小体或免疫荧光法查病毒抗原。

2. 防治原则 预防是控制狂犬病的关键。加强对野生和家养动物的管理，给家养动物注射犬用疫苗是预防的主要措施。人被犬或其他动物咬伤后，应立即用20％肥皂水或0.1％苯扎溴铵清洗，再用清水或生理盐水反复冲洗伤口，时间持续在30min以上，之后用70％乙醇和碘酊反复涂擦。伤口暴露有利于排毒，故小伤口不必缝合、包扎；较大伤口必须先彻底清洗消毒，并在伤口周围与底部浸润注射高效价抗狂犬病毒血清后才能进行缝合，若与狂犬疫苗联合使用效果更佳。狂犬病潜伏期长，应及早接种高效狂犬疫苗，一般于伤后第1、3、7、14、28天各肌注1ml，免疫效果好，不良反应少。对患者实施心理护理解除伤者

的心理负担，并向伤者宣传狂犬病预防及疫苗不良反应知识、注意事项等，提高狂犬病防范意识，使伤者很好地配合治疗及按时规范接种疫苗。

案例 5-10 提示

对伤口及时彻底清创消毒、正确处理，规范疫苗接种，是阻断狂犬病毒侵入体内、降低狂犬病发生的最有效手段。加强对野生和家养动物的管理；加强人用疫苗的管理，提高疫苗的使用质量；开展狂犬病防治知识的健康宣传教育。

对其治疗目前仍在探索中，仍以减少患者痛苦、尽量延长生命为主要目的。一般处理原则：①将患者严格隔离于较安静、光线较暗的单人病房，避免不必要的刺激。②患者分泌物、排泄物严格消毒处理。③加强对呼吸、循环等系统并发症的监护。④对症处理。补充水电解质及热量，纠正酸碱平衡失调；对烦躁不安、痉挛者轮流使用各种镇静剂，如地西泮、苯巴比妥、水合氯醛及冬眠药物等；有脑水肿者给予脱水剂；防止呼吸肌痉挛导致的窒息，必要时作气管切开，间歇正压给氧；有心动过速、心律失常、血压升高时，可用β受体阻滞剂或强心剂。

二、人乳头瘤病毒

人乳头瘤病毒(human papilloma virus, HPV)呈球形，直径约52～55nm，核心为双股环状DNA，衣壳呈20面体立体对称，无包膜。人是HPV的惟一自然宿主，其感染主要通过直接接触，也可经共用毛巾、洗澡、游泳等间接接触，还可通过性接触或新生儿通过产道而感染。HPV对人的皮肤和黏膜上皮细胞有高度的亲嗜性，感染限于局部，形成各种疣，不经血流扩散。非特异性免疫异常者，青年扁平疣的患病率高。HPV型别与人类疾病的关系见表5-8。感染后产生的抗体无保护作用。用PCR检测HPV的DNA序列已广泛用于疣的确诊。目前尚无有效疫苗。治疗方法：①局部涂药，如5-氟尿嘧啶或25%竹叶脂液；②用激光、冷冻、电灼或手术等方法去除疣体；③局部注射干扰素。

表 5-8 HPV 型别与人类疾病的关系

HPV 型别	相关疾病
1、4	跖疣
1、2、4、27、29、54	寻常疣
3、10、28、41	扁平疣
7、40	屠夫寻常疣
5、8、9、12、14、15、19、25、36、46、47	疣状表皮增生性异常
6、11、1、2	尖锐湿疣、喉乳头瘤
16、18	宫颈上皮内赘生物及宫颈癌密切相关
31、33、35、45、51、52、56、58	宫颈上皮内赘生物及宫颈癌中度相关

疯牛病——21世纪大脑的天敌

1985年疯牛病首先席卷英国，后迅速波及全球。人们发现牛吃了羊、牛等反刍动物的骨肉粉(含羊痒病因子)，大脑变成海绵状微空泡，出现恐惧、暴怒、对触摸敏感、步态不稳等发疯症状，故称疯牛病，学名为：牛海绵状脑病(BSE)。1993年英国发病高峰期，平均每周1000头牛发病死亡。

1996年疯牛病再次向人类挑战。人吃了疯牛肉，大脑也变成微空泡，出现类似疯牛的感觉异常、精神障碍症，被称为变异型克-雅病(vCJD)，即人类的"疯牛病"，死亡率100%。2005年已有181人患病死亡。

大脑的微空泡，是朊粒(prion)或称传染性蛋白粒子导演的恶作剧。美国学者prusiner最先提出，因此于1997年获诺贝尔奖。Prion不同于细菌、病毒、真菌、寄生虫等，它有以下七大特点：①不含核酸；②不被蛋白酶K消化，故又称蛋白酶抗性蛋白(PrP)；③能使细胞表面正常的朊粒变构，成为致病性朊粒；④能抵抗各种理化因素，115.9kPa 30min仍有传染性，对干扰素不敏感；⑤可遗传，可传染，通过消化道、血液、牛源性制品(药物或化妆品)、污染的医疗器械或器官传播；⑥潜伏期长，不刺激机体产生抗体，因此，诊断困难、无法监测；⑦所致疾病尚无有效治疗方法。

目前，我国虽然还没有发现疯牛病和变异型克-雅病，但已处在"疯牛"包围之中。我们必须提高对"疯牛病"的防范意识，未雨绸缪。

接链

狂犬病毒是一种嗜神经病毒，在易感细胞的细胞质内可形成有诊断价值的内基小体，主要经患病动物咬伤感染，潜伏期长，致中枢神经系统广泛损害，引起狂犬病，死亡率100%，因此，必须采取"管理感染源、及时处理伤口、及早预防接种"等正确预防措施。

人乳头瘤病毒主要通过直接或间接接触、性接触、垂直感染，引起各种疣。

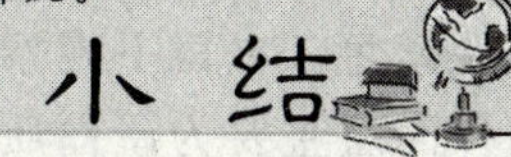

一、名词解释

1. 内基小体 2. 扁平疣

二、选择题

A型题

1. 对狂犬病毒的正确描述是
   A. 病兽发病前10d唾液开始排毒
   B. 抵抗力强，不被碘、乙醇、肥皂水等灭活
   C. 可用灭活疫苗预防
   D. 可在感染细胞质内形成嗜碱性包涵体
2. HPV引起泌尿生殖系统的感染称为
   A. 扁平疣 B. 尖锐湿疣
   C. 淋病 D. 宫颈癌
3. 被狂犬咬伤后，最正确的处理措施是
   A. 注射狂犬疫苗免疫血清＋抗病毒药物
   B. 注射大剂量丙种球蛋白＋抗病毒药物
   C. 清创＋接种疫苗＋注射狂犬病毒血清
   D. 清创＋注射狂犬病毒血清
4. 我国狂犬病的主要传染源是
   A. 患者 B. 病犬
   C. 家猫 D. 野狼
5. 男，10岁，被邻居家狗咬伤速来医院就诊，正确的处理是
   A. 应用抗菌药物
   B. 营养支持促进伤口愈合
   C. 局部伤口缝合包扎
   D. 彻底进行伤口处理，注射狂犬病疫苗
6. 某农村一名12岁女学生，1个月来精神抑郁、全身不适、头痛、发热。近1周来出现咽喉疼痛、吞咽困难，并有怕光、怕冷、怕风等症状。经询问患者家中未养狗，无被狗咬伤史，有被猫舔抓史，2个月前猫不吃食，后失踪。该学生最可能感染的病原体是
   A. 流行性出血热病毒
   B. 脑膜炎奈瑟菌
   C. 破伤风杆菌
   D. 狂犬病毒

X型题

7. 狂犬病患者的主要护理措施是
   A. 隔离，安静休息
   B. 保持水电解质平衡，保障热量供给
   C. 防治痉挛
   D. 保持呼吸道通畅
   E. 心理护理

三、简答题

简述狂犬病的预防方法。

（米 伟）

第6章　其他微生物

学习目标

1. 解释支原体、衣原体、立克次体、螺旋体、放线菌、真菌的概念
2. 说出支原体、衣原体、立克次体、螺旋体、放线菌、真菌的共同特征
3. 简述支原体、衣原体、立克次体、螺旋体、真菌的主要生物学特性及防治原则
4. 列出支原体、衣原体、立克次体、螺旋体、放线菌、真菌的主要致病种类及所致疾病

第1节　支　原　体

支原体(mycoplasma)是一类缺乏细胞壁,呈多形性,可通过细菌滤器,目前所知能在无生命培养基中生长繁殖最小的原核细胞型微生物。因其能形成有分枝的长丝,故于1967年命名为支原体。

支原体种类较多,迄今已分离到150余种,其中寄生性的有90多种,广泛分布于自然界,也存在于人类、家禽、家畜、实验动物体内,是人类原发性非典型性肺炎、泌尿生殖道感染的病原体,也是许多家畜传染病的病原体。目前在人类能检测到的支原体至少有15个种。与人类感染有关的支原体有支原体属(*Mycoplasma*)和脲原体属(*Ureaplasma*),主要包括肺炎支原体、人型支原体、生殖器支原体、穿透支原体、解脲脲原体。前四种属于支原体属,解脲脲原体属于脲原体属。

一、生物学性状

(一) 形态与结构

呈球形、杆状、长丝、分枝等形态(图6-1)。大小为(0.2～0.3) μm×(1～10) μm,能通过细菌滤器。无细胞壁,呈高度多形性。革兰染色阴性,但不易着色;常用Giemsa染色,可染成淡紫色。电镜下观察细胞膜包括三层结构:内外两层主要为蛋白质,外层蛋白质是主要型特异性抗原;中层为脂质,脂质中胆固醇含量较高(约36%)。所以,对作用于胆固醇的物质如两性霉素B、皂素等敏感。

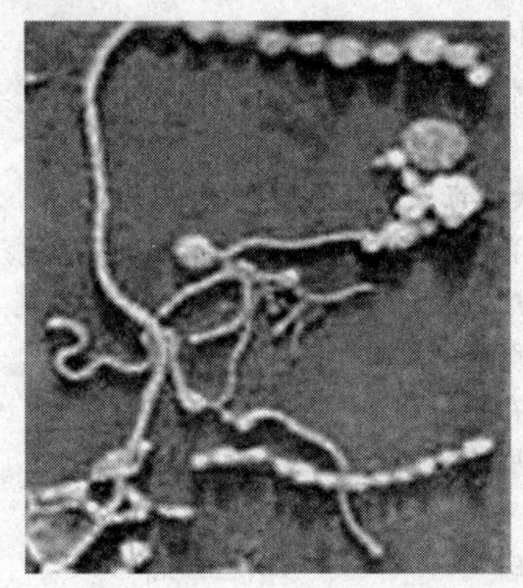

图6-1　支原体

(二) 培养特性

营养要求比一般细菌高,主要以二分裂方式繁殖,也可以通过出芽、分枝等方式繁殖;生长较慢。在含胆固醇、10%～20%动物血清及酵母浸膏的低琼脂培养基中培养2～3d后形成“油煎荷包蛋”样微小菌落(图6-2,彩图18),菌落中心较厚,深埋于培养

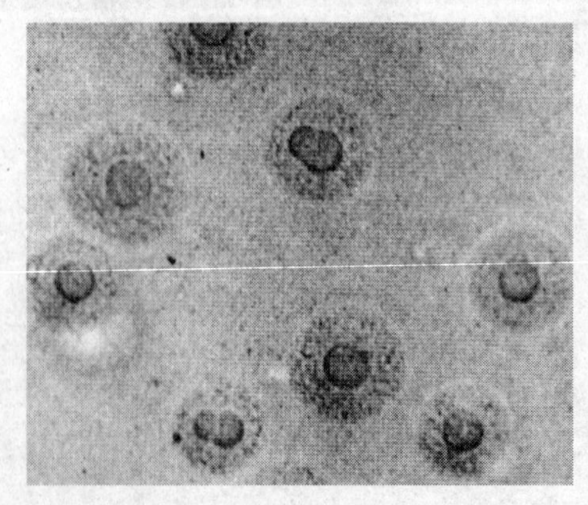

图6-2　支原体油煎蛋状菌落

基中，边缘为一层较薄的透明颗粒区，因菌落小，宜在低倍镜下观察；也可以在鸡胚绒毛尿囊膜上或细胞培养中生长，是细胞培养时重要的污染因素。

(三) 生化反应

可根据是否能利用葡萄糖、水解精氨酸和尿素等来初步鉴别，见表6-1。

表6-1　人类主要致病支原体生化反应及所致疾病

支原体	葡萄糖	精氨酸	脲酶	还原四氮唑	吸附红细胞	所致疾病
肺炎支原体	+	−	−	+	+	肺炎、支气管炎
人型支原体	−	+	−	−	−	附睾炎、盆炎、产后热
生殖支原体	+	−	−	+	−	非淋菌性尿道炎
解脲脲原体	−	−	+	−	−	非淋菌性尿道炎
穿透支原体	+	+	−	+	+	多见于艾滋病

(四) 抗原构造

支原体的抗原主要有蛋白质和糖脂两类。各种支原体都具有型的特异性抗原，在鉴定上具有重要意义。

(五) 抵抗力

支原体因无细胞壁，对理化因素比细菌敏感。对热、干燥和苯酚、甲酚皂等化学消毒剂敏感，55℃ 5～10min低温或冷冻干燥可长期保存。对青霉素等作用于细胞壁的抗生素无效，对阻碍蛋白质合成的红霉素、多西环素、四环素和阻碍DNA复制的喹诺酮类药物如氧氟沙星等抗生素敏感。

(六) 与细菌L型的区别

支原体的生物学特性、致病性与细菌L型非常相似，如多形态性、能通过滤菌器、在琼脂培养基上形成"油煎蛋"样菌落、对渗透压较敏感等，两者均能引起泌尿生殖道炎症。二者区别见表6-2。

表6-2　支原体与细菌L型的主要区别

主要性状	支原体	细菌L型
来源	自然界中广泛存在的一种微生物	细菌在一定条件下诱导形成的细胞壁缺陷型
培养	生长时需要胆固醇	一般不需要胆固醇
返祖	在任何情况下不能变成有细胞壁的细菌	除去诱导因素，可恢复为细菌原有形态
遗传	在遗传上与细菌无关	在遗传上与细菌相关

二、感染与免疫

大多数支原体对人类不致病，少数对人类致病的支原体主要靠其顶端结构与宿主细胞膜上的受体结合而黏附于细胞，从细胞膜获取脂质和胆固醇作为养料，使细胞膜损伤；有的可产生外毒素样物质或 H_2O_2，损伤细胞膜。肺炎支原体是靠其顶端结构与宿主呼吸道黏膜细胞表面黏附的；解脲脲原体可分解尿素，产氨而对细胞有毒害作用，它还有黏附精子的作用，影响精子的活动，引起不育。

感染后机体可产生多种抗体，SIgA有保护作用；细胞免疫在抗感染中也发挥一定作用。

(一) 肺炎支原体

肺炎支原体(*M. pneumoniae*)主要引起原发性非典型性肺炎，是非典型肺炎中最常见的一种，约占各种肺炎的10%，占非细菌性肺炎的50%左右；也可引起上呼吸道感染和慢性支气管炎等。一般认为是外源性感染，感染源为患者或带菌者，通过飞沫经呼吸道传播，常发生于夏秋季，青少年多见。可表现为发热、头痛、咳嗽等一般症状，X线检查肺部有明显炎性浸润。偶有严重者表现为顽固性咳嗽、胸痛、淋巴结肿大等，有时伴有心血管、神经系统等症状。肺炎支原体和人心、肺、脑等组织有部分共同抗原，感染后可产生自身抗体，形成

免疫复合物，引起免疫复合物性疾病。

支原体与肿瘤

北京大学临床肿瘤学院在对肿瘤抗原的研究中发现，人类多种肿瘤组织都有较高的支原体感染率。80年代初，该院用胃癌肿瘤细胞制备了抗肿瘤单克隆抗体PD4；后来，在对该抗体的抗原进行分子克隆时发现，该抗体的对应抗原是猪鼻支原体蛋白，表明PD4为抗支原体抗体。在此基础上，研究人员用该抗体通过免疫组化技术对多种人体肿瘤组织标本进行检测，结果发现，90例胃癌中56%(50/90)有支原体感染，感染随分化程度降低而降低；58例肠癌中有32例为阳性(55.1%)；在受检的肺癌、食道癌、乳腺癌及脑胶质瘤中支原体感染率分别为52.5%(31/59)、50.9%(27/53)、39.7%(25/63)和41%(38/91)。这一研究提示支原体感染与肿瘤发生可能有一定的相关性。由于支原体的分型极为复杂，要真正阐明支原体感染与肿瘤发生的关系及相关分子机制，尚有大量的工作要做。一旦能证明支原体感染是肿瘤发生的重要生物因素，将对肿瘤的预防及治疗发生重要影响。

(二) 解脲脲原体

解脲脲原体(*U. urealyticum*)是引起泌尿生殖道感染的重要病原体之一。因其在培养基中形成的菌落极小，又称T株(tiny strain)。近年T株日益受到重视。解脲脲原体主要通过性行为传播。潜伏期1～3周，引起非淋菌性尿道炎。据报道约30%～40%男性非衣原体、非淋菌性尿道炎是由解脲脲原体所致。在淋病患者中的检出率比非淋菌性尿道炎患者高2～16倍，这可能是因淋病奈瑟菌损伤泌尿生殖道黏膜有利于解脲脲原体的黏附之故。也可引起盆腔炎、阴道炎、输卵管炎等，甚至不孕症；还可通过胎盘传给胎儿，引起早产、死胎或分娩时感染新生儿引起呼吸道感染。

三、微生物学检查与防治原则

(一) 微生物学检查

1. 标本采取 肺炎支原体感染取可疑患者的痰或咽试子，解脲脲原体感染可取患者的中段尿、前列腺液、宫颈分泌物进行微生物学检查。血清学诊断取血。

2. 检查方法

(1) 分离培养：将标本接种于含血清或酵母浸膏的琼脂培养基上，5～10d后观察有无典型的"荷包蛋"样菌落。分离的支原体可经形态、血细胞吸附与生化反应作初步鉴定后，进一步用生长抑制试验、代谢抑制试验等进行鉴定。

(2) 血清学诊断：用于检测患者血清中的抗体，常用的方法有冷凝集试验、免疫荧光试验、ELISA等。

(3) PCR技术：以特异性引物通过PCR技术从患者痰中检测肺炎支原体的DNA；通过对特异性引物扩增尿素酶基因来检测解脲脲原体，快速、敏感、特异。

(二) 防治原则

原发型非典型肺炎患者应注意隔离，解脲脲原体感染预防应防止不洁性交。

治疗可用红霉素、多西环素、氯霉素等。

第2节 衣原体

衣原体(chlamydia)是一类严格细胞内寄生、有独特发育周期、能通过细菌滤器的原核细胞型微生物。其共同特征：①体积大于病毒；②有细胞壁，但无肽聚糖；③含有DNA和RNA两种核酸；④严格细胞内寄生，有独特的发育周期，以二分裂方式繁殖；⑤具有核糖体和一些酶类，可进行一定的合成与分解代谢，但不能进行完整的能量代谢，需宿主细胞提供能量；⑥对多种抗生素敏感。

衣原体广泛寄生于人类、哺乳动物及禽类体内。与人类有关的衣原体有沙眼衣原体、肺炎衣原体、鹦鹉热衣原体。其中前两种与人类疾病关系密切。目前在发达国家由沙眼衣原体感染引起的性传播性疾病增加很快，生殖道感染的发病率已超过淋病奈瑟菌感染，成为最常见的性传播性疾病。

一、生物学性状

(一) 形态与结构

在光学显微镜下可见两种不同的衣原体

颗粒，即原体和始体。

1. 原体(elementary body，EB)　呈球形、椭圆形或梨形，体小而致密，直径0.2～0.4μm。普通光学显微镜下勉强可见；电子显微镜下外有细胞壁，中央有致密的类核结构。用Giemsa染色呈紫色，用Macchiavello染色为红色，是发育成熟的衣原体，具有高度感染性，无繁殖能力。

2. 始体(initial body)　呈球形或椭圆形，体大而疏松，直径0.6～1μm。普通光学显微镜下可见；电子显微镜下无细胞壁，胞内无致密类核结构而有纤维网状结构，又称网状体(reticulate body，RB)。Macchiavello染色呈蓝色，无感染性，但有繁殖能力。

原体与始体的主要性状比较见表6-3。

表6-3　衣原体原体与始体的主要性状比较

性状	原体	始体
大小(直径，μm)	0.2～0.4	0.5～1.0
细胞壁	+	−
代谢活性	−	+
胞外稳定性	+	−
感染性	+	−
繁殖能力	−	+

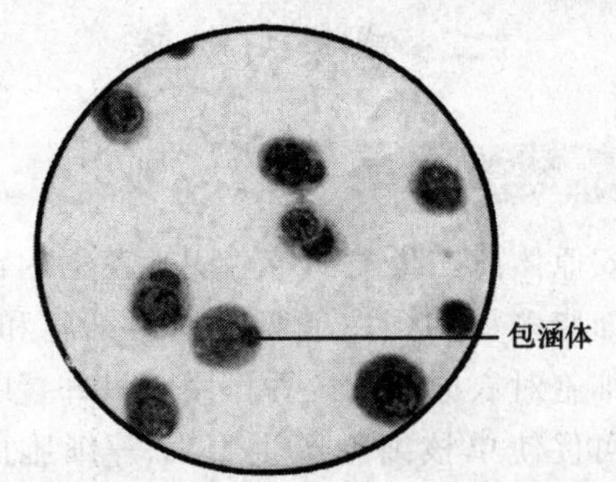

图6-3　衣原体包涵体

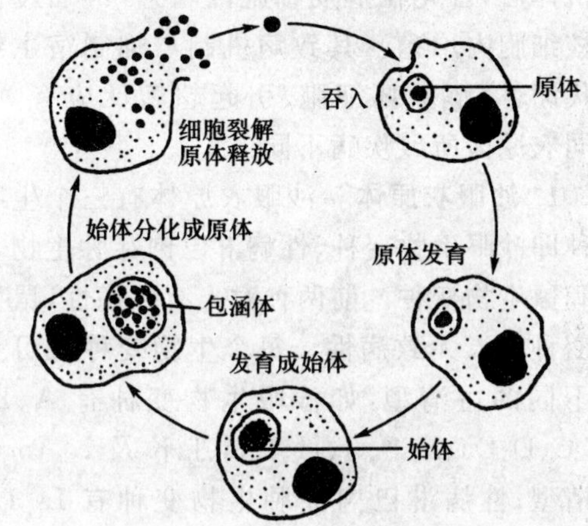

图6-4　衣原体的发育周期

(二) 发育周期

原体吸附于宿主细胞表面后，通过宿主细胞的吞饮作用进入胞内，由宿主细胞膜包围原体形成空泡，在空泡中逐渐发育增大成为始体；始体以二分裂繁殖，形成众多的子代原体，聚集成各种形态的包涵体(图6-3，彩图19)。成熟的子代原体从宿主细胞释出，再感染新的易感细胞，开始新的发育周期。一般每个发育周期约需48～72h(图6-4)。

(三) 抵抗力

抵抗力不强。耐冷不耐热，56℃仅存活5～10min，−70℃可保存数年；75%乙醇0.5min、0.1%甲醛30min可被杀死；对四环素、红霉素、氯霉素、螺旋霉素、多西环素及利福平等敏感。

(四) 分类

根据抗原构造、包涵体性质、对磺胺敏感性可分为沙眼衣原体(*C. trachomatis*)、肺炎衣原体(*C. pneumonia*)、鹦鹉热衣原体(*C. pasittaci*)三个种。三种衣原体的主要区别见表6-4。

表6-4　三种衣原体的主要区别

性状	沙眼衣原体	肺炎衣原体	鹦鹉热衣原体
自然宿主	人、小鼠	人	鸟、哺乳动物(人除外)
包涵体形态	圆、椭圆、空泡状	梨形、致密	圆、椭圆、致密
包涵体中糖原	+	−	−
对磺胺敏感性	+	−	−
主要人类疾病	沙眼、性病、幼儿肺炎	肺炎、支气管炎	肺炎、不明原因发热

二、感染与免疫

(一) 感染

衣原体能产生类似革兰阴性菌的内毒素。其表面脂多糖和蛋白能吸附易感细胞和促进易感细胞对衣原体的内吞作用。另外,沙眼衣原体可促使单核细胞产生 IL-1 等细胞因子,它是炎症和瘢痕形成的重要媒介。衣原体侵入机体后,首先在上皮细胞内增殖,继而侵入单核细胞内增殖。其致病机制与抑制宿主细胞代谢、溶解破坏细胞、引起超敏反应有关。不同衣原体所致疾病不同:

1. 沙眼衣原体 沙眼衣原体有三个生物变种即沙眼生物变种、性病淋巴肉芽肿生物变种和鼠生物变种。前两种对人有致病性,鼠生物变种对人无致病性。每个生物变种又可分成不同的血清型,如沙眼生物变种有 A、B、Ba、C、D、Da、E、F、G、H、I、Ia、J、K 及 L_{2a} 15 个血清型;性病淋巴肉芽肿生物变种有 L_1、L_2、L_{2a}、L_3 4 个血清型。引起沙眼、性病淋巴肉芽肿等疾病。

> **沙眼衣原体的发现者——汤飞凡**
>
> 汤飞凡(1897—1958),医学病毒学家,中国科学院院士。1956 年他首次分离出沙眼衣原体,是世界上发现重要病原体的第一个中国人,也是迄今为止唯一的一个中国人。
>
> 1956 年元旦刚过,汤飞凡来到实验室,他的左眼又红又肿,而右眼却完好无恙。他的学生看到他的病痛和高涨的情绪,知道一项新的科学研究成果诞生了——沙眼人体感染实验成功了。
>
> 为了证明所分离出的衣原体确能在人的眼内引起沙眼,他把沙眼衣原体种进自己的左眼,并以右眼作为对照。为了观察典型沙眼的整个病理过程,他肿着眼睛坚持了 40 多天才接受治疗,并重新把自己眼中的沙眼衣原体分离出来,确定无疑地证实了所分离的衣原体对人的致病性,从而完全彻底地解决了延续半个多世纪关于沙眼病原的争论。衣原体的分离和人体感染实验的成功开创了衣原体和衣原体病研究的新纪元,促进了对沙眼的防治。

(1) 沙眼:主要由沙眼生物变种 A、B、Ba 及 C 型引起,经眼-眼或眼-手-眼方式传播。沙眼衣原体感染结膜上皮细胞并在其中繁殖,在细胞质内形成散在型、帽型、桑葚型或填塞型包涵体。发病缓慢,早期表现有流泪、结膜充血等,后期可出现滤泡、乳头增生、结膜瘢痕、眼睑内翻、倒睫及角膜血管翳,严重者可引起角膜损坏,影响视力,最后导致失明。感染率高,危害严重,是目前世界上致盲的第一位原因。

(2) 包涵体结膜炎:由沙眼生物变种 D-K 血清型引起。该病有婴儿型和成人型两种,前者是新生儿经产道感染,引起急性化脓性结膜炎(也称包涵体性脓漏眼),不侵犯角膜,可自愈。成人可经性接触、手-眼或污染的游泳池水间接接触而感染,引起滤泡性结膜炎,主要侵犯下眼睑,急性期有滤泡和大量渗出,但不出现角膜血管翳,也无结膜瘢痕形成,无后遗症。

(3) 泌尿生殖系统感染:病原体同包涵体结膜炎,经性接触传播,是非淋球菌性尿道炎最重要的病原体。男性引起尿道炎,一般不发热,可自行缓解,但多数能转为慢性并周期性加重,也可合并副睾炎、直肠炎等。女性引起尿道炎、阴道炎、宫颈炎、盆腔炎等,如输卵管炎反复发作可导致不孕症或宫外孕。

(4) 性病淋巴肉芽肿:由沙眼衣原体性病淋巴肉芽肿生物变种 L_1、L_2、L_{2a}、L_3 引起,经性接触传播,男性常侵犯腹股沟淋巴结引起化脓性淋巴结炎和慢性淋巴肉芽肿,常形成瘘管。女性侵犯会阴、肛门、直肠等组织可引起会阴-肛门-直肠组织狭窄。

2. 肺炎衣原体及鹦鹉热衣原体 可引起上呼吸道感染。前者只有一个血清型,即 TWAR 株,通过呼吸道传播,可致急性呼吸道感染,以肺炎多见,也可致气管炎、咽炎等,起病缓慢,一般无症状或症状轻微;近年有报道肺炎衣原体感染与动脉粥样硬化性冠心病有关,但肺炎衣原体在动脉硬化发病机制中的作用有待深入研究。后者主要引起鸟类或家禽的自然感染,人类经呼吸道引起上呼吸道感染或肺炎。

(二) 免疫

感染后能诱导机体产生型特异性细胞免

疫和体液免疫。但保护性不强，为时短暂，因而常造成持续感染、反复感染。

三、微生物学检查与防治原则

(一) 微生物学检查

1. 直接涂片检查　沙眼急性期可从结膜等病变部位刮片取材，用 Giemsa 染色、免疫荧光检查包涵体或衣原体。包涵体结膜炎及性病淋巴肉芽肿也可从病变部位取材涂片染色镜检，观察有无衣原体。

2. 分离培养　可用鸡胚卵黄囊接种、动物接种及 Hela 细胞或人浆膜癌细胞系(McCoy)细胞等培养，再用特异性单克隆抗体鉴定。

3. 血清学诊断　用微量免疫荧光试验检测抗衣原体的抗体，明显增高者有诊断意义。

4. 核酸检测　核酸探针或 PCR 技术检测核酸，其敏感性、特异性更高。

(二) 防治原则

预防沙眼无特异性方法，目前主要是加强个人卫生，不使用公共毛巾、浴巾和脸盆，避免直接或间接接触感染；性病淋巴肉芽肿的预防主要是取缔嫖娼；鹦鹉热的预防则应避免与病鸟接触。治疗可用四环素和红霉素等抗生素，性病淋巴肉芽肿还可用磺胺类药物。

第3节　立克次体

立克次体(rickettsia)是一类介于细菌与病毒之间，严格细胞内寄生的原核细胞型微生物。以节肢动物为宿主或传播媒介。其共同特征：①大小介于病毒和细菌之间，革兰染色阴性，普通光学显微镜下可见；②有多种形态，主要呈球杆状；③有类似于革兰阴性菌的细胞壁；④含有 DNA 和 RNA 两种核酸；⑤专性细胞内寄生，以二分裂方式繁殖；⑥节肢动物为传播媒介或储存宿主，大多是人畜共患病的病原体；⑦对某些抗生素敏感。

我国致病性立克次体主要有普氏立克次体、莫氏立克次体、恙虫病立克次体和 Q 热柯克斯体等(表 6-5)。

表 6-5　常见立克次体的传播媒介及所致疾病

属/群	种	传播媒介	所致疾病	地理分布
立克次体属				
斑疹伤寒群	普氏立克次体	人虱	流行性斑疹伤寒	世界各地
	莫氏立克次体	鼠蚤	地方性斑疹伤寒	世界各地
斑点热群	立氏立克次体	蜱	洛矶山斑点热	西半球
	西伯利亚立克次体	蜱	西伯利亚壁虱伤寒	西伯利亚
	康氏立克次体	蜱	纽扣热	地中海沿岸
	澳大利亚立克次体	蜱	澳大利亚壁虱伤寒	澳大利亚
	小蛛立克次体	小蛛	立克次体痘	美国、朝鲜等
恙虫病群	恙虫病立克次体	恙螨	恙虫病	东南亚、日本、中国
柯克斯体属	Q 热柯克斯体	蜱	Q 热	世界各地
罗沙利马体属	战壕热罗沙利马体	人虱	战壕热	欧、北美、非洲

一、生物学性状

(一) 形态与结构

形态与细菌类似，多为球杆状，但在不同的发育阶段和不同宿主体内可有不同的形态，如球状、长杆状或哑铃状。革兰染色阴性，但不易着色；常用 Giemsa、Macchiavello 染色，前者染成蓝紫色，后者染成红色。不同立克次体在细胞内分布的位置不同，普氏立克次体在胞质内分散存在，恙虫病立克次体靠近核旁成堆排列(图 6-5，彩图 20)，斑点热立克次体可在胞质和核内生长，Q 热立克次体在细胞质空泡(吞噬溶酶体)内生长。

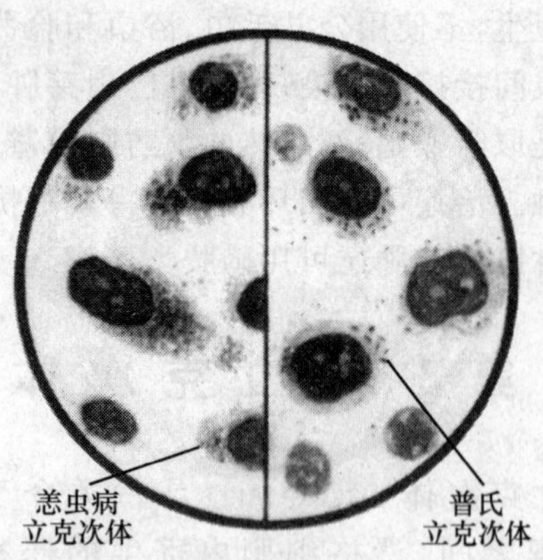

图 6-5 立克次体

(二) 培养特性

严格细胞内寄生，故培养方法与病毒相似。常用的培养方法有动物接种、鸡胚卵黄囊接种、组织细胞培养。以二分裂方式繁殖，分裂一次约需 6～10h。

(三) 抗原构造

立克次体主要有群特异性抗原和种特异性抗原两种：①群特异性抗原：与胞壁表面黏液层可溶性的脂多糖成分有关，耐热，可分群。②种特异性抗原：为外膜蛋白质，不耐热，可鉴定立克次体的种别。立克次体大多具有耐热的多糖抗原，与变形杆菌某些菌株菌体抗原发生交叉反应(表 6-6)，因而可利用这些变形杆菌菌株代替相应的立克次体做抗原进行凝集反应，以测定人或动物血清中相应的抗体，称为外-斐反应，作为某些立克次体病的辅助诊断。

表 6-6 主要立克次体与变形杆菌菌株抗原交叉现象

立克次体	变形杆菌菌株		
	OX_{19}	OX_2	OX_K
普氏立克次体	+++	+	－
莫氏立克次体	+++	+	－
恙虫病立克次体	－	－	+++
Q 热柯克斯体	－	－	－

(四) 抵抗力

除 Q 热立克次体外，对理化因素的抵抗力较弱，56℃30min 及苯酚、甲酚皂、乙醇等化学消毒剂都能使其灭活；但对低温、干燥的抵抗力较强，冷冻肉类中可存活 1 个月以上，在干燥虱粪中能保持传染性半年以上。对四环素、氯霉素等抗生素敏感；磺胺类药物不仅无抑制作用，反而能刺激其生长。

二、感染与免疫

(一) 感染

1. 致病物质 主要有内毒素和磷脂酶 A。内毒素成分为脂多糖，具有与肠道杆菌内毒素相似的多种生物学活性。磷脂酶 A 能直接破坏红细胞膜而发生溶血；还可破坏吞噬体膜而有利于吞噬体内的立克次体进入胞质，在细胞内分裂增殖，引起细胞肿胀破裂。此外，立克次体表面黏液层结构有利于黏附到宿主细胞表面和抵抗吞噬，增强了侵袭力。

为研究斑疹伤寒而献身

医学史上为研究疾病病因而献身的情况并不多见。但是，在研究斑疹伤寒过程中有多位医生牺牲了他们年轻的生命，谱写出征服传染病史上一曲悲壮的凯歌。

20 世纪初，美国一些地区流行一种被称为洛基山斑疹热的急性传染病。为找出病因，1909 年美国的立克次深入流行区，发现患者血及传媒蜱中有一种杆形小体，1910 年他在斑疹伤寒患者血和衣虱中也发现类似小体，但他还没来得及阐述他的想法就因感染斑疹伤寒而牺牲。1915 年捷克的普劳沃泽克在患者衣虱粪中也发现了类似小体，1916 年他和葡萄牙的罗沙·利马发现患者血喂养的衣虱粪中有大量小体，但他们俩人也染上了斑疹伤寒，普劳沃泽克不幸牺牲。罗沙·利马康复后没有畏惧，继续研究，终于确定这种小体就是斑疹伤寒病原体。为了纪念他们，医学家把斑疹伤寒病原体的属名定为立克次体，种名命为普氏立克次体。

为了确定传播媒介，法国的尼科尔深入患者家中取材检查，由于保护不严，两位助手感染斑疹伤寒而丧生。于是，尼科尔改去医院，发现衣虱就是传播媒介，建议灭虱以消灭斑疹伤寒，突尼斯政府接受了他的建议，取得了明显效果。因此，他获得了 1928 年度诺贝尔奖。

接链

2. 致病机制 立克次体自皮肤、消化道、呼吸道侵入机体后，先与局部淋巴组织或小血管内皮细胞膜上的受体结合，然后被吞入宿主细胞内，大量增殖，引起细胞肿胀破裂，导致小血管腔阻塞、组织坏死、凝血机能障碍、DIC等一系列病变。立克次体侵入血流，在全身各脏器血管内皮细胞增殖后再次入血引起第二次立克次体血症并导致多种临床症状，出现皮疹及肝、脾、肾等脏器受损症状。立克次体产生的毒性物质随血循环波及全身，患者呈现较严重的毒血症状。晚期体内免疫复合物的形成可使病情加重。

3. 所致疾病　由立克次体引起的疾病统称为立克次体病，在我国常见的是斑疹伤寒和恙虫病。

（1）流行性斑疹伤寒：由普氏立克次体引起，以人虱为媒介在人与人之间传播，故又称为虱型斑疹伤寒（图6-6）。患者是唯一的传染源，虱叮咬患者后，立克次体在虱肠道上皮细胞中繁殖，随虱粪排出。通过抓痒使虱粪中的立克次体经抓破的伤口侵入人体。冬春季为流行季节。人受感染后，经2周左右潜伏期骤然发病，出现高热39～40℃、头痛、肌痛、皮疹等，有的伴有神经系统、心血管系统及其他实质性器官损害症状。病后获得持久免疫力，与莫氏立克次体感染等有交叉免疫。

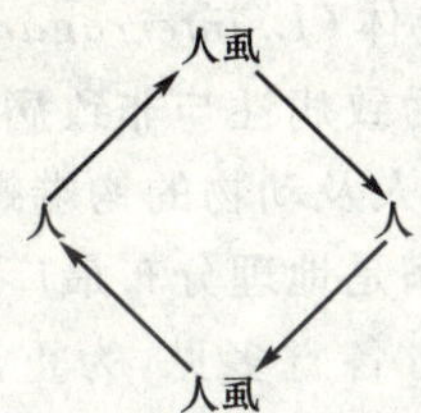

图6-6　流行性斑疹伤寒的传播方式

（2）地方性斑疹伤寒：由莫氏立克次体引起。鼠是天然储存宿主，故是重要传染源。一般先由鼠蚤、鼠虱在鼠间传播，鼠蚤叮咬人时，因鼠蚤粪便中的立克次体进入破损皮肤而受感染，也可因叮咬而感染，故又称为鼠型斑疹伤寒（图6-7）。若人群中有虱寄生，也能以人虱为媒介在人群中传播。该病的症状与体征较轻，有头痛、发热、皮疹等，很少累及中枢神经等系统。病后获得持久免疫力，与普氏立克次体感染等有交叉免疫。

（3）恙虫病：由恙虫病立克次体引起的自然疫源性疾病。自然情况下该病原体主要在啮齿类动物间传播。野鼠和家鼠是重要传染源，恙螨是传播媒介，又是储存宿主。恙螨感染立克次体后要在下一代幼虫才有传染性，人类通过恙螨幼

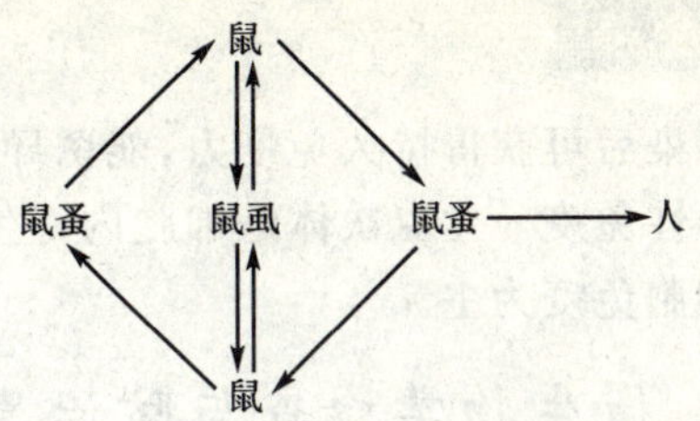

图6-7　地方性斑疹伤寒的传播方式

虫叮咬而感染（图6-8）。经1～2周潜伏期，突然发病，在叮咬处先发红，后经丘疹、水泡形成溃疡，周围红晕，上盖黑色痂皮称焦痂，是恙虫病的特征之一。因毒血症，可引起各内脏器官的炎症病变。全身淋巴结肿大，并发现肺、肝、脾、脑等损害症状。病死率随毒株不同而异。

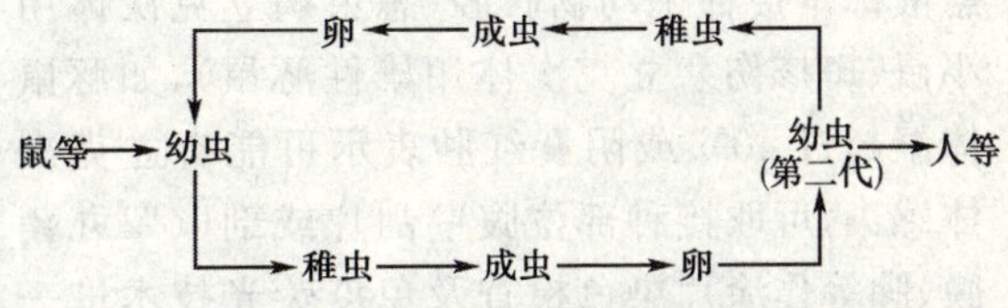

图6-8　恙虫病的传播方式

（4）Q热：由Q热立克次体亦称贝纳立克次体引起。牛、绵羊等家畜是主要传染源和储存宿主，在动物间的传染是以吸血的蜱为传播媒介，并可经卵传代。牛羊感染后多为慢性或隐性感染，经牛羊粪尿、生殖器排泄物及乳汁播散病原体，污染环境后，人经接触或呼吸道、消化道等途径感染。患者突然发热、头痛、肌痛，由呼吸道感染者常有肺部病变，部分可并发肝炎及亚急性心内膜炎。

案例6-1

患者，女，32岁。因发热、头痛、小腿疼5天就诊。在当地医院曾用庆大霉素、地塞米松等治疗效果不佳。体检：体温40℃、脉搏144次/分、呼吸28次/分、血压136/80 mmHg，心率快、节律规整，呼吸急促，结膜充血，胸、腹部可见较多的粉红色斑丘疹，腓肠肌压痛。血液检查：白细胞总数及分类正常。肝功能正常。胸透正常，心电图窦性心动过速。外-斐反应OX_{19} 1∶160。

思考题

1. 疑为什么病？
2. 怎样进一步确诊？
3. 如何治疗？

(二) 免疫

感染后可获得持久免疫力，能诱导机体产生特异性免疫。立克次体是细胞内寄生菌，因此以细胞免疫为主。

三、微生物学检查与防治原则

(一) 微生物学检查

1. 标本采集 以采集血液为主，流行病学调查时可取野生小动物和家畜的脏器标本以及节肢动物。

2. 检查方法 脏器标本切片用荧光抗体染色或常规染色镜检。将患者血液、血块、组织悬液标本接种于动物腹腔(恙虫病立克次体用小鼠、斑疹伤寒立克次体用雄性豚鼠)，如豚鼠体温超过40℃或阴囊红肿表示可能有立克次体感染，可取接种部位腹壁刮片或剖取睾丸鞘膜、脾等作涂片染色检查及免疫荧光技术进一步鉴定；也可将标本用鸡胚或组织培养法分离立克次体。外-斐反应中若抗体效价在1∶160以上，或在病程中抗体效价增长4倍及以上有诊断意义，但必须结合流行病学和临床症状排除变形杆菌感染后才能作出正确诊断。也可用间接免疫荧光试验、ELISA和PCR法检测。

> **案例6-1提示**
>
> 患者发热、头痛、腓肠肌压痛、结膜充血。发热第五天时，胸、腹部可见粉红色斑丘疹。外-斐反应 OX_{19} 1∶160。
>
> 根据以上症状、体征以及外-斐反应结果，考虑为斑疹伤寒。为进一步确诊可取血液做立克次体分离培养及一周后再做外-斐反应，若 OX_{19} 的效价是第一次的4倍或以上时，则有诊断意义。治疗可用四环素等。

(二) 防治原则

灭虱、灭蚤、灭鼠、灭螨和注意个人卫生与防护是预防立克次氏体的重要措施。特异性预防可按种疫苗。治疗用四环素、氯霉素。

第4节 螺 旋 体

螺旋体(spirochete)是一类细长、柔软、呈螺旋状、无鞭毛但运动活泼的原核细胞型微生物。在生物学上的地位介于细菌与原生动物之间。其共同特征：①与细菌相似。有细胞壁、原始核，以二分裂方式繁殖，对抗生素敏感。②与原虫相似。在胞壁与胞膜之间有轴丝，借轴丝伸缩而运动。

螺旋体广泛存在于自然界，种类多，根据其抗原性和螺旋数目、大小、规则程度以及两螺旋间距离的不同分为5个属，对人致病的主要有3个属。

1. 钩端螺旋体属(*Leptospira*) 螺旋非常细密而规则，菌体一端或两端弯曲呈钩状，对人致病的主要有钩端螺旋体。

2. 密螺旋体属(*Treponema*) 有8～14个细密、规则的螺旋，两端尖细，对人致病的主要有梅毒螺旋体、雅司螺旋体等。

3. 疏螺旋体属(*Borrelia*) 有3～10个稀疏、不规则呈波纹状的螺旋，对人致病的有回归热螺旋体、伯氏螺旋体(Lyme病螺旋体)、奋森螺旋体等。

一、钩端螺旋体

钩端螺旋体(*L. interrogans*)简称钩体，种类很多，分为致病性与非致病性两大类。致病性钩体引起人及动物的钩端螺旋体病(简称钩体病)。该病是地理分布最广泛的人畜共患病，我国以南方各省多见，为重点防治的传染病之一。

> **案例6-2**
>
> 患者，男，40岁。因发热、头痛、小腿疼、乏力两天而就诊。患者发病前10天有下水收割水稻史。体检：体温39℃，脉搏120次/分，呼吸24次/分，血压130/80mmHg。心率快，呼吸急促，结膜充血，腋下、腹股沟淋巴结肿大，腓肠肌压痛明显。胸透正常。心电图检查：窦性心动过速。血液检查：白细胞计数 11×10^9/L，中性粒细胞0.85。血沉：40mm/h。尿液检查：蛋白(+)，红细胞(+)，白细胞(+)。
>
> **思考题**
>
> 1. 考虑什么病？
> 2. 怎样进一步确诊？
> 3. 如何治疗？

(一)生物学性状

1. 形态与结构 呈圆柱形,长约6～20μm、宽0.1～0.2μm,革兰染色阴性,但着色较难;常用镀银法染成棕褐色。暗视野显微镜下可见钩体的螺旋细密、规则,形似一串发光的小珍珠,一端或两端弯曲成钩状,常使菌体呈C、S形状(图6-9,彩图21),运动特别活泼。

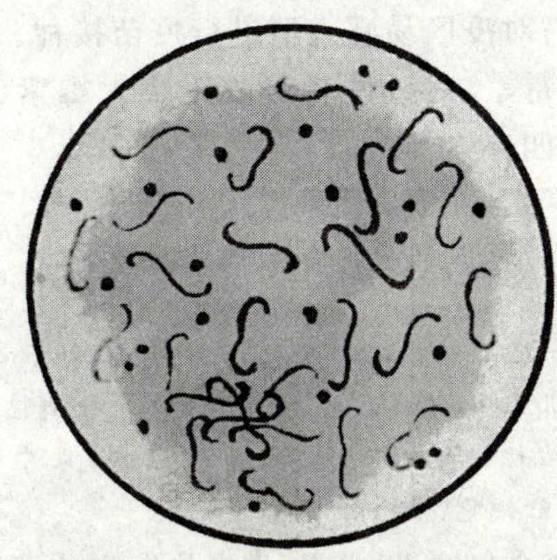

图6-9 钩端螺旋体

2. 培养特性 钩体可以人工培养,但对营养要求较高,且生长缓慢。最适温度28～30℃,需氧。常用柯氏(Korthof)培养基(含蛋白胨、10%兔血清、磷酸盐缓冲液、pH 7.4)培养1～2周可见液体培养基呈半透明云雾状生长;在固体培养基上形成圆形、扁平、透明菌落。兔血清既能促进钩体生长又有解毒作用,能中和与去除培养过程中产生的抑制因子。生化反应不活泼。

3. 抗原构造与分型 致病性钩体有两种抗原:①表面抗原:存在于菌体表面,为多糖蛋白质复合物,具有型特异性,是钩体分型的依据。②内部抗原:是类脂多糖复合物,具有属特异性,为钩体分群的依据。目前全世界已发现25个血清群、273个血清型;我国已发现的致病性钩体至少有19个血清群、74个血清型,已选定14个群、14个型作为我国常见的标准钩体株供鉴定分型用。

4. 抵抗力 对理化因素的抵抗力较其他致病螺旋体强。对干燥、日光、热抵抗力弱,56℃10min死亡。在水或湿土中可存活数月,这对本菌的传播有重要意义。对常用化学消毒剂及青霉素、金霉素等敏感。

钩端螺旋体研究获重大突破

以中国科学家为主、法国和美国科学家共同参与研究的题为《钩端螺旋体全基因组测序及其生理与病理的特性》论文,2003年4月24日发表在英国国际权威科学刊物《自然》杂志纪念DNA双螺旋发现50周年特刊上,标志着我国微生物学研究取得了重大突破。国家人类基因组南方研究中心和中科院上海生命科学研究院、上海第二医科大学、中国疾病预防控制中心、国家人类基因组北方研究中心、复旦大学、香港大学以及法国巴士德研究所、美国普度大学生化系等机构的科学家,经过3年多研究,完成了钩端螺旋体全基因组测序及注释工作,并向NCBI数据库递交数据后深入进行了钩端螺旋体的分子生理和致病机制研究。科学家发现钩端螺旋体编码rRNA和tRNA的基因数量极少,可能是其生长缓慢的重要原因,还发现一系列具有钩端螺旋体特色的代谢途径;注释了一批可能与侵袭、黏附、运动、毒性等相关基因,特别是发现了若干个潜在的破坏上皮细胞、干扰凝血系统的相关基因,为进一步认识钩端螺旋体病典型的小血管上皮细胞损伤和黄疸出血症等特有的广泛脏器出血,尤其是突发性肺大出血等病理现象提供了新思路。

接链

(二)感染与免疫

1. 感染源与感染途径 钩体病为人畜共患传染病,多流行于夏秋季。鼠类和猪为主要感染源和储存宿主,动物感染后大多为慢性病或无症状的"带菌"状态。钩体在动物肾小管中繁殖,随尿液排出污染环境。人与污染的水或土壤接触,钩体可通过破损的皮肤或黏膜侵入人体。孕妇感染钩体后可经胎盘感染胎儿导致流产,偶有经哺乳传给婴儿或吸血昆虫传播。

2. 致病物质 主要包括溶血素、细胞毒因子(cytoxicity factor,CTF)、内毒素样物质。

3. 所致疾病 钩体病。钩体自皮肤黏膜侵入人体后,即在局部迅速繁殖,约经1～2周潜伏期后,大量钩体持续侵入血流发生钩体血症,出现中毒症状,如乏力、恶寒、发热、头痛、结膜充血、肌痛(尤以腓肠肌疼痛明显)、淋巴结肿大等症状;并随血流散布至肝、肾、脾及肌肉等处繁殖,引起相应症状。临床上常见的类

型：①流感伤寒型；②黄疸出血型；③肺出血型；④脑膜脑炎型；⑤肾功能衰竭型。

夏季要防钩体病

夏季，不少农村地区有钩体病流行。钩体病分为“稻田型”（南方）和“洪水型”（北方）。早期钩体病酷似感冒，但有寒热、酸痛、全身疲乏三症和眼红、小腿肌肉压痛及淋巴结肿大三征。钩体病发展快，对有接触田水和洪水的人出现感冒样症状时，要早诊、早治，以防发展成危重的肺大出血型。预防钩体病，应开展灭鼠工作，家猪要圈养，以消灭与控制传染来源；管好田水，在钩体病老疫区有条件的地方割稻前可实行排水晒田再行收割；疫区农民每年打钩体防疫针，一般注射后1个月即有预防效果。也可服千里光中成药片，在割稻前1天开始，每日3次、每次5片，连服3天停2天，直至种完稻为止；还可服用鱼腥草、穿心莲等。青霉素对本病有良好疗效。

4. 免疫性 隐性感染或病后，可获得对同型菌株持久免疫力，以体液免疫为主。患病1～2周血中出现特异性抗体，具有调理、凝集和激活补体等作用，血液中钩体迅速被清除，但对肾内钩体作用较小，故尿中排菌可延续数月至数年。

（三）微生物学检查与防治原则

1. 微生物学检查

（1）标本采集：发病1周内取血、2周后取尿，有脑膜刺激征者取脑脊液。血清学检查取血。

（2）检查程序：

1）直接镜检：将标本离心沉淀集菌后暗视野显微镜检查或用Fontana镀银法染色镜检，也可用直接免疫荧光或免疫酶染色法检查。

2）分离培养与鉴定：将标本接种于柯氏培养基，28～30℃2～4周，如有钩体生长则培养液变混浊，用暗视野显微镜检查，若有钩体存在则用血清学方法鉴定其群、型；如未生长再连续观察至少1个月或40d，仍未生长则报告培养阴性。动物接种是分离钩体的敏感方法，适用于检查有杂菌污染的标本，常用幼年豚鼠或地鼠，将标本注入动物腹腔，一般3～7d发病，1周末取心脏血及腹腔液镜检和培养，查出钩体再用血清学鉴定，死后剖检。

用标准菌株作抗原与患者血清在37℃反应2h，再用暗视野显微镜检查，如有相应抗体存在，则钩体凝集成团，形如小蜘蛛样，凝集价在1∶300以上或双份血清效价增长4倍及以上有诊断意义。也可用ELISA、补体结合试验、间接凝集试验等检查。

2. 防治原则 预防主要是防鼠灭鼠，加强对带菌家畜管理；注意保护水源，避免与疫水接触；对疫区易感人群进行疫苗接种。治疗首选青霉素，对过敏者可改用庆大霉素、多西环素或四环素等。

案例6-2提示

患者有疫水接触史，发热、头痛、全身乏力、腓肠肌压痛、结膜充血、淋巴结肿大，白细胞总数及中性粒细胞轻度升高，血沉稍快，尿中蛋白（+），红细胞（+），白细胞（+）。

综合分析以上情况，考虑钩体病（早期），应取血液进行钩体培养、血清学试验进一步确诊。用青霉素治疗。

二、梅毒螺旋体

梅毒螺旋体（*T. pallidum*，TP）又称苍白密螺旋体，是人类梅毒的病原体。梅毒是性传播疾病中危害较严重的一种，在许多国家仍然相当流行，我国部分地区也有，危害较大。

（一）生物学性状

1. 形态与结构 菌体纤细，长6～15μm、宽0.2μm，有8～14个致密而规则的螺旋，两端尖直，运动活泼，电镜下观察到的轴丝是真正的运动器官。普通染色不易着色，常用Fontana镀银法染成棕褐色（图6-10，彩图

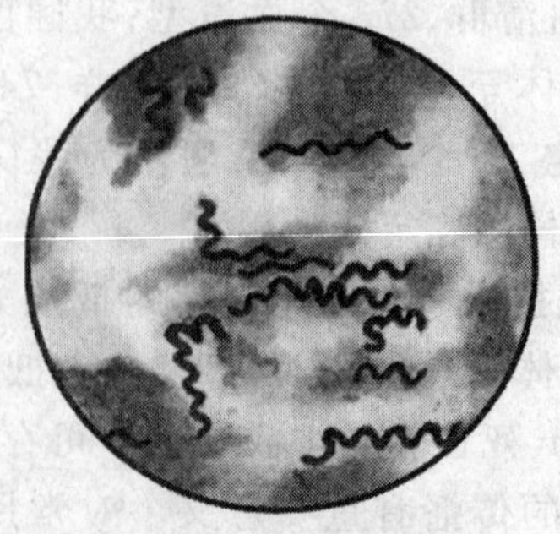

图6-10 梅毒螺旋体

22)。硬性下疳渗出液等病变标本可直接在暗视野显微镜下观察其典型形态和运动方式。

2. 培养特性 梅毒螺旋体人工培养困难，至今尚未真正成功。1981 年 Fieldsteel 等用棉尾兔单层上皮细胞在 1.5%O_2、5%CO_2、93.5%N_2、33℃条件下培养成功，但此法难以用于临床实验诊断。有毒力的 Nichols 株可接种于家兔睾丸或眼前房进行传代；无毒力的 Reiter 株在含多种氨基酸的兔睾丸组织碎片中厌氧培养能生长。

3. 抗原性 梅毒螺旋体的抗原主要有两种：①表面抗原：能刺激机体产生特异性凝集抗体。②类属抗原：能刺激机体产生补体结合抗体。梅毒螺旋体侵入人体破坏组织后，组织中磷脂黏附于螺旋体表面形成复合抗原，使机体产生抗磷脂的自身抗体，称之为反应素，能与生物组织中的脂质发生反应，无保护作用，但可作血清学诊断用。

4. 抵抗力 极弱。对冷、热、干燥均极为敏感。离体干燥 1～2h、50℃ 5min 即死。血液中 4℃ 3d 可死亡，故血库冷藏 3d 以上的血液无传染梅毒的危险。对一般化学消毒剂、青霉素、红霉素、四环素、砷剂等敏感。

(二) 感染与免疫

1. 感染源与感染途径 人是唯一传染源，主要经两性直接接触传染，也可通过胎盘传给胎儿，前者称为后天性(或获得性)梅毒，后者称为先天性梅毒(又称胎传梅毒)。偶可经过输血等方式传播。

2. 致病物质 菌体表面外膜蛋白有抗吞噬作用，黏多糖和唾液酸可阻止补体杀菌；产生的透明质酸酶可分解组织而有利于梅毒螺旋体的扩散。

3. 所致疾病 梅毒。获得性梅毒分为三期，表现为反复、潜伏和再发特征。

(1) 第一期梅毒：约在感染后 3 周左右局部出现无痛性硬结及溃疡，称为硬性下疳，多见于外生殖器，其溃疡渗出物中含有大量梅毒螺旋体，传染性极强，但破坏性小。如不治疗，经 1 个月可自然愈合。

(2) 第二期梅毒：进入血液中的梅毒螺旋体经 2～3 个月无症状的潜伏期后进入该期，主要表现为全身皮肤黏膜出现梅毒疹(故称梅毒疹期)、淋巴结肿大，病变也可累及骨、关节、眼和神经系统。梅毒疹及淋巴结中有大量螺旋体存在，传染性较强，但破坏性较小。如不治疗，经 3 周到 3 个月也可自行消退，但梅毒螺旋体则继续在体内潜伏，常发生复发性二期梅毒。

(3) 第三期梅毒：经 2 年左右潜伏，部分患者可发作进入该期，又称晚期梅毒。不仅出现皮肤黏膜溃疡性坏死病灶，还侵犯内脏器官和组织；严重者经 10～15 年后引起心血管及中枢神经系统损害，导致动脉瘤、脊髓痨、全身麻痹等。此期病灶中不易找到梅毒螺旋体，传染性小，但破坏性大，可危及生命。

哥伦布死于神经性梅毒

15 世纪以前欧洲无梅毒。1492 年哥伦布第一次航行到美洲，一些水手与当地妇女发生性关系，回到欧洲后将此病传播到意大利、西班牙、法国等地，哥伦布自己也死于神经性梅毒。

通过商业往来，梅毒进入了我国，1505 年在广东省首先发现和记述了梅毒病例，又称“广东疮”或“杨梅疮”；随后，梅毒从沿海到内地在我国广泛传播开来，发病率居高不下，居性病之首。1964 年我国宣布消灭了包括梅毒在内的性病，震惊了世界。

2001 年，北京地区发现了梅毒性脑膜血管炎。当时专家预测，梅毒性痴呆这种更为严重的神经性梅毒，将会在今后 10 年内发生，随后就发现了一位 50 岁男性患有梅毒性痴呆。神经性梅毒是梅毒感染过程中一种严重形式，应属于第四期梅毒。

接 链

先天性梅毒常引起胎儿全身性感染，导致流产、早产或死胎；若出生则为梅毒儿，表现为梅毒性疱疹或斑丘疹、锯齿形牙齿、间质性角膜炎、先天性耳聋等。

4. 免疫性 梅毒免疫属传染性免疫，以细胞免疫为主。这种免疫力不完全，多数患者不能完全清除体内的螺旋体，常转变为潜伏状态，进而发展为二期梅毒或三期梅毒。体液免疫中有两种抗体，一种是梅毒特异性抗体，有保护作用；另一种是抗脂质抗体，无保护作用。

(三) 微生物学检查与防治原则

1. 微生物学检查

(1) 病原学检查：取硬性下疳或梅毒疹渗

出物或局部淋巴结抽取物直接在暗视野显微镜下观察，如见运动活泼的密螺旋体有助于诊断。也可用镀银染色后镜检或免疫荧光技术、ELISA、PCR、免疫印迹法等检查。

(2) 血清学检查：有非螺旋体抗原试验和螺旋体抗原试验。

1) 非螺旋体抗原试验：用正常牛心肌的心脂质作抗原，检测患者血清中的反应素（抗脂质抗体）。常用的有玻片沉淀试验（Veneal disease research laboratory，VDRL）、不加热血清反应素试验（unheated serum reagin test，USR）、快速血浆反应素环状卡片试验（rapid plasma reagin circle card，RPR），阳性率一期梅毒70%左右、二期梅毒可达100%、三期梅毒较低。因所用抗原为非特异性，红斑狼疮、类风湿性关节炎、结核、麻风等可出现假阳性反应，故在结果分析时应注意。

2) 螺旋体抗原试验：用梅毒螺旋体作抗原测定患者血清中特异性抗体。①荧光密螺旋体抗体吸收试验（fluorescent treponemal antibody-absorption，FTA-ABS）：为间接免疫荧光试验，敏感性高、特异性强，可用于梅毒的早期诊断。患者血清先用Reiter株螺旋体超声波裂解产物吸收，以除去血清中可能存在的交叉反应性抗体，提高试验的特异性，然后将吸收过的血清与灭活的梅毒螺旋体作用后加荧光素标记抗人Ig抗体染色，荧光显微镜下观察；②梅毒螺旋体制动试验（treponema pallidum immobilizing，TPI）：用Nichols株与灭活血清及新鲜补体在35℃共育16h后，在暗视野显微镜下观察有活力螺旋体的百分数，以检测血清中有无抑制梅毒螺旋体活动的特异抗体。此法需活的梅毒螺旋体，故在临床应用上有一定困难。

2. 防治原则 梅毒是一种性病，应加强卫生宣教、严格社会管理、取缔娼妓，对患者早期诊断和彻底治疗。治疗常用青霉素，但剂量要足、疗程要够。

△三、伯氏疏螺旋体

伯氏疏螺旋体（*Borrelia burgdorferi*，BB）是莱姆病（Lyme disease）的病原体。该病是1977年在美国Connecticut州的Lyme镇首次发现，故名。1982年由Burgdorfer等自硬蜱体内分离出伯氏疏螺旋体，并由Barbour从患者体内分离培养出伯氏疏螺旋体而证实。该病是全球分布的自然疫源性疾病，世界上许多国家有流行，我国有10多个省区分离到该螺旋体。

(一) 生物学性状

长10～40μm、宽0.2～0.3μm，有5～10个不规则的螺旋，菌体两端稍尖，在暗视野显微镜下可见扭曲、翻转、抖动等方式活泼运动。革兰染色阴性，但不易着色；Giemsa染色呈淡紫色，镀银法染色呈棕褐色。

营养要求较高，常用含牛血清白蛋白和加热灭活兔血清等培养基。在35℃、5%～10% CO_2、pH7.5条件下，分裂繁殖一代约18h，培养2～3周才能观察到生长现象。

(二) 感染与免疫

莱姆病是一种自然疫源性传染病。储存宿主主要是野栖鼠类和小型哺乳动物。传播媒介是硬蜱。人受蜱叮咬后，BB随唾液侵入机体在局部繁殖，数日或数周后通过血液或淋巴扩散至全身许多器官。早期皮肤出现慢性移行性红斑、乏力、发热、头痛、关节痛、眼结膜炎或局部淋巴结炎等，数天后向周围扩散，逐渐出现皮损，随后出现关节、心脏、神经系统或其他深部组织炎症。未经治疗的病例多在起病后约2个月内缓解，但常可复发。晚期一般在发病后数月或数年出现深部组织持续感染并伴随严重功能损伤，如关节畸形、心内膜炎、心包炎、神经麻痹等。

感染后可产生特异性抗体，抗体有促进吞噬细胞吞噬作用。中性粒细胞和单核细胞在抗本螺旋体感染中起重要作用。

(三) 微生物学检查与防治原则

1. 微生物学检查 由于BB血症短暂，病变组织中BB较少，直接镜检和培养均较困难，故常用血清学方法辅助诊断，可用ELISA或间接免疫荧光法等测定特异性抗体。

2. 防治原则 本病以预防为主，注意加强个人防护，防止硬蜱咬伤。治疗可选青霉素、多西环素、四环素和红霉素等。

△四、回归热螺旋体

回归热螺旋体（*Borrelia recurrentis*）属于疏

螺旋体属，是回归热的病原体。该螺旋体有5～10个不规则的螺旋，运动活泼；Giemsa染色后呈紫红色。回归热是以节肢动物为传播媒介、周期性发热、反复发作的急性传染病。病原体有两种：一是回归热螺旋体，以虱为传播媒介，自然宿主是人，引起流行性回归热；另一种赫姆疏螺旋体(B. hermsii)，以蜱为传播媒介，自然宿主是野生啮齿动物，引起地方性回归热。

征服"回归热"

回归热是一种严重威胁人类健康的传染病。为了探索此病的感染途径和治疗对策，医学研究者做了艰苦卓绝的工作。

早在1873年，德国医生奥勃梅伊尔首次在患者血中发现了回归热螺旋体，找到了病原。为证实自己的发现，他多次给动物接种回归热螺旋体，但动物并未发病；于是，他决定改变实验对象——将回归热患者的血液注入自身，结果也未患回归热。尽管奥勃梅伊尔从回归热自身实验得出不尽正确的结论，即只有具有"回归热体质者"才会感染回归热，但这种献身精神鼓励人们不懈地探寻真谛。此后仅一年，俄国医学家蒙希也给自己注射了患者血液，结果他"回归"式地先后发病4次，差点送了命。他详细记录了这项实验经过，但一直未发表，直到许多年后他的侄子发现了夹在旧报纸中的这些科学记载，这一重大结果才为人们所知晓。1881年俄国著名病理学家、诺贝尔奖获得者梅契尼科夫给自己接种回归热螺旋体，也"回归"式地发了病。

△五、奋森螺旋体

奋森螺旋体(*Borrelia vincenti*)属于疏螺旋体属。其形态与回归热螺旋体类似，有3～8个不规则的螺旋，革兰染色阴性，需厌氧培养。常寄生在口腔、齿龈及咽部，是体内常居螺旋体，一般不致病。当机体免疫力下降时，则大量繁殖，协同口腔内梭杆菌引起奋森咽峡炎、牙龈炎、溃疡性口腔炎、口颊坏疽。

用棉拭子从局部病变处取材染色镜检，可见奋森螺旋体与革兰阴性梭杆菌共存。预防主要是防止感染、注意口腔清洁、避免受寒、加强营养等；治疗用青霉素、四环素。

第5节　放线菌

放线菌属(*Actinomyces*)是一类呈分枝状生长的原核细胞型微生物。因其菌落呈放射状而得名。在分类学上与分枝杆菌同属于放线菌目。细胞壁化学结构与细菌相似，无完整的细胞核，无核膜，以分裂方式繁殖，常形成分枝状的无隔营养菌丝，革兰染色阳性。对抗生素敏感。在自然界分布广泛，种类较多，主要存在于土壤，部分菌寄居于人和动物的口腔、上呼吸道、胃肠道与泌尿生殖道。多数抗生素由放线菌产生，对人致病的主要是衣氏放线菌(*Actinomyces israelii*)及星形诺卡菌(*Nocardia asteroides*)。

一、衣氏放线菌

(一)生物学特性

丝状，大小为0.5～0.8μm，有分枝，菌丝细长无隔，培养24h后易断裂，状似棒状杆菌(图6-11)；革兰染色阳性，抗酸染色阴性。在患者病灶和脓汁中可找到肉眼可见的黄色小颗粒，称为"硫磺颗粒"，是放线菌在病灶组织中形成的菌落。将其制成压片，镜检可见颗粒呈菊花状，硫磺颗粒核心由分枝菌丝交织组成，周围部分的长丝排列成放射状，呈棒状膨大；用革兰染色核心部分为阳性、周围部分多为阴性。

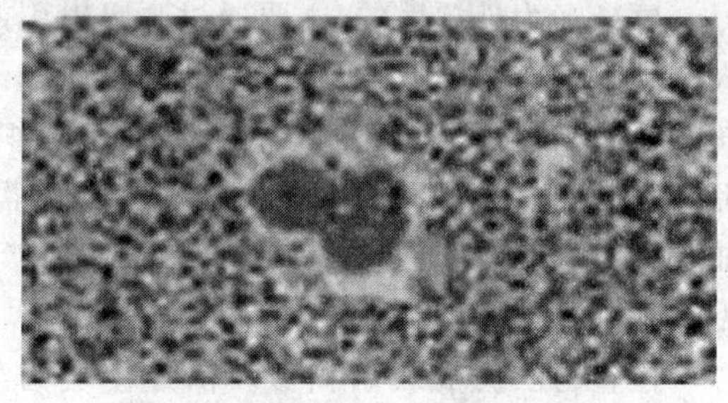

图6-11　放线菌

厌氧或微需氧，初次分离时加5%CO_2可促进其生长。生长缓慢。在血平板上37℃ 3～6d可形成灰白或淡黄色、直径小于1mm的微小菌落。

(二)感染与免疫

衣氏放线菌是口腔和生殖道等与外界相通腔道中常见的正常菌群。当机体免疫力下降或拔牙、口腔黏膜损伤及口腔卫生不良时引

起内源性感染，导致软组织的慢性化脓性炎症。炎症中心部位形成坏死脓肿，在组织内生成多发性瘘管，排出带有“硫磺样颗粒”的脓汁。放线菌病多发生于面部、下颌及舌下组织，也可侵入胸腹部引起肺脓肿、脓胸及胃肠道放线菌病，还可累及肝、泌尿器官、骨髓。

机体对放线菌的免疫主要是细胞免疫。

(三) 微生物学检查与防治原则

最主要也是最简便的诊断方法是检查痰和脓汁中有无“硫磺颗粒”，将可疑颗粒制成压片后，镜检是否有放射状排列的菌丝。必要时做厌氧培养，亦可取病灶组织切片染色检查。

注意口腔卫生、牙病早日修补是预防的主要方法。脓肿、瘘管应及时外科清创处理，并用大剂量青霉素较长时间治疗，亦可用磺胺类、红霉素、林可霉素、四环素等药物治疗。

二、星形诺卡菌

星形诺卡菌的形态与衣氏放线菌相似，但菌丝末端不膨大。革兰染色阳性；抗酸染色呈弱酸性，抗酸染色时仅能用1%盐酸乙醇脱色，若延长脱色时间，即失去抗酸性，此点可与分枝杆菌区别。为专性需氧菌。营养要求不高，需氧；生长缓慢，一般需1周以上始见菌落，能形成气中菌丝。

感染多为外源性的，主要通过呼吸道引起人的原发性、化脓性肺部感染，产生类似肺结核的症状。也可经肺部病灶转移至皮下组织，形成脓肿及多发性瘘管，或扩散到其他脏器，如腹膜炎、脑脓肿等。在病变组织或脓汁中可见黄、红、黑等色颗粒。

检查与衣氏放线菌相似。治疗主要为外科清创，切除坏死组织，以及支持疗法。同时配合药物治疗，首选磺胺嘧啶，使用4～6个月，也可与四环素、链霉素等联合应用。

第6节　真　菌

真菌(fungus)是一大类有细胞壁、无根茎叶分化和不含叶绿素的真核细胞型微生物。真菌在自然界分布广泛，种类繁多，有10万多种，其中大多数对人有利，如用于酿酒及生产抗生素、酶类制剂等。能引起人类疾病的真菌约300余种。真菌病发病率近年来有上升趋势，尤其是以条件致病性真菌感染为主，这与滥用抗生素引起菌群失调和应用免疫抑制剂、抗癌药物导致免疫功能低下有关。

一、概　述

(一) 生物学性状

1. 形态与结构　真菌比细菌大几倍至几十倍，结构复杂，细胞壁不含肽聚糖，其坚韧性主要依赖于大分子几丁质，所以对青霉素、头孢菌素不敏感。细胞膜含固醇而细菌无。按形态分为单细胞和多细胞两大类：单细胞真菌呈圆形或椭圆形，以出芽方式繁殖，包括酵母菌(yeast)和类酵母菌(yeast-like fungus)，对人致病的主要有新型隐球菌和假丝酵母菌(白色念珠菌)；多细胞真菌又称丝状菌或霉菌(mold)，有菌丝和孢子，其随真菌种类不同而异，是鉴别真菌的重要标志。

青霉素的发现

英国 Alexander Fleming 20 岁时靠叔父留给他的250英镑进入医学院学习，毕业后由于其出色的射击技术被说服留在细菌室工作，为圣玛利医院来复枪俱乐部补充新鲜血液。

多数学者认为，应保持试验台清洁，及时处理用过的东西，以保证试验数据的准确性。Fleming 却有另一种习惯，他似乎很难扔掉那些陈旧的培养物，每次扔掉前总要非常仔细地观察，企图发现一些有趣的现象。1928年的一天，Fleming 意外地发现一个平皿被霉菌污染，在霉菌的周围没有葡萄球菌生长。这引起了他的极大兴趣，立即设计了一系列试验，证明这种霉菌是 Penicilum notatum，把青霉菌产生的这种物质命名为青霉素，并发现青霉素对多种细菌有抑制或杀伤作用，对人体几乎没有什么副作用。1929年他首次给一位鼻窦炎患者用青霉素培养物的上清液冲洗，发现有显著的杀菌作用。但 Fleming 本人缺乏生物化学知识，他谋求同许多化学家合作去分离、提纯青霉素，由于青霉素的不稳定性，他的种种努力均以失败告终，以致许多人认为是不可能的。直到1940年英国的 Haward Florey 和德国的 Ernst Chain 提纯出了青霉素，为人类与各种传染病的斗争带来了福音。1944年 Fleming、Florey、Chain 被授予诺贝尔奖。

链接

(1) 菌丝(hypha):真菌孢子在适宜的环境下生出芽管并逐渐延长形成的丝状结构。菌丝继续生长和分支,交织成团称菌丝体。有的菌丝深入培养基中吸取营养,称为营养菌丝;有的菌丝向上生长称气中菌丝;产生孢子的气中菌丝称生殖菌丝。菌丝结构可有或无横隔,菌丝形态也各不相同(图 6-12),有助于真菌的鉴别。

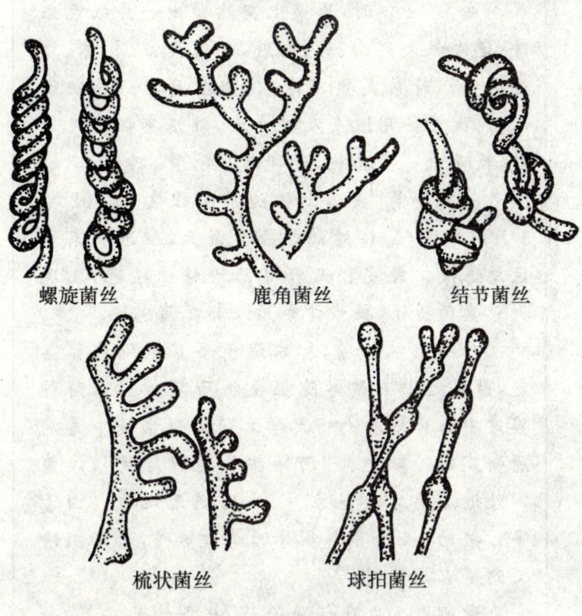

图 6-12 真菌的各种菌丝

(2) 孢子(spore):真菌的繁殖结构,一条菌丝上可产生多个孢子,在一定条件下孢子可发芽长出芽管并逐渐延长形成菌丝。真菌孢子与细菌芽孢不同(表 6-7)。孢子可分为有性孢子和无性孢子。有性孢子是由两个细胞融合而成的,无性孢子是由菌丝细胞直接分化生成。致病性真菌多为无性孢子,包括分生孢子、叶状孢子和孢子囊孢子三种类型(图 6-13),也是鉴别真菌的重要标志。

表 6-7 真菌孢子与细菌芽孢的区别

	真菌孢子	细菌芽孢
抵抗力	不强,加热 60～70℃短时间内死亡	强,煮沸短时间内不死
数目	一条菌丝可产生多个孢子	一个细菌只形成一个芽孢
作用	繁殖方式之一	不是繁殖方式
形状	可在细胞内外,形状色泽多样	在菌细胞内,圆形或椭圆形

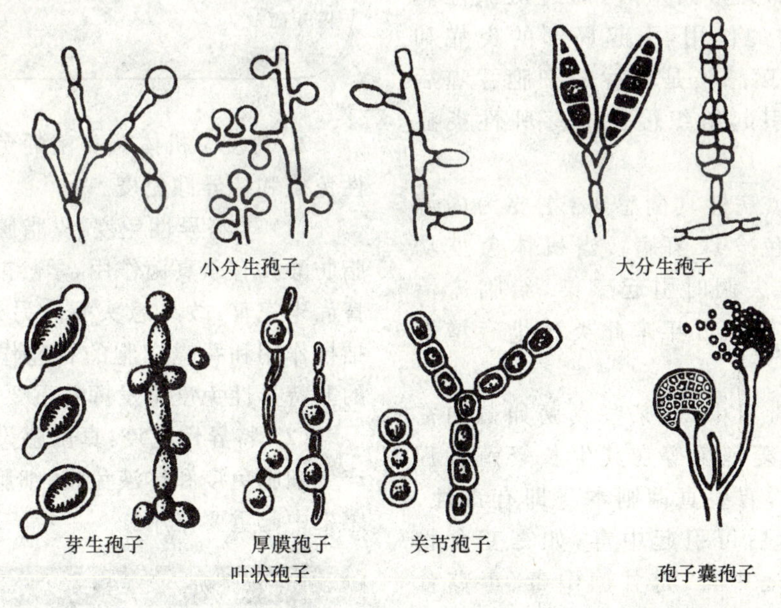

图 6-13 真菌的各种孢子

1) 分生孢子:分为大分生孢子和小分生孢子两种。由多个细胞组成的体积较大而呈梭状、棍棒状或梨状的称为大分生孢子;由一个细胞构成的体积较小而呈球形、卵圆形、梨形及短棍棒状的称为小分生孢子。

2) 叶状孢子:由菌丝内细胞直接形成,包括芽生孢子、厚膜孢子和关节孢子三种。

3) 孢子囊孢子:菌丝末端膨大呈囊状,内含许多孢子,孢子成熟则破囊而出。

2. 培养特性 营养要求不高,最适 pH4～6,最适温度 22～28℃,深部真菌为

37℃。常用含蛋白胨、葡萄糖的沙保(Sabouraud)培养基培养。一般生长缓慢,需培养1~4周才能形成酵母型菌落或丝状菌落。前者外观似细菌菌落,是单细胞真菌的菌落形式,见于新型隐球菌和白色念珠菌形成的菌落;后者呈绒毛状、棉絮状、粉末状或颗粒状等,是多细胞真菌的菌落形式,由菌丝体组成,并能显出各种不同的颜色,是鉴定真菌的依据之一。

3. 抵抗力 对干燥、日光、紫外线及多种化学消毒剂有较强的抵抗力。对热抵抗力不强,60℃ 1h 可被杀死;对作用于细菌的抗生素不敏感,灰黄霉素、制霉菌素、两性霉素 B、酮康唑等对某些真菌有抑制作用。

(二)感染与免疫

1. 感染 可通过多种方式感染致病。

(1) 致病性真菌感染:主要为外源性感染,包括浅部真菌感染和深部真菌感染。皮肤癣菌感染是由于这些真菌有嗜角质性,在皮肤局部大量繁殖后,通过机械性刺激和代谢产物的作用,引起局部的炎症和病变。深部真菌感染是被吞噬细胞吞噬后在胞内繁殖,引起组织慢性肉芽肿性炎症和组织坏死。

(2) 条件致病性真菌感染:主要为内源性感染,如白色念珠菌病。当机体免疫功能降低及菌群失调时引起感染,给临床治疗带来很大困难。近年来此类感染有增多趋势。

(3) 真菌毒素中毒:某些真菌如黄曲霉菌、镰刀菌、节菱孢菌等在其生长繁殖过程中可产生毒素,有些真菌则本身即有毒性,人及牲畜误食后可引起中毒,如霉变食物中毒、赤霉病麦中毒、霉甘蔗中毒、毒菇食物中毒等。

(4) 真菌变态反应性疾病:各种真菌孢子或其代谢产物可作为变应原引起超敏反应,如曲霉菌、青霉菌、镰刀菌等污染空气环境,引起荨麻疹、接触性皮炎、哮喘、过敏性鼻炎等。

(5) 真菌毒素与肿瘤:真菌的某些毒素与肿瘤有关,如黄曲霉毒素可诱发肝癌。

“霉女”被破译

山东一名 20 岁的女学生曲某被“怪疹”缠身 9 年未能确诊,致使全身多脏器“发霉”,生命垂危。目前该病已破译。

曲某 11 岁时,鼻梁上突然冒出一片红色斑疹,逐渐扩大到面、颈、四肢,反复发炎、化脓、增生、感染,时常高热不退,伴全身黄疸。她四处求医,大量使用激素及抗生素,病情不但未见好转,反而进一步恶化,致使肝、脾、肾、肠道、阴道等多脏器染菌“发霉”,被迫摘除胆囊。2002 年 3 月病情恶化,持续高热 160 余天,住进北京军区总医院。经皮损及肝穿活检特殊染色,发现大量真菌孢子,初步诊断为深部真菌感染。

为确定病原菌,标本送至多家医院培养鉴定,最终经中国科学院微生物研究所国家菌种鉴定中心和日本千叶大学真菌与微生物中毒病原研究中心确定为“阿萨希丝孢酵母菌”,该菌国外近几年才单独立户,我国尚无记载。由于多方援助,经过 8 个多月的精心治疗,患者病情得到了有效控制。

该菌属于皮肤毛孢子菌,是条件致病菌,一般不致病。本病例病程漫长、多脏器播散且没有明确的基础病变,实属国际罕见,是一个有待揭开的谜。

2. 免疫 机体对真菌的免疫包括非特异性免疫和特异性免疫。

(1) 非特异性免疫:皮脂腺分泌的不饱和脂肪酸具有杀真菌作用,学龄前儿童皮脂腺发育尚未完善,故易患头癣。另外,正常菌群的拮抗作用和吞噬细胞的吞噬作用均在抗真菌的非特异性免疫中发挥着重要作用。

(2) 特异性免疫:真菌感染后可刺激机体产生细胞免疫和体液免疫,细胞免疫在抗真菌感染中起重要作用。

(三)微生物学检查与防治原则

1. 微生物学检查 浅部真菌感染可取病变部位皮屑、毛发、指(趾)甲屑等标本检查;深部真菌感染可根据病情取痰、脑脊液检查。多采用直接镜检,直接镜检不能确诊时应做真菌培养。血清学检查可辅助诊断。

2. 防治原则 预防皮肤癣菌感染主要是注意清洁卫生,保持鞋袜干燥,不共用鞋袜,避免直接或间接与患者接触;预防深部真菌感

染，首先要除去诱发因素，提高机体免疫力，对应用免疫抑制剂、肿瘤、年老体弱者更应注意防止并发真菌感染。

浅部真菌感染可用复方达克宁霜剂等治疗，深部真菌感染常用两性霉素 B、制霉菌素、酮康唑等治疗。

二、主要病原性真菌

病原性真菌按其侵犯的部位和临床表现不同分为浅部感染真菌、深部感染真菌、皮下组织感染真菌三类。

案例 6-3

患者，男，48 岁。双脚脚趾间发痒、疼痛、起水疱、流水月余。体检：双脚第 3、4、5 脚趾间有水疱、糜烂、渗出、浸渍呈白色，周围皮肤红肿，伴有异味。

思考题

1. 考虑什么病？
2. 怎样进一步确诊？
3. 如何治疗

(一) 浅部感染真菌

主要指皮肤丝状菌或称为皮肤癣菌(*Dermatophytes*)，包括毛癣菌(*Trichophyton*)、表皮癣菌(*Epidermophyton*)和小孢子癣菌(*Microsporum*)三个属。

1. 生物学特性 毛癣菌镜下可见细长棒状的薄壁大分生孢子和葡萄状或梨状的小分生孢子，菌丝可为螺旋状、球拍状、鹿角状和结节状。菌落为灰白、红、橙或棕色，表面呈绒毛状、粉粒状或蜡样。

絮状表皮癣菌镜下可见卵圆形或粗棒状薄壁大分生孢子和球拍状菌丝，陈旧培养物中还可见有厚膜孢子。菌落初为白色鹅毛状，以后转变为黄绿色粉末状。

小孢子癣菌镜下可见厚壁梭形大分生孢子和菌丝侧支末端的卵圆形小分生孢子，菌丝可为结节状、梳状和球拍状。菌落为灰色、橘红色或棕黄色，由绒毛状逐渐变至粉末状。

2. 感染 属外源性感染，通过与癣病患者或带菌动物狗、猫等接触而感染。皮肤癣菌具嗜角质蛋白的特性，侵犯部位仅限于角化的皮肤、毛发和指(趾)甲，引起各种癣病，皮肤癣特别是手足癣是人类最多见的真菌病。一种癣菌可引起机体不同部位的感染，而同一部位的病变也可由不同癣菌引起。絮状表皮癣菌是人类体癣、股癣、足癣和甲癣的主要病原菌，不侵犯毛发；毛癣菌一般引起皮肤、毛发和甲板感染；小孢子癣菌主要侵犯毛发和皮肤引起头癣与体癣。

3. 微生物学检查 可取病变部位皮屑、毛发、指(趾)甲屑等标本，经 10%KOH 微加温处理使被检标本软化，压盖玻片，再用低倍镜或高倍镜检查，如看到菌丝和成串的孢子可初步诊断。皮肤、毛发标本也可先经 70%乙醇或 2%苯酚浸泡 2～3min 杀死杂菌、洗净，接种含抗生素的沙保培养基，置 25℃培养，每周观察 2～3 次，通常于 7～14d 生长良好；然后根据菌落特征，再做小培养，于镜下观察菌丝、孢子特征进行鉴定。

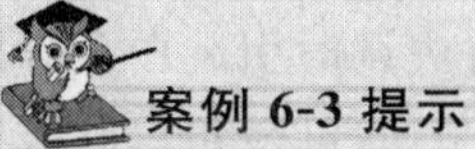

案例 6-3 提示

患者，双脚脚趾间发痒、疼痛、起水疱、流水，体检发现双脚第 3、4、5 脚趾间有水疱、糜烂、渗出、浸渍呈白色，周围皮肤红肿，伴有异味。

依症状、体征初诊为足癣。取病变部位的皮屑直接涂片镜检癣菌菌丝和孢子、分离培养等进一步确诊。可酌情选用抗真菌药物如苯甲酸搽剂、咪康唑、克霉唑、酮康唑霜、咪康唑(达克宁)乳膏等治疗。

(二) 深部感染真菌

指侵犯深部组织和内脏的真菌。能引起深部感染的真菌有两大类：致病性真菌与条件致病性真菌。致病性真菌主要有组织胞浆菌、球孢子菌、副球孢子菌和芽生菌，多见于美洲，我国罕见。条件致病性真菌主要有念珠菌、隐球菌、曲霉菌和毛霉菌等，是正常菌群，只有当宿主抵抗力降低时才能致病，可发生在糖尿病、恶性肿瘤、血液病、大面积烧伤、严重营养不良、使用激素或免疫抑制剂及菌群失调的患者。

1. 白假丝酵母菌 白假丝酵母菌(candida albicans)通常称为白色念珠菌，是念珠菌属中主要的条件致病菌，为人体正常菌群，可存在于正常人的口腔、上呼吸道、阴道及肠道内。

(1) 生物学特性：呈圆形或椭圆形，直径3～

6μm,着色不均匀。可出芽形成芽生孢子,孢子伸长成芽管,不与母细胞脱离,形成丝状称为假菌丝。革兰染色阳性。营养要求不高,在沙氏培养基中 37℃24～48h 形成类酵母型菌落;在玉米粉培养基中可长出厚膜孢子。假菌丝和厚膜孢子有助于白色念珠菌的鉴定(图 6-14,彩图 23)。

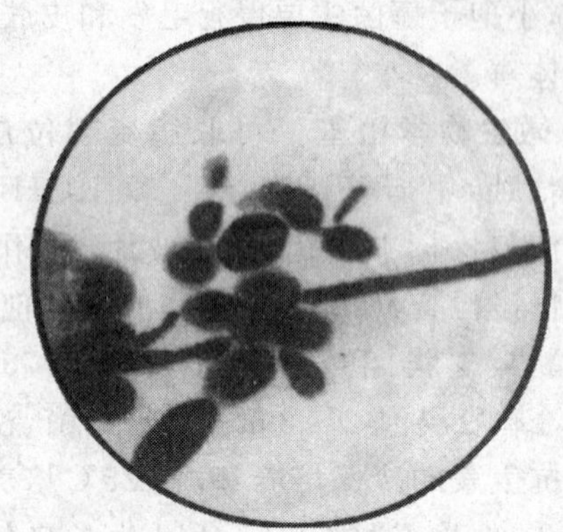

图 6-14 白色念珠菌

(2) 感染与免疫:可侵犯人体许多部位,当机体免疫功能低下或菌群失调时引起白色念珠菌病。①皮肤、指甲念珠菌病:可侵犯皮肤皱褶潮湿处形成有分泌物的糜烂病灶,侵犯指甲、甲沟等处引起炎症。对念珠菌过敏的人,皮肤上可出现变态反应性念珠疹,症状很像皮肤癣菌疹或湿疹。②黏膜念珠菌病:如新生儿鹅口疮、口角糜烂、霉菌性阴道炎等。③内脏念珠菌病:如肺炎、支气管炎、食管炎、肠炎、膀胱炎、肾盂肾炎等。④中枢神经感染:主要有脑膜炎、脑脓肿等,预后不良。抗感染以细胞免疫为主。

(3) 微生物学检查:取脓、痰等标本直接镜检,皮肤病变材料用 10%KOH 处理后再镜检。镜下可见出芽的酵母型菌,有假菌丝;并需做芽管形成、厚膜孢子产生试验进行鉴定。血清学试验(ELISA 夹心法、免疫酶斑点法试验)可协助早期诊断。

2. 新型隐球菌 新型隐球菌(*Crptococcus neoformans*)又名溶组织酵母菌,广泛分布于自然界特别是土壤中,鸽粪中数量多;正常人体体表、口腔、粪便中也可分离到本菌。

(1) 生物学特性:呈圆形,直径 5～20μm,外周有厚荚膜,折光性强,一般染色不被着色而难以发现,故名隐球菌。常用优质墨汁负染后镜检,可见在黑色的背景中有圆形或卵圆形的透亮菌体,外包有一层透明的荚膜(图 6-15,彩图 24),荚膜比菌体大 1～3 倍。在沙氏培养基上 37℃3～5d 形成白色、湿润的酵母型菌落。此菌能分解尿素,以与念珠菌区别。

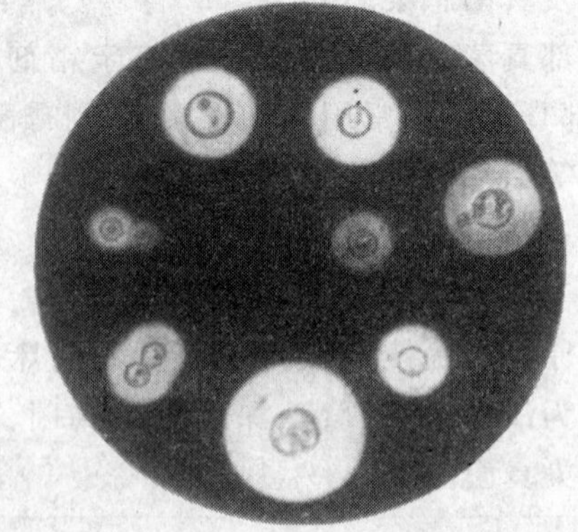

图 6-15 新型隐球菌

(2) 感染与免疫:一般为外源性感染。传染源主要为鸽子,经呼吸道感染,首先感染的部位是肺,然后可从肺扩散到皮肤、骨、心脏等其他部位引起慢性炎症和脓肿,最易侵犯的是中枢神经系统,引起慢性脑膜炎,临床表现类似结核性脑膜炎,预后不良。细胞免疫功能低下者易受感染。

(3) 微生物学检查:取可疑患者脑脊液、痰液、脓汁等标本经墨汁负染后镜检,若见带有肥厚荚膜的酵母型菌即有诊断意义。血清学诊断有高度特异性和敏感性,常用夹心 ELISA 试验或乳胶凝集试验测定患者脑脊液或血清中的荚膜多糖抗原。PCR 检测也可用来鉴定。

3. 曲霉菌 曲霉菌(*Aspergillus*)广泛分布于自然界,在沙保培养基上生长迅速,形成丝状菌落,初为白色,随着分生孢子的产生而呈各种颜色。对人致病的主要有烟曲霉菌、黄曲霉菌等,主要经呼吸道感染引起曲霉菌病,以肺曲霉菌病多见,可在肺部形成肉芽肿样的真菌球,临床表现主要是慢性气喘。另外,曲霉菌的孢子存在于发霉的干草、饲料等中可引起Ⅰ型超敏反应性疾病"农民肺"。黄曲霉菌污染花生、玉米、油粮作物产生的黄曲霉素可诱发肝癌。

4. 毛霉菌 毛霉菌(*Mucor*)广泛分布于自然界。在沙保培养基上生长迅速,形成羊毛样丝状菌落,初为白色,后转为灰黑色,可长出孢子囊孢子和有性结合孢子。一般为面包、水果和土壤中的腐生菌,不致病,在机体免疫功能低下时可引起感染。感染首先发生在鼻或耳部,以后可侵入肺部引起肺毛霉菌病,也可

引起脑炎，死亡率很高。

支原体、衣原体、立克次体、螺旋体、放线菌属原核细胞型微生物，真菌属真核细胞型微生物。

支原体是目前所知能在无生命培养基中生长繁殖最小的微生物。对作用于细胞壁的抗生素无效。肺炎支原体引起原发型非典型肺炎，是非典型肺炎中常见的病原体之一；解脲脲原体是非细菌性尿道炎较为重要的病原体之一。

衣原体是严格细胞内寄生并有独特发育周期的微生物。沙眼衣原体引起的沙眼感染率高、危害严重，是目前世界上致盲的第一位原因；性病淋巴肉芽肿衣原体引起的性病淋巴肉芽肿是常见的性病之一。

立克次体是严格细胞内寄生、以节肢动物为传播媒介的微生物。普氏立克次体引起流行性斑疹伤寒；莫氏立克次体引起地方性斑疹伤寒；恙虫病立克次体引起恙虫病，外-斐反应可辅助诊断立克次体病。

螺旋体是细长、柔软、弯曲呈螺旋状、运动活泼的微生物。钩端螺旋体经皮肤黏膜感染引起钩体病，梅毒螺旋体经性接触和垂直感染引起梅毒，回归热螺旋体经蜱传播引起回归热。

放线菌是呈分枝状生长的微生物。对人致病的主要是衣氏放线菌，在机体抵抗力低下或拔牙、口腔黏膜损伤时引起内源性感染导致软组织的慢性化脓性炎症。

真菌分单细胞真菌和多细胞真菌，后者由菌丝和孢子组成。病原性真菌分浅部真菌和深部真菌，浅部真菌经接触感染引起癣病；深部真菌如白色念珠菌多为内源性感染侵犯皮肤、黏膜及内脏，新型隐球菌主要经呼吸道感染引起慢性脑膜炎。

一、名词解释

1. 支原体 2. 衣原体 3. 立克次氏体 4. 外-斐反应 5. 硫磺样颗粒 6. 螺旋体 7. 真菌 8. 菌丝

二、选择题

A型题

1. 能够独立生活的最小微生物是
   A. 细菌　B. 支原体　C. 衣原体
   D. 立克次体　E. 病毒
2. 衣原体与细菌的不同点是
   A. 有细胞壁，可用革兰染色
   B. 对多种抗生素敏感
   C. 有独特发育周期
   D. 含有DNA、RNA两种核酸
   E. 以二分裂法增殖
3. 关于白色念珠菌，下述哪项是错误的
   A. 属于单细胞条件致病性真菌
   B. 在玉米粉培养基上可长出厚膜孢子
   C. 在沙氏培养基上形成酵母样菌落
   D. 不引起皮肤黏膜感染
   E. 属于深部真菌
4. 不能通过性接触传播的病原体是
   A. 沙眼衣原体　B. 梅毒螺旋体
   C. 解脲脲原体　D. 淋病奈瑟菌
   E. 钩端螺旋体
5. 尹某，男性，20岁，农民。高热、全身肌肉疼痛、乏力7d入院。体检：眼结膜充血，巩膜黄染，肝肋下1.5cm，腓肠肌压痛明显，腋下、腹股沟淋巴结肿大、轻度压痛。化验：尿蛋白(+)；血清总胆红素和丙氨酸转氨酶均明显升高；肥达反应TO 1∶40、TH 1∶160；外斐反应1∶80。你认为应诊断的疾病可能是
   A. 甲肝　B. 流行性出血热　C. 钩体病
   D. 伤寒　E. 风湿病
6. 一青年女性患阴道炎，曾因治疗其他疾病长期使用过激素类药物。微生物检查结果：泌尿生殖道分泌物标本革兰染色后镜检可见有假菌丝的酵母型菌，玉米粉培养基培养观察到厚膜孢子。据此资料，你认为引起阴道炎的病原体是
   A. 解脲脲原体　B. 白色念珠菌
   C. 梅毒螺旋体　D. 淋病奈瑟菌
   E. 无芽孢厌氧菌

X型题

7. 立克次体与变形杆菌哪些菌株有共同抗原
   A. OX_2　B. OX_9　C. OX_{12}
   D. OX_{19}　E. OX_k
8. 仅通过人与人密切接触而感染的微生物是
   A. 淋病奈瑟菌　B. 结核杆菌
   C. 梅毒螺旋体　D. 麻风杆菌
   E. 痢疾杆菌
9. 能发生垂直感染的病原体有
   A. 钩端螺旋体　B. 梅毒螺旋体
   C. 乙型肝炎病毒　D. 巨细胞病毒
   E. 艾滋病病毒
10. 真菌菌丝按结构可分为
    A. 营养菌丝　B. 气中菌丝
    C. 生殖菌丝　D. 有隔菌丝
    E. 无隔菌丝
11. 真菌变态反应性疾病包括
    A. 荨麻疹　B. 接触性皮炎

C. 过敏性鼻炎　D. 哮喘

E. 关节炎

12. 只能在活细胞内生长的微生物是

A. 细菌　B. 病毒　C. 支原体

D. 衣原体　E. 立克次体

三、简答题

1. 列表比较支原体、衣原体、立克次体与病毒的主要区别。

2. 简述沙眼的传播途径及防治原则。

3. 简述钩体病的传播途径及防治原则。

4. 简述真菌的致病性及防治原则。

5. 列表比较真菌孢子与细菌芽孢的区别。

（宋庆华）

医学微生物学实验

实验室规则

(1) 进实验室要穿工作衣，只准带必要的文具和教材，按规定对号入坐。

(2) 实验课前应认真预习实验内容，实验开始前应仔细听带教老师讲解、示教，明确实验目的和实验内容。

(3) 树立严谨的科学态度和文明整洁的工作习惯，室内必须保持安静、整洁和良好的工作秩序。实验应严格按老师的要求操作，如发现问题要报告指导老师；要认真仔细地观察和记录，及时写出实验报告；不得做规定以外的实验内容。

(4) 微生物实验的对象大多是病原微生物，因此要牢固树立无菌观念，严格执行无菌操作。一旦发生意外，应立即报告老师及时处理。绝对禁止吸烟和吃东西，禁止将钢笔、纸物等含入口中；不准随地吐痰、乱丢废物品。

(5) 爱护公物，节约使用实验器材。器材不得私自拆动、调换或擅自带出，如有损坏应报告老师，并进行登记。

(6) 实验完毕，按要求整理、归还器材物品，洗手后离开实验室。凡带有传染性的培养物、动物、器材等均需按要求处理，不得乱放及用水冲洗；实验用过的玻片、吸管等应放入指定的消毒缸内。留下值日生打扫卫生、整理实验桌、关好门窗水电。

实验一 细菌的形态与结构观察

学习目标

1. 认识显微镜的结构，学会显微镜油镜的使用及保护
2. 认识细菌的基本形态和特殊结构
3. 识别细菌的动力
4. 学会细菌标本制备和革兰染色

一、显微镜油镜的使用及保护（操作）

（一）材料

显微镜、香柏油、二甲苯或乙醚乙醇、擦镜纸、(自制革兰染色)球菌或大肠埃希菌标本片。

（二）方法

1. 显微镜的使用

(1) 识别镜头：显微镜的结构见实验图 1。镜头均刻有标记：目镜“7～14×”，物镜低倍“7～10×”、高倍“40～60×”，油镜“100×”。物象放大倍数为目镜×物镜。

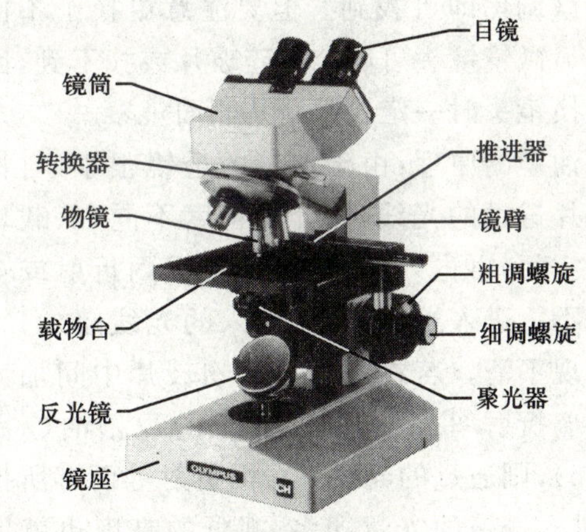

实验图 1 显微镜

(2) 采光对光：用低倍镜。打开光圈，聚光器适当升高，然后眼睛移至目镜上，转动反光镜使视野明亮即可。以天然光为光源时，宜用反光镜的平面；以人工光为光源时，宜用反光镜的凹面。如用油镜观察，光线宜强，可将光圈开大，聚光器上升与载物台相平；如用低倍镜或高倍镜观察，光线宜暗些，可适当关小光圈或下降聚光器；如看不染色标本或细菌动力，光线宜暗。但无论是观察标本前还是标本后，都要注意调节光线强度，以获得最适合的

光线，达到最佳的效果。

(3) 固定标本：升高镜筒，先用肉眼观察标本的正反面，将标本玻片正面朝上夹于移动器上，并将欲检查的部分移至载物台光孔的中央。

(4) 调焦：两种方法。

1) 直接用高倍镜或油镜：用油镜则先加香柏油一滴于标本的欲检部分。眼睛从镜筒侧面看镜头，用手将粗调螺旋顺时针方向缓缓转动使镜筒渐渐下降，直至油镜头浸没于油内，几乎与标本接触，但切勿相撞。然后眼睛移至接目镜，一面观察，一面再将粗调螺旋反时针方向缓缓转动，看到模糊物像后，换用细调螺旋转动至物像清晰为止。如镜头已离开香柏油而找不到物像时，则必须按上述方法重复进行。切记不能眼不离目镜而下放镜头，以免压碎玻片，甚至将贵重的油镜损毁。

2) 先低倍镜后高倍镜或油镜：是一种简捷的方法。低倍镜下用粗调螺旋调焦找到视野并选择染色涂片均匀部分置于中央。然后，眼睛从镜筒侧面看镜头，转换高倍镜或油镜(用油镜需在标本上加一滴香柏油)用细调螺旋稍微调焦即可找到。但要注意更换了不同型号显微镜镜头可能会压碎玻片或找不到，因此转换镜头时一定要眼睛从侧面观察。

油镜的原理：由于油镜的透镜很小，自标本玻片透过的光线，因介质密度不同(从载玻片到空间，再进入油镜)有些光线因折射或全反射不能进入透镜，致使射入的光线较少，物像显现不清。若在油镜与载物玻片中间加入和玻璃折射率($n=1.52$)相近的香柏油($n=1.515$)，则通过的光线不会因折射等而有所损失，进入透镜的光量即多，视野的亮度也就增大(实验图2)。此外，加香柏油尚能增加孔径数，提高显微镜的分辨本领。

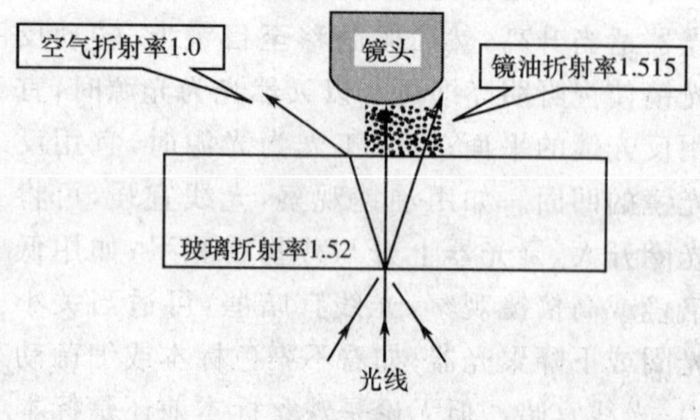

实验图2　油镜的原理

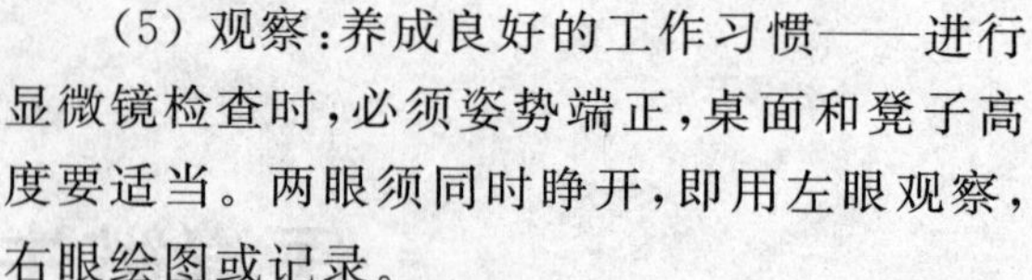
(5) 观察：养成良好的工作习惯——进行显微镜检查时，必须姿势端正，桌面和凳子高度要适当。两眼须同时睁开，即用左眼观察，右眼绘图或记录。

2. 显微镜的保护

(1) 显微镜是精密贵重仪器，使用时要小心，勿随意拆散玩弄，更不能随意调换。搬运显微镜时应一手握镜臂，一手托镜座，放于胸前，并注意保护好反光镜，轻拿轻放。放置桌面应离边缘5cm，最好直立，勿将镜臂弯曲过度，以免摔坏。观察活菌液标本或使用油镜时，载物台不可倾斜，以免油滴或菌液外溢。

(2) 物镜和目镜须经常保持清洁：油镜用毕，应立即用擦镜纸拭去香柏油。若油已干或透镜模糊不清，可用擦镜纸沾少许二甲苯擦净，并用干净擦镜纸拭去二甲苯，以免镜头上的胶质被二甲苯溶解脱落。

(3) 强酸、强碱、氯仿、乙醇、乙醚等能去漆或损坏机件，不可使用。

(4) 显微镜用毕，取下标本，用擦镜纸拭去油镜油，将物镜转成倒“八”字形，镜筒下移至最低点，下降聚光器。登记使用前后的情况，对号归位。

(5) 显微镜放置的地方要干燥，以免透镜生霉；要避免阳光直晒或靠近火炉，以免脱胶。

二、细菌的形态与结构观察(示教)

(一) 材料

1. 细菌形态标本片　葡萄球菌、链球菌，大肠埃希菌、痢疾杆菌，霍乱弧菌。

2. 细菌结构标本片　肺炎球菌或产气杆菌荚膜，伤寒沙门菌周鞭毛，破伤风梭菌芽孢。

3. 其他　显微镜、香柏油、二甲苯、擦镜纸。

(二) 方法

1. 基本形态观察　油镜观察细菌形态、大小、排列、颜色等。

2. 特殊结构观察　油镜观察细菌特殊结构的形态、大小、数量、位置及其与菌体的关系、颜色等。

三、细菌的动力检查法(示教)

(一) 材料

大肠埃希菌或葡萄球菌幼龄(8～12h)肉汤培养物，玻片、凹玻片、盖玻片、接种环、凡士林、酒精灯，显微镜。

(二) 方法

1. 压滴法

(1) 采菌：取玻片1张，用接种环按无菌操作要求取大肠埃希菌或葡萄球菌菌液2～3环置于玻片中央。

(2) 压滴：用镊子取盖玻片轻轻盖上。放置盖玻片时，应先使一边与菌液接触，然后缓缓放下，以免产生气泡。

(3) 镜检：置标本于载物台上，将聚光器下降，光圈稍缩小，用低倍镜找准位置后换高倍镜观察。鞭毛菌在液体中有活泼的大范围移位运动(快速有方向性)，无鞭毛菌仅有位置不变的布朗运动(无方向性的摆动)。

2. 悬滴法

(1) 采菌：取盖玻片1张，四周涂抹凡士林少许；用接种环按无菌操作要求取大肠埃希菌或葡萄球菌菌液2～3环置于盖玻片中央。

(2) 悬滴：取凹玻片1张将其反转，使凹窝对准盖玻片中心，复于其上、黏住盖玻片后再反转，以接种环柄轻压盖玻片使与凹窝边缘黏紧。

(3) 镜检：与压滴法相同。注意镜检时先用低倍镜找到悬滴的边缘再换高倍镜观察。

四、采菌法(示教)

(一) 材料

葡萄球菌、大肠埃希菌琼脂斜面18～24h培养物，生理盐水，玻片、接种环(针)、试管架，酒精灯。

(二) 方法

(1) 左手持细菌培养物试管，先转松棉塞。

(2) 右手持接种环烧灼灭菌，注意接种环插入试管的金属部分也要通过火焰2～3次灭菌。

(3) 持环的右手同时用手掌和小指挟去棉塞，管口通过火焰灭菌。

(4) 环入管内，在管壁冷却。

(5) 轻轻取一环菌退出，注意不要划破琼脂、碰到管壁。

(6) 管口重新通过火焰灭菌后塞好棉塞放回试管架。

(7) 所取菌涂到玻片上，然后灭菌接种环放回试管架。

五、细菌涂片标本的制备及革兰染色(操作)

(一) 材料

葡萄球菌、大肠埃希菌琼脂斜面18～24h培养物，生理盐水、吸管，甲紫染液、Gram碘液、95%乙醇溶液、苯酚复红稀释液，玻片、接种环(针)、酒精灯、试管架，显微镜、香柏油、二甲苯、擦镜纸。

(二) 方法

1. 制片

(1) 标记：取洁净玻片1张，用蜡笔分成两格并做好标记。

(2) 涂菌：在玻片两端各加1/3～1滴生理盐水；将接种环在酒精灯上烧灼灭菌，冷却后分别取葡萄球菌、大肠埃希菌少许置生理盐水中轻轻涂成直径1cm大小的均匀薄膜(若为液体培养物，生理盐水可勿加而直接取1～2环菌液即可)，接种环用后烧灼灭菌放回试管架。

(3) 干燥：涂片最好在室温中令其自然干燥；必要时可将标本面向上，小心断续地在弱火高处略烘，以助水分蒸发，但勿紧靠火焰高温，以免细菌烤焦变形。

(4) 固定：手执玻片的一端，标本面朝上在火焰外层快速地来回通过3次，共约2～3s，以玻片反面触及皮肤不觉过烫为度，放置冷却后进行染色。固定的目的是杀死细菌，使菌体与玻片黏附较牢以及改变对染液的通透性，保证染色时不致被染液和水冲掉而且易被染色。

(5) 保存：每次镜检后用擦镜纸蘸二甲苯

轻轻将镜油擦去即可。如需长期保存,最好在标本中央加一滴加拿大树脂,上覆盖一洁净盖玻片,待其自然干燥后保存于标本盒内,可多年不变色。

2. 染色

(1) 初染:加甲紫染液 1～2 滴盖满涂抹面染 2min,用水从侧端缓缓冲洗玻片后沥干。

(2) 媒染:加 Gram 碘液 1～2 滴盖满涂抹面染 1min,如上法水洗沥干。

(3) 脱色:在 95%乙醇缸中脱色 3～5s 后拿出玻片使乙醇自玻片流下,如此反复 2～3 次,直至流下的乙醇略呈淡紫色为止,再如上法水洗沥干。

(4) 复染:加苯酚复红稀释液 1～2 滴盖满涂抹面染半分钟,再如上法水洗沥干。

3. 镜检 待自然干燥或吸干(将标本夹于吸水纸内用手轻压吸干,不得左右摩擦)后油镜观察细菌大小、形态、排列及颜色等。紫蓝色为阳性,红色为阴性。

六、实验报告

(1) 绘出革兰染色后油镜下细菌形态图,注明染色性,并分析结果。

(2) 总结显微镜的使用技巧。两种调焦方法哪种好?

(3) 细菌形态和结构示教片中是否都是革兰染色?归纳它们的革兰染色性。

实验二 细菌的培养与生化反应鉴定

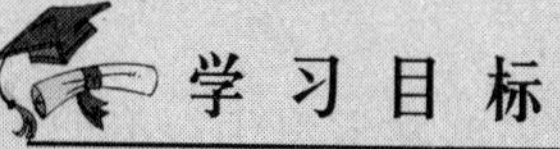

学习目标

1. 列出培养基的制备过程
2. 初步学会细菌的接种培养方法及结果观察
3. 归纳细菌的生化鉴定方法及意义

一、常用培养基的制备(示教)

(一) 材料

牛肉膏、蛋白胨、氯化钠、蒸馏水、血液、琼脂,试管、烧杯、天平、铝锅、电炉、高压蒸汽灭菌器、恒温培养箱,比色管(器)、比色架、吸管、氢氧化钠溶液、酚红指示剂。

笔记栏

(二) 方法

1. 肉(膏)汤培养基的制备 用于增菌和保存菌种。

(1) 配料:牛肉膏 3～5g、蛋白胨 10g、氯化钠 5g、蒸馏水 1000ml。将这些配料用天平称好加入一大烧杯中。

(2) 熔化:用玻璃棒搅拌溶解,必要时加热促其熔化。

(3) 测定及矫正 pH 值:用比色器测定并以 0.1mol/L 氢氧化钠校正酸碱度至 pH7.4～7.6。方法如下:

1) 加样:取 3 支和标准比色管相同的空白比色管,按实验图 3 插入比色架孔内并加入不同溶液。

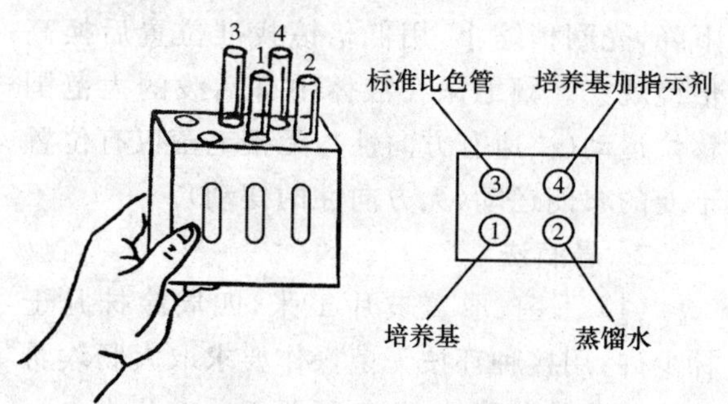

实验图 3 pH 比色示意图

2) 比色:举起比色架对光观察。

3) 矫正:若管 3 色调不同(呈酸性时)则徐徐滴加 0.1mol/L 氢氧化钠溶液,使与标准管相同为止,读记用去的氢氧化钠溶液量。

设 5ml 培养基需加 0.1mol/L 氢氧化钠溶液 0.5ml,则 1000ml 培养基应加 0.1mol/L 氢氧化钠 100ml,亦即 1mol/L 氢氧化钠 10ml 方可成为 pH7.4～7.6 的培养基。计算式:

$$5:0.5=1000:X$$

$$X=\frac{1000\times 0.5}{5}=100\text{ml}$$

(4) 滤过:酸碱度调整后加热煮沸 10min,滤纸滤过,补足失水。

(5) 分装:分装于烧瓶或试管中,瓶口或管口加塞棉塞。

(6) 灭菌:包装后置高压蒸汽灭菌器内 103.4kPa 压力下灭菌 15～20min。

(7) 无菌试验、备用:灭菌后置 37℃温箱孵育 24h,如无细菌生长即可应用。

2. 普通琼脂(固体)培养基的制备 琼脂平板用于细菌分离培养;固体斜面培养基用于增菌和保存菌种。

(1) 配料:加 2~3g 琼脂至 100ml 矫正好 pH 的肉(膏)汤培养基内。

(2) 熔化:加热熔化。

(3) 过滤:以脱脂棉过滤使除去杂质,补足失水。

(4) 分装:分装于烧瓶或试管中,瓶口或管口加塞棉塞。

(5) 灭菌:包装后置高压蒸汽灭菌器内 103.4kPa 压力下灭菌 15~20min。

(6) 倒琼脂平板:趁热立即倾入无菌平皿中(9cm 直径),每平皿需加培养基 15~20ml,冷却后即成。制作琼脂斜面培养基时用 15mm×150mm 试管,内装培养基 5ml 倒成斜面即成。

(7) 无菌试验、备用:灭菌后置 37℃温箱孵育 24h,如无细菌生长即可应用。

3. 肉汤琼脂半固体培养基的制备 用于观察细菌的动力和保存菌种。

加 0.2~0.5g 琼脂至 100ml 矫正好 pH 的肉(膏)汤培养基内,熔化、过滤、分装、灭菌、无菌试验、备用等步骤与普通琼脂(固体)培养基的制备相同。

4. 血液琼脂培养基(血平板)的制备 可供营养要求较高的肺炎球菌、链球菌等培养用。

将已灭菌的普通琼脂培养基(pH7.4~7.6)100ml 隔水加热熔化,冷至 50℃左右,以无菌操作加入 10%脱纤维兔(或羊)血液(临用前置 37℃水箱预温)8~10ml,轻轻摇匀(勿产生气泡)倾注到平皿内,每一平皿(直径 9cm)13~15ml,或分装试管制成斜面。待凝固后抽样于 37℃温箱孵育 24h,如无细菌生长置冰箱中备用。

二、细菌的培养法(操作或示教)

(一) 平板分区画线接种培养法

用于分离细菌。

1. 材料 葡萄球菌和大肠埃希菌混合液、琼脂平板、接种环、酒精灯、试管架、恒温培养箱等。

2. 方法

(1) 标记:在平板底部分好 4 个区,并在其侧面贴上标明菌种、姓名、日期的小标签。

(2) 采菌:用接种环无菌操作取一环菌液。

(3) 画线:①左手抓握琼脂培养基,并用手轻轻推开皿盖。操作时靠近火焰以免空气中杂菌落入。②右手握持沾菌的接种环连续来回画线直至平板的 1/4~1/5(第 1 区)。③旋转平板 80°~90°左右,烧灼接种环以杀灭环上存留的菌液,待冷却(环是否冷却,可先在平板培养基的边缘空白处接触一下,若琼脂熔化表示尚未冷却,宜再等待,复试之),将接种环通过第一区画线处作同样连续画线于平板第 2 区,即第 2 区画线与第 1 区画线开始时相交 2~3 条;画毕再用火焰灭菌,冷却后用同样的方法画线于第 3 区、第 4 区或第 5 区(实验图 4)。

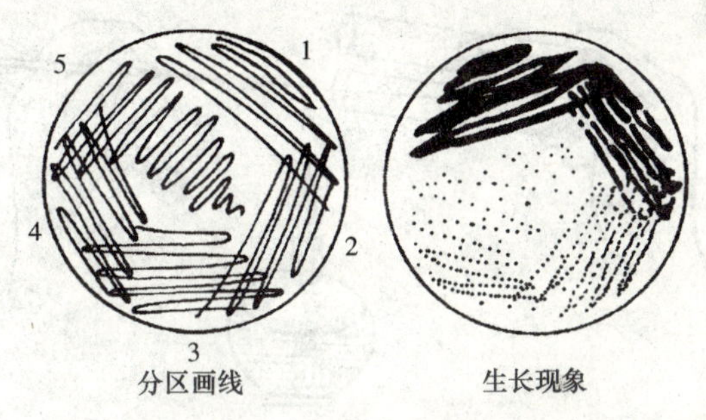

实验图 4 平板分区画线接种法

(4) 培养:画线完毕盖好平皿使培养皿倒放于指定位置,集中送 37℃温箱培养 18~24h。

(5) 观察:各区细菌菌落、菌苔生长情况不一,注意菌落的数量及特征。菌落特征包括形态、大小、边缘、表面、色泽、透明度、溶血情况等。

3. 注意事项

(1) 无菌操作。

(2) 画线时接种环与平板表面成 30°~45°角轻轻接触,以腕力在平板行轻快的滑移动作,切勿划破琼脂(培养基)。

(3) 每次画线完后都要灭菌,但不要再取菌(只开始时取菌一次);画线时后一区开始要与前一区相交 2~3 条,以后可不相交;画线要密度均匀而不能重叠,要连续而不能中断。

(二) 斜面培养基接种培养法

主要用于纯培养(增菌培养)、鉴别培养和保存菌种。

1. 材料　大肠埃希菌琼脂斜面18～24h培养物,琼脂斜面培养基(管),接种环、酒精灯、试管架、恒温培养箱等。

2. 方法

(1) 标记:取一肉汤培养基管贴好标明菌种、姓名、日期的小标签。

(2) 采菌:左手持菌种管和肉汤培养基管使菌种管位左而培养基管位右,斜面均向上;右手持接种环并挟去棉塞按采菌法的要求无菌操作取菌,管口灭菌后塞回棉塞。

(3) 接种:右手执沾有大肠埃希菌培养物的接种环,另用手掌和小指拔出斜面培养基管的棉塞,管口迅速通过火焰灭菌,将接种环由斜面自下而上画一直线,然后再沿直线由下蜿蜒向上画线(实验图5)。

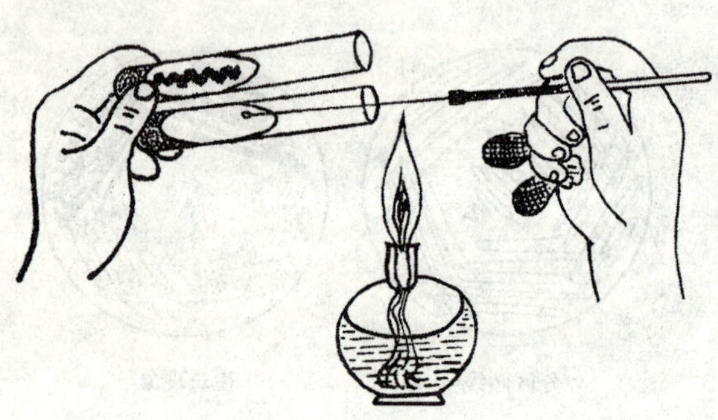

实验图5　斜面培养基接种法

(4) 培养:接种完毕将接种环灭菌后放回,试管口迅速通过火焰灭菌,塞紧棉塞,置37℃温箱培养18～24h。

(5) 观察:细菌生长情况,如菌苔颜色、透明度等。

(三) 液体培养基接种培养法

主要用于增菌和鉴别培养。

1. 材料　大肠埃希菌琼脂斜面18～24h培养物,肉汤培养基(管),接种环、酒精灯、试管架、恒温培养箱等。

2. 方法

(1) 标记、采菌:与斜面培养基接种培养法相同。

(2) 接种:右手执沾有大肠埃希菌培养物的接种环,另用手掌和小指拔出斜面培养基管的棉塞,管口迅速通过火焰灭菌,将接种环移至肉汤管,在接近液面上方轻轻研磨,并沾少许肉汤调和,使菌液混于肉汤中(实验图6)。

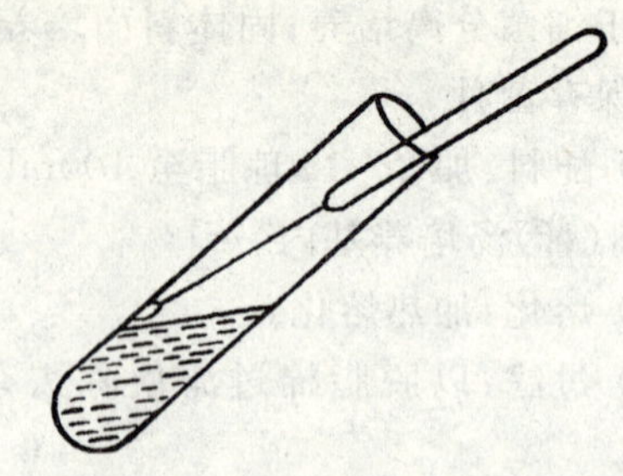

实验图6　液体培养基接种法

(3) 培养:与斜面培养基接种培养法相同。

(4) 观察:细菌生长情况,如混浊、沉淀、表面菌膜等。

(四) 半固体培养基接种培养法

主要用于检查细菌动力(鉴别培养)和保存菌种。

1. 材料　大肠埃希菌和痢疾杆菌琼脂斜面18～24h培养物、半固体培养基(管)、接种针、酒精灯、试管架、恒温培养箱等。

2. 方法

(1) 标记、采菌:与斜面培养基接种培养法相同。

(2) 接种:右手执沾有大肠埃希菌或痢疾杆菌培养物的接种环,另用手掌和小指拔出斜面培养基管的棉塞,管口迅速通过火焰灭菌,将接种环垂直刺入半固体培养基中央,深入管底至3/4处,然后再循原路退回(实验图7)。

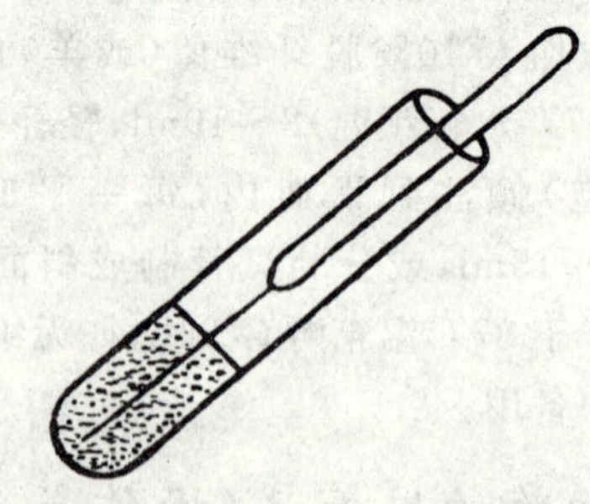

实验图7　半固体培养基接种法

(3) 培养:与斜面培养基接种培养法相同。

(4) 观察:细菌生长情况,即穿刺线是否清晰。

三、细菌的生长现象和代谢产物观察(示教)

(一) 生长现象观察

1. 在固体培养基中的生长现象

(1) 材料:金黄色葡萄球菌、大肠埃希菌普通琼脂平板 18～24h 培养物。

(2) 方法:观察菌落的形态、大小、边缘、表面、色泽、透明度和菌苔等。

2. 在普通斜面培养基中的生长现象

(1) 材料:金黄色葡萄球菌、铜绿假单胞菌、大肠埃希菌普通琼脂斜面 18～24h 培养物。

(2) 方法:观察菌苔颜色、透明度等。

3. 在肉汤培养基中的生长现象

(1) 材料:大肠埃希菌、链球菌、枯草杆菌肉汤 18～24h 培养物。

(2) 方法:观察培养基是否均匀混浊(大肠埃希菌)、沉淀(链球菌)、表面菌膜(枯草杆菌)生长。

4. 在半固体培养基中的生长现象

(1) 材料:大肠埃希菌、葡萄球菌半固体培养基 18～24h 培养物。

(2) 方法:观察培养基中穿刺线是否清晰。大肠埃希菌有鞭毛,沿穿刺线扩散生长,穿刺线模糊;葡萄球菌无鞭毛,沿穿刺线生长,穿刺线清晰。

(二) 代谢产物观察

1. 分解代谢产物——生化反应鉴定试验

(1) 糖发酵试验:

1) 材料:大肠埃希菌、伤寒沙门菌、痢疾杆菌琼脂斜面 18～24h 培养物,乳糖发酵管 3 支,微型小试管。

2)方法:

a. 接种:分别将大肠埃希菌、伤寒沙门菌、痢疾杆菌接种到 3 支放有倒置微型小试管的乳糖发酵管内。

b. 培养:37℃孵育 18～24h。

c. 观察:糖发酵管所用指示剂为溴甲酚紫,碱性呈紫色,酸性呈黄色。细菌如能分解乳糖,产酸溶液变颜色,产气则乳糖发酵管内倒放的微型小试管中有气泡出现。

(2) V-P 试验:

1) 材料:大肠埃希菌、产气杆菌琼脂斜面 18～24h 培养物,葡萄糖蛋白胨水 2 支,40%氢氧化钾溶液、6%α-茶酚乙醇溶液、毛细吸管。

2) 方法:

a. 接种:分别将大肠埃希菌、产气杆菌接种到 2 支蛋白胨水培养基中。

b. 培养:37℃孵育 48h。

c. 加样:分别滴加 6%α-茶酚乙醇溶液及 40%氢氧化钾溶液各 10 滴,静置 5～10min。

d. 观察:红色为阳性,无变色为阴性。

(3) 甲基红试验:

1) 材料:大肠埃希菌、产气杆菌琼脂斜面 18～24h 培养物,葡萄糖蛋白胨水 2 支,甲基红试剂、毛细吸管。

2) 方法:

a. 接种:分别将大肠埃希菌、产气杆菌接种到 2 支蛋白胨水培养基中。

b. 培养:37℃孵育 48h。

c. 加样:分别滴加甲基红试剂 2～3 滴。

d. 观察:(可立即观察)红色为阳性,橘黄色为阴性。

(4) 靛基质(吲哚)试验:

1) 材料:大肠埃希菌、产气杆菌琼脂斜面 18～24h 培养物,葡萄糖蛋白胨水 2 支,靛基质试剂(对二甲基氨基苯甲醛)、毛细吸管。

2) 方法:

a. 接种:分别将大肠埃希菌、产气杆菌接种到 2 支蛋白胨水培养基中。

b. 培养:37℃孵育 24～48h。

c. 加样:每管沿管壁分别滴加靛基质试剂 5ml,静置 2min。

d. 观察:在指示剂与培养基液接触面呈玫瑰红色者为阳性,无变色者为阴性。

(5) 硫化氢试验:

1) 材料:大肠埃希菌、副伤寒沙门菌琼脂斜面 18～24h 培养物,醋酸铅培养基 2 支。

2) 方法:

a. 接种:分别将大肠埃希菌、副伤寒沙门菌穿刺接种到 2 支醋酸铅培养基中。

b. 培养: 37℃孵育 24h。

c. 观察:穿刺线部位呈黑色为阳性,不变色为阴性。

(6) 枸橼酸盐利用试验:

1) 材料：大肠埃希菌、产气杆菌琼脂斜面18～24h培养物，枸橼酸盐培养基2支。

2) 方法：

a. 接种：分别将大肠埃希菌、产气杆菌接种到2支枸橼酸盐培养基中。

b. 培养：37℃孵育24h。

c. 观察：培养基颜色由绿色变为深蓝色者为阳性，不变色者为阴性。

2. 合成代谢产物——色素

(1) 材料：铜绿假单胞菌、金黄色葡萄球菌琼脂斜面18～24h培养物，琼脂斜面培养基2支。

(2) 方法：

a. 接种：按无菌操作将铜绿假单胞菌、金黄色葡萄球菌分别接种到2支琼脂斜面培养基中。

b. 培养：37℃孵育24～72h。

c. 观察：铜绿假单胞菌产生水溶性绿色色素，使整个培养基变绿色；金黄色葡萄球菌产生脂溶性金黄色色素，使菌落变成金黄色。

四、实验报告

1. 写出培养基的制备过程。
2. 记录琼脂平板画线接种后细菌培养结果并分析。
3. 记录细菌在培养基中的生长现象及代谢产物。

实验三 消毒灭菌

学习目标

1. 初步学会消毒灭菌方法
2. 认识常用的消毒灭菌器
3. 验证紫外线的杀菌作用
4. 说出煮沸消毒、高压蒸汽灭菌的方法及意义

一、物理消毒灭菌法

(一) 干热灭菌法(护理专业操作)

1. 材料

(1) 酒精灯、接种环(针)、手术剪等烧灼灭菌的金属物品，培养皿、试管、吸管、凡士林等干烤灭菌物品，琼脂平板，恒温培养箱。

(2) 干烤箱：干烤箱由双层铁板制成的方形金属箱，外壁内层装有隔热的石棉板，底部有电热装置；顶上有多数侧孔及一中央孔，侧孔供空气流通，中央孔安插温度计；箱前有铁门和玻璃门；箱内有金属板架数层；电热烤箱的前下方装有温度调节器，可以保持所需的恒定温度；有的有鼓风装置，以使箱内温度均匀；另外还有电开关和指示灯。

2. 方法

(1) 烧灼灭菌：让接种环(针)在酒精灯上烧灼灭菌，注意与采菌法一样先烧灼近环的部分，再烧灼环，然后烧灼其他部分，金属柄亦应在火焰外层来回通过3～5次。

(2) 干烤灭菌：

1) 放物：灭菌时将培养皿、平板、试管、吸管等待灭菌物品包装后放入箱内。

2)灭菌：闭门通电(红色指示灯亮)加热，使温度上升到160～170℃(不可超过180℃，否则棉塞与包扎纸张将被烧焦)，维持2h。

3) 降温取物：到达时间后停止加热，待温度下降到40℃以下方可开门取物(否则冷空气突然进入，易引起玻璃器皿的炸裂；且热空气外溢往往会灼伤取物者的皮肤)。

(二) 湿热消毒灭菌法(操作)

1. 煮沸消毒法

(1) 材料：枯草芽孢杆菌、大肠埃希菌肉汤培养管，铝锅、电炉，恒温培养箱。

(2) 方法：

1) 消毒：枯草芽孢杆菌、大肠埃希菌肉汤培养管放入铝锅内，加水后通电加热煮沸(100℃)，维持5～10min(如加入$NaHCO_3$可防止金属生锈，并可提高沸点达105℃，增强效果)。

2) 培养：置37℃温箱培养18～24h。

3) 观察：有无细菌生长。

2. 高压蒸汽灭菌法

(1) 材料：

1) 高压蒸汽灭菌器(高压锅)：为一个双层金属圆锅，底部两层间盛水。外层坚厚，上有金属厚盖，盖旁附有螺旋，借以紧闭盖门使蒸汽不能外溢，因而蒸汽压力上升，随着其温度也相应增加。高压蒸汽灭菌器上装有排气阀和安全阀，以调节器内蒸汽；有温度计和压力表，以表示内部的温度和压力；器内装有带孔的金属搁板，用以放置欲灭菌物件（实验图 8）。

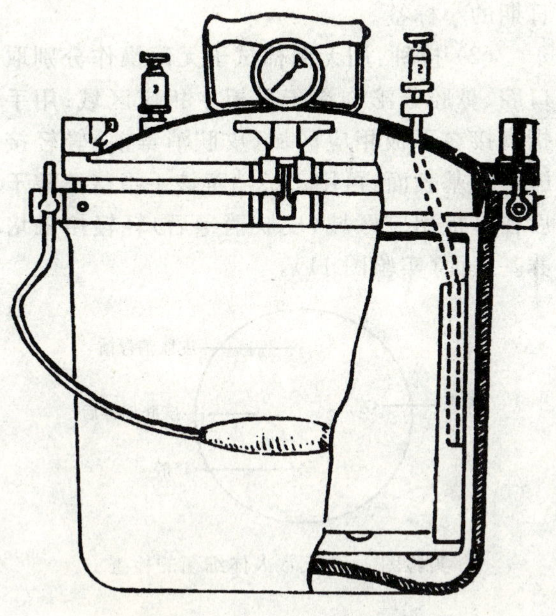

实验图 8　高压蒸汽灭菌器

2）培养基、生理盐水、衣物纱布、玻璃器材、传染性脏物及细菌培养物等耐高温的待灭菌物品。

3）琼脂平板、接种环（针）、酒精灯、恒温培养箱等。

(2) 方法：

1）加水：先在外层锅内加水至规定的水平面。

2）放物：将待灭菌物品包装好放入内层锅内。

3）关盖：把盖上的排气管插入内锅孔道内，注意检查排气活塞、安全阀门及压力表的性能是否正确，盖好盖子，拧紧螺旋，使其密闭。

4）排冷：加热使压力表指针指向 5 镑/平方英寸时，开启排气阀使冷空气排出至大量蒸汽逸出；否则压力表上所示压力并非全部是蒸汽压力，灭菌将不彻底。

5）灭菌：关闭排气阀，继续加热使压力上升到 103.4kPa、温度 121.3℃，维持 15～20min。

6）降压取物：到达时间后停止加热，待压力下降至零时，慢慢开启排气阀排除余气后方可开盖取物，切不可在压力尚未降到零时突然打开排气阀，以免锅内液体等冲出外溢。

(三) 紫外线消毒灭菌法（操作）

1. 材料　大肠埃希菌、葡萄球菌肉汤 18～24h 培养物，琼脂平板，灭菌的心形（黑）纸片、镊子、酒精灯、紫外线灯、恒温培养箱。

2. 方法

(1) 标记：取一琼脂平板在其底部侧面贴上标明菌种、姓名、日期等的小标签。

(2) 接种：用接种环蘸取大肠埃希菌或葡萄球菌数环均匀涂满整个平板。

(3) 贴纸：用镊子在酒精灯火焰上灭菌冷却后取心形纸片放于涂菌后的平板中央。

(4) 杀菌：打开平板盖，置紫外灯下距离 20～30cm 处照射 30min。

(5) 培养：取下心形纸片，盖上平板置 37℃温箱培养 18～24h。

(6) 观察：细菌生长情况（心形纸片下有细菌生长）（实验图 9）。

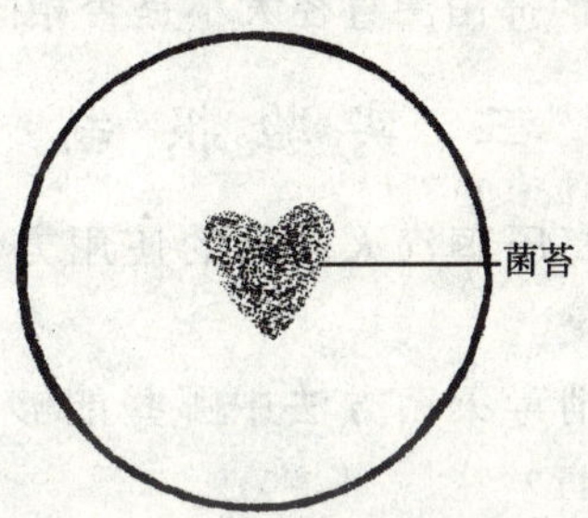

实验图 9　紫外线的杀菌作用

二、化学消毒法（操作）

(一) 材料

葡萄球菌、大肠埃希菌肉汤 18～24h 培养物，琼脂平板培养基，2%甲紫、3%碘酊、2%苯扎溴铵和生理盐水滤纸小圆片，无菌棉签、酒精灯、镊子、蜡笔、恒温培养箱等。

(二) 方法

1. 标记　取琼脂平板 2 个，用蜡笔在其底部分区并在侧面贴上“甲紫”、“碘酊”、“苯扎溴铵”、“生理盐水”及菌种、姓名、日期等的小标签。

2. 接种　用接种环分别蘸取大肠埃希菌或葡萄球菌数环均匀涂满平板。

3. 加药 用镊子在酒精灯上灭菌冷却后分别取2%甲紫、3%碘酊、2%苯扎溴铵、生理盐水滤纸小圆片放到已涂布菌液的平板表面相应区域，各纸片间距离大致相同（实验图10）。

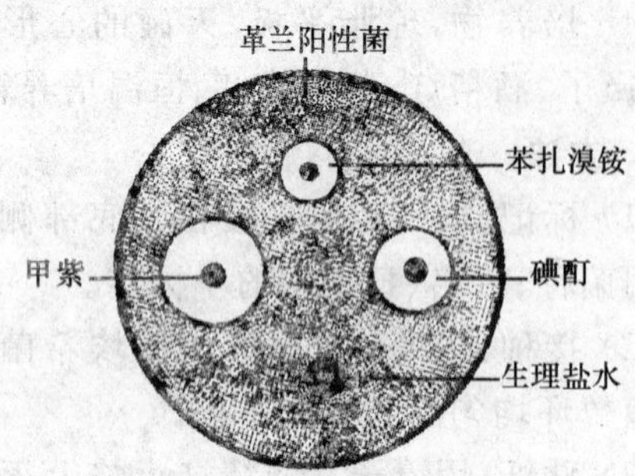

实验图10 消毒剂的消毒作用

4. 培养 盖上平板置37℃温箱培养18～24h。

5. 观察 两个平板上细菌生长情况，即各药片周围有无抑菌圈，测量、比较各个抑菌圈的直径（不同药片对同一细菌和同种药片对不同细菌的抑菌圈直径大小是否相同）。

三、实验报告

（1）高压蒸汽灭菌器的使用方法及注意事项。

（2）消毒灭菌方法中哪些能够灭菌？哪些只能消毒？

（3）记录操作实验结果并分析。

实验四 细菌的感染、检查与防治

学习目标

1. 说出细菌分布检查的结果及意义
2. 分析细菌毒素检测的意义
3. 解释药敏试验的结果及意义

一、细菌的分布检查（操作或示教）

（一）正常人体细菌的检查

1. 材料 普通琼脂平板1个，75%乙醇溶液、无菌棉拭子、棉球、生理盐水、恒温培养箱等。

2. 方法

（1）标记：取一普通琼脂平板用蜡笔于平板底部分区并在平板底部侧面贴上“口腔”、“鼻腔”、“皮肤消毒前”、“皮肤消毒后”及姓名、日期的小标签。

（2）接种：用无菌棉拭子无菌操作分别取口腔、鼻腔分泌物涂于平板中相应区域；用手指直接在平板相应区域（皮肤消毒前）轻轻接触培养基表面，再用乙醇消毒该手指待乙醇干后在平板相应区域（皮肤消毒后）轻轻接触培养基表面（实验图11）。

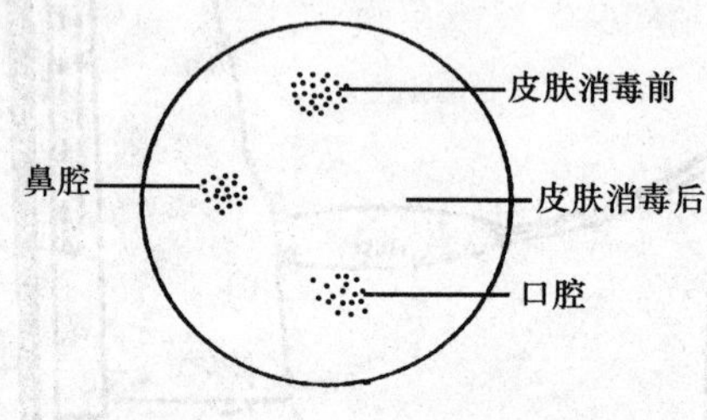

实验图11 正常人体细菌的检查

（3）培养：置37℃温箱培养18～24h。

（4）观察：细菌生长情况，包括菌苔、菌落的数量和大小等。

（二）空气中细菌的检查

1. 材料 普通琼脂平板2个，恒温培养箱等。

2. 方法

（1）标记：取普通琼脂平板2个，在平板底部侧面贴上标明“室内”、“室外”及姓名、日期的小标签。

（2）接种：分别将平板打开置于室内实验桌和室外地上暴露于空气中15min。

（3）培养：盖好平板置37℃温箱培养18～24h。

（4）观察：细菌生长情况，注意菌苔、菌落的数量和大小等（实验图12）。

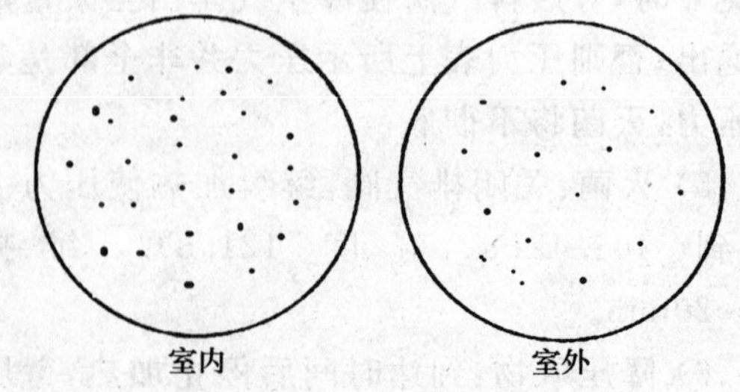

实验图12 空气中细菌的检查

(三) 水及土壤中细菌的检查

1. 材料 肉汤培养基(管)3 支,污水、自来水、土壤,无菌吸管、镊子、恒温培养箱等。

2. 方法

(1) 标记:取肉汤培养基(管)3 支,贴上标明“土壤”、“污水”、“自来水”及姓名、日期的小标签。

(2) 接种:用吸管无菌操作取污水、自来水 1～2 滴及用镊子取绿豆大小土壤 1 粒分别加入 3 支肉汤管中。

(3) 培养:置 37℃温箱培养 18～24h。

(4) 观察:细菌生长情况,如混浊、沉淀、表面菌膜等生长现象及程度(实验图 13)。

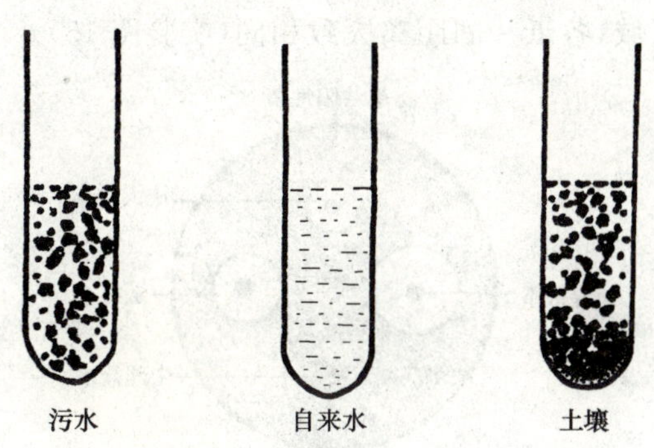

实验图 13 环境中细菌的检查

二、细菌的毒素检测(药剂专业操作)

(一) 外毒素的检测

1. 破伤风梭菌痉挛毒素的毒性及抗毒素的免疫检测

(1) 材料:体重 25g 左右健康小白鼠 3 只,破伤风外毒素(破伤风梭菌培养液)、破伤风抗毒素、生理盐水、无菌注射器及针头、75%乙醇溶液、棉球。

(2) 方法:

1) 标记:取小白鼠 3 只,分别用红色、蓝色、白色标记。

2) 给药:

a. 给红色小白鼠后腿肌注破伤风菌液 0.2ml;

b. 给蓝色小白鼠后腿肌注生理盐水 0.2ml;

c. 给白色小白鼠后腿肌注或腹腔注入破伤风抗毒素 0.2ml(1500U/ml),30min 后于小白鼠后腿肌注破伤风菌液 0.2ml。

3) 观察:经一定时间(6～12h)后观察小白鼠是否发病,并定时记录发病情况:烦躁不安、气促,注射侧后腿强直、瘫痪,继之尾部强直痉挛、角弓反张、呼吸困难而死亡。

2. 肠毒素的检测

(1) 材料:体重 2～3g、3～4 日龄小白鼠 1 只,大肠埃希菌,无菌注射器及针头、聚乙烯插管等。

(2) 方法:

1) 耐热肠毒素(ST)的制备:将大肠埃希菌培养于琼脂平板上,次日在菌落外沿挑取 4mm 直径的培养基各 4 块,浸泡于 0.5ml pH7.0、0.01mol/L PBS 缓冲液中,置 4℃冰箱过夜,即含有 ST。

2) ST 测定(乳鼠灌胃法)

a. 配 ST 液:取已制备的 ST 液按 0.02ml/ml 的比例加入 20g/L 的伊文斯蓝液。

b. 灌胃:取 0.1ml 上述 ST 液用细聚乙烯插管或特制平头注射针等直接插管灌入乳鼠胃内。于小鼠腹壁外观察,正确灌入者可见胃呈蓝色。

c. 毒性反应:灌胃后的小白鼠于室温下(25℃)置 3h。

d. 观察:氯仿蒸气迅速杀死小白鼠,解剖腹腔,观察肠道内贮留液重量,无损情况下取出肠管称重,计算肠管重量与剩余体重的比值。肠管重量与剩余体重的比值≥0.09 者为阳性,<0.07 者为阴性。

(二) 内毒素的检测(鲎试验)

1. 材料 伤寒沙门菌(内毒素),鲎血变形细胞(装瓶内冷冻干燥),蒸馏水、水浴箱、吸管。

2. 方法

(1) 标记:取 2 支鲎试剂分别标明“实验”、“对照”。

(2) 加样:“实验”瓶中加蒸馏水 0.1ml 使其溶解,然后加 0.1ml 伤寒沙门菌(内毒素);“对照”瓶中加蒸馏水 0.1ml 作对照。

(3) 反应:轻轻摇匀后垂直放于 37℃水浴箱中 1h。

(4) 观察:有凝固者为阳性,无凝固者为阴性。

三、噬菌体溶菌试验(示教)

(一) 材料

大肠埃希菌、痢疾杆菌琼脂斜面 18～24h

培养物，痢疾杆菌噬菌体，琼脂平板培养基、接种环、酒精灯、蜡笔、恒温培养箱等。

(二) 方法

1. 标记 取琼脂平板1个，用蜡笔在其底部画两个直径2cm左右的圆圈，并分别标明"大肠埃希菌"、"痢疾杆菌"。

2. 接种 用接种环分别取大肠埃希菌、痢疾杆菌数环均匀涂满相应圈内。

3. 点"药" 用无菌接种环各取一环痢疾杆菌噬菌体分别点种于"大肠埃希菌"、"痢疾杆菌"圈的中心。

4. 培养 盖上平板置37℃温箱培养18～24h。

5. 观察 两个圆圈内是否有噬菌体抑菌圈(噬菌斑)(实验图14)。常用于细菌分型。

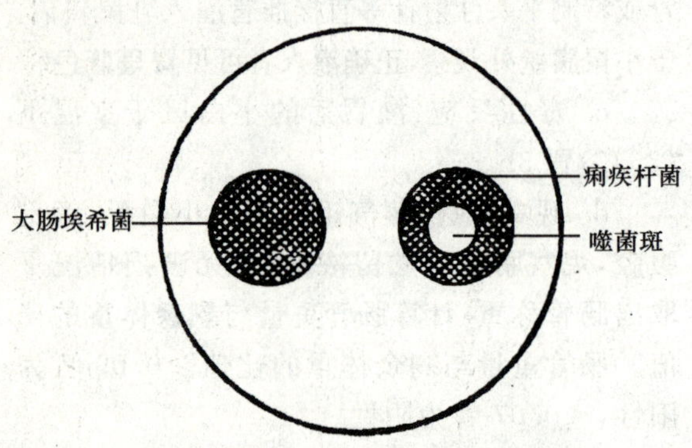

实验图14 噬菌体的溶菌作用

四、药物敏感试验(纸片法操作)

(一) 材料

葡萄球菌、大肠埃希菌肉汤18～24h培养物，琼脂平板，青霉素10U/片、链霉素10μg/片、庆大霉素10μg/片和生理盐水干燥滤纸小圆片，无菌棉签、酒精灯、镊子、蜡笔等。

(二) 方法

1. 标记 取琼脂平板2个，用蜡笔在其底部分区并在侧面贴上"青霉素"、"链霉素"、"庆大霉素"、"生理盐水"及菌种、姓名、日期等的小标签。

2. 接种 用接种环分别蘸取大肠埃希菌或葡萄球菌数环均匀涂满两个平板表面。

3. 加药 用镊子在火焰上灭菌冷却后分别取青霉素、链霉素、庆大霉素、生理盐水干燥滤纸小圆片放到已涂布菌液的平板表面相应区域，各纸片间距离大致相同(实验图15)。

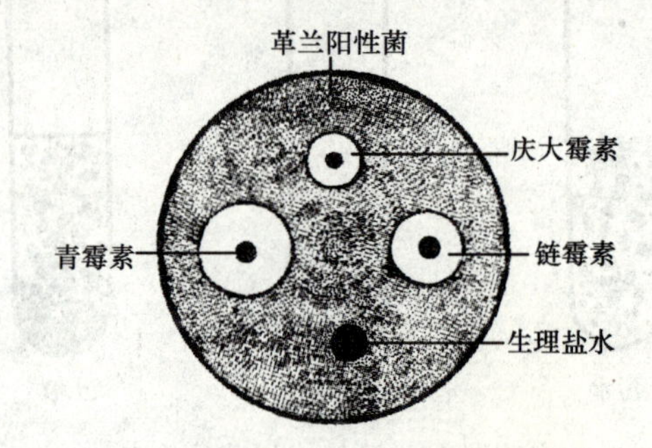

实验图15 药敏试验

4. 培养 盖上平板15min内置37℃温箱培养18～24h。

5. 观察 两个平板上细菌生长情况，即各药片周围有无抑菌圈，比较、测量各个抑菌圈的直径(不同药片对同一细菌和同种药片对不同细菌的抑菌圈直径大小是否相同)。

结果判断：见实验表1。

实验表1 常用药敏试验纸片法判断标准

抗生素	纸片含药量	抑菌圈直径		
		耐药	中介	敏感
青霉素	10U	≤28	—	≥29
链霉素	10μg	≤11	12～14	≥15
庆大霉素	10μg	≤12	13～14	≥15
红霉素	15μg	≤13	14～22	≥23
卡那霉素	30μg	≤13	14～17	≥18
诺氟沙星	10μg	≤12	13～16	≥17
利福平	5μg	≤16	17～19	≥20
磺胺	1.25/23.75μg	≤10	11～15	≥16

五、实验报告

(1) 记录细菌的分布检查结果并分析。

(2) 分析细菌毒素检测的意义。

(3) 记录药敏试验的结果并分析。

实验五 常见病原菌

学习目标

1. 认识常见病原菌的形态、特殊结构及病原性球菌、肠道杆菌的培养物特点

2. 初步学会血浆凝固酶试验操作，简述其临床意义

3. 说出抗链O试验、肥达反应的原理、结果及临床意义

4. 进一步学会细菌的分离培养方法

5. 说出抗酸染色的步骤、结果及临床意义

一、病原菌形态和培养物观察(示教)

(一) 形态观察

1. 材料 葡萄球菌、链球菌、肺炎球菌、脑膜炎奈瑟菌、淋病奈瑟菌、大肠埃希菌、伤寒沙门菌、痢疾杆菌、霍乱弧菌革兰染色标本片，破伤风梭菌芽孢特殊染色标本片，白喉杆菌异染颗粒亚甲蓝染色标本片，结核杆菌抗酸染色标本片；显微镜、香柏油、二甲苯、擦镜纸。

2. 方法 油镜观察各病原菌的形态、大小、排列、颜色、特殊结构位置等。

(二) 培养物观察

1. 材料 3种葡萄球菌琼脂平板或斜面琼脂培养基18～24h培养物，3种链球菌血平板18～24h培养物，肺炎球菌血平板18～24h培养物；大肠埃希菌、伤寒沙门菌或副伤寒沙门菌、痢疾杆菌在SS平板、糖发酵管、双糖铁管、半固体培养基、蛋白胨水管、醋酸铅培养基及变形杆菌在琼脂平板上18～24h培养物，靛基质试剂。

2. 方法

(1) 生长现象观察：注意病原性球菌和肠道杆菌菌落的大小、形态、表面、边缘、透明度、色素及溶血情况等，尤其注意肠道杆菌在SS平板上非致病菌菌落红色、较大而致病菌菌落无色透明、较细小及变形杆菌在琼脂平板上的迁徙现象。在半固体培养基上大肠埃希菌、伤寒沙门菌沿穿刺线扩散生长，穿刺线模糊；痢疾杆菌沿穿刺线生长，穿刺线清晰。

(2) 生化反应观察：结果见实验表2。

实验表2 肠道杆菌生化反应结果

菌种	葡萄糖管	乳糖管	双糖铁管	蛋白胨管	醋酸铅培养基
大肠埃希菌	⊕(产酸产气)	⊕	全黄	+(玫瑰红)	-(无色)
副伤寒沙门菌	⊕	-(不分解)	上红下黑	-(无变色)	+(黑色)
痢疾杆菌	+(产酸不产气)	-	上红下黄	+	-

二、葡萄球菌血浆凝固酶试验(操作)

(一) 材料

金黄色葡萄球菌、白色葡萄球菌琼脂斜面培养基18～24h培养物，兔血浆，玻片、生理盐水、无菌吸管、接种环、酒精灯、牙签等。

(二) 方法

1. 标记 取玻片一张用蜡笔在中间画线分成两端并标明“金葡菌”、“白葡菌”。

2. 加样

(1) 生理盐水：取生理盐水两滴分别置于玻片两端；

(2) 细菌：用接种环无菌操作取金黄色葡萄球菌置于左侧生理盐水中研磨均匀，同法取白色葡萄球菌置于右侧生理盐水中研磨均匀，制成细菌悬液，观察有无自凝现象。

(3) 兔血浆：无自凝现象，则于每滴悬液中分别加入兔血浆各1滴。

3. 反应 混匀1～2min或用牙签搅拌。

4. 观察 出现颗粒性凝集现象者为阳

性，不出现凝集者为阴性(实验图 16)。

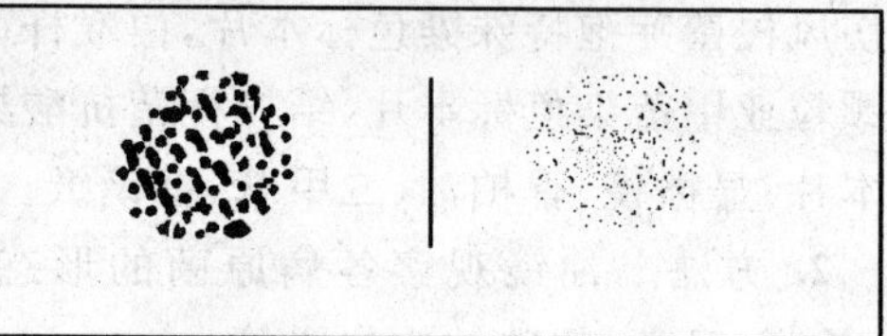

实验图 16 血浆凝固酶试验

三、抗链球菌溶血素O试验(溶血法操作或示教)

(一) 材料

待检血清，溶血素 O 及还原剂，2%红细胞悬液，生理盐水，小试管 6 支、1ml 刻度无菌吸管、试管架、37℃水浴箱。

(二) 方法

1. 还原溶血素 O 的配制 取溶血素 O0.2ml 及还原剂(亚硫酸钠)1 片置于小试管内，加生理盐水 1ml，搅拌混匀后放置 37℃水浴 10min 使其还原。取出后补加生理盐水 6.8ml 即可应用。还原溶血素 O 应在 30min 内使用，过时失效。溶血素 O 批号不同配制方法有别。

2. 加样 按实验表 3 操作。

实验表 3 溶血法操作程序

试管号	1	2	3	4	5
生理盐水(ml)	0.9	0.2	0.3	0.5	0.5
待检血清(1∶50)	0.1	0.3	0.2		0.25
还原溶血素 O	0.25	0.25	0.25	0.25	
混匀、37℃水浴 15min					
2%红细胞悬液	0.25	0.25	0.25	0.25	0.25
血清稀释度	500	833	1250	对照	对照

3. 观察 轻轻取出各管，对光观察有无溶血现象，以完全不溶血的血清最高稀释度为该血清的抗链 O 效价，正常值在 400U 以下。

四、伤寒肥达反应(示教)

(一) 材料

伤寒 O、H 菌液，副伤寒甲和乙 H 菌液，待检患者血清，生理盐水，小试管 32 支、大号吸管 1 支、无菌吸管和橡皮吸球、56℃水浴箱、试管架。

(二) 方法

1. 标记 于试管架上插 4 排小试管，每排 8 支，并分别标记：第一排标“O”、第二排标“H”、第三排标“副甲 H”、第四排标“副乙 H”。

2. 加样

(1) 稀释、加入血清(Ab)：①吸取生理盐水 3.8ml 置于一大号试管中，然后加入 0.2ml 患者血清，充分混匀，此时血清被稀释为 1∶20；取此稀释好的血清 2ml 分别加 0.5ml 于每排试管的第 1 管；②取 2ml 生理盐水再加于大号试管中混匀，此时血清已被稀释成 1∶40；取此稀释血清 2ml 分别加 0.5ml 于每排试管的第 2 管；依此类推，直至每排试管的第 7 管；③每排试管的第 8 管加生理盐水 0.5ml 作对照。

(2) 加菌液(Ag)：①第一排试管各加伤寒沙门菌 O 菌液 0.5ml；②第二排试管各加伤寒沙门菌 H 菌液 0.5ml；③第三排试管各加副伤寒沙门菌甲 H 菌液 0.5ml；④第四排试管各加副伤寒沙门菌乙 H 菌液 0.5ml。

(3) 反应：振荡摇匀，置 56℃水浴箱 2～4h 或室温或 37℃过夜。

(4) 观察：凝集情况。以能出现“＋＋”凝集的血清最高稀释度为抗体的效价，正常值 O<1∶80、H<1∶160、副甲乙 H<1∶80。

结果判断：

＋＋＋＋ 上清完全透明，细菌全部形成凝块。

＋＋＋ 上清基本透明，75%细菌形成凝块。

＋＋ 上清稍混浊，50%细菌形成凝块(抗体凝集效价)。

＋ 上清很混浊，仅小部分细菌形成凝块。

—液体混浊如对照管，无凝块。

五、粪便标本病原菌的分离培养(操作或示教)

(一) 材料

粪便(或肛门拭纸)，SS平板，接种环、酒精灯、37℃恒温培养箱、蜡笔等。

(二) 方法

1. 标记 在SS平板底部侧面贴好标明姓名、材料、日期等的小标签。

2. 接种 用接种环取粪便按无菌操作和分离画线接种培养要求分区画线接种。

3. 培养 置37℃恒温培养箱培养18～24h。

4. 观察 菌落的特征。对无色透明的细小菌落需进一步鉴定是否是病原菌。

六、结核患者痰标本涂片及抗酸染色(操作或示教)

(一) 材料

结核患者痰标本，苯酚复红液、3%盐酸乙醇、2%亚甲蓝，显微镜、香柏油、二甲苯、擦镜纸。

(二) 方法

1. 制片 用接种环挑取痰标本均匀涂于玻片上(厚涂片)，在空气中自然干燥，经火焰固定。

2. 染色

(1) 初染：滴加苯酚复红液将涂膜覆盖。在酒精灯上加热至有蒸汽出现，但要注意不要沸腾。染液应随时滴加以免干燥，维持5min，稍冷后水洗。

(2) 脱色：用3%盐酸乙醇脱色，直至红色染料基本脱净为止，水洗。

(3) 复染：滴加亚甲蓝染液染1min，水洗，滤纸吸干。

3. 镜检 红色为阳性，蓝色为阴性。

七、实验报告

(1) 记录粪便分离培养结果并分析。

(2) 记录血浆凝固酶试验、抗链O试验、肥达反应及抗酸染色结果并分析其临床意义。

实验六 病毒及其他微生物

学习目标

1. 辨认病毒包涵体、螺旋体、真菌形态和支原体、真菌菌落特点

2. 简述病毒血凝抑制试验的原理及意义

3. 说出乙肝表面抗原ELISA检测步骤、结果及意义

一、病毒及其他微生物形态观察(示教)

(一) 材料

狂犬病患者脑组织H-E染色标本，钩端螺旋体、梅毒螺旋体镀银染色标本，支原体培养物(菌落)染色标本，白色念珠菌革兰染色标本，新型隐球菌墨汁染色标本，真菌菌丝染色标本，真菌孢子(叶状孢子、大分生孢子、厚膜孢子)染色标本，真菌培养物，显微镜。

(二) 方法

低倍、高倍或油镜下观察各微生物的形态、大小、排列、颜色、位置和支原体菌落的形态特征。肉眼观察真菌丝状菌落的形状、菌丝的颜色等。

二、病毒血细胞凝集试验(示教)

(一) 材料

接种标本的鸡胚尿囊液、羊水或人胚肾细胞培养液，生理盐水、0.5%鸡红细胞悬液、塑料板、吸管、橡皮吸球。

(二) 方法

1. 标记 取塑料板一块标记各孔。

2. 加样

(1) 生理盐水：用吸管于第1孔加生理盐水0.9ml，其他各孔加0.25ml。

(2) 病毒液：①另取1ml吸管吸取病毒液0.1ml加入第1孔内；②从第1孔中吸出

0.5ml 弃去，再吸出 0.25ml 放入第 2 孔；再从第 2 孔混合液中吸出 0.25ml 至第 3 孔，依次至最后 1 孔，最后 1 孔吸出的 0.25ml 弃去。用吸管吸病毒液时，应来回吸入吹出 3 次，每次吸入的液体不得超过 0.5ml。

(3) 鸡红细胞：从第 1 孔起每孔各加 0.5% 鸡红细胞悬液 0.25ml。每个试验至少要有 1 孔为血细胞对照，即孔内先加 0.5%鸡红细胞悬液 0.25ml，然后再加入生理盐水 0.25ml。

3. 反应 置室温（15～25℃）30min、45min、1h 各观察一次，以 45min 结果为准。

4. 观察 是否凝集。滴度以病毒的原始稀释倍数表示。

三、病毒血细胞凝集抑制试验（示教）

（一）材料

血细胞凝集抑制试验用病毒液为 4 个血细胞凝集单位，如病毒的血凝效价为 1/320，使用 4 个单位时即将病毒稀释为 1/80（测定病毒血细胞凝集效价方法同上），标准血清，生理盐水、0.5%鸡红细胞悬液、塑料板、无菌吸管、橡皮吸球。

（二）方法

1. 标记 取塑料板一块标记各孔。

2. 加样

(1) 试验孔：①每孔加生理盐水 0.25ml；②每孔加不同稀释倍数标准血清 0.25ml（自 1/10 稀释开始，作倍比稀释至 1/1280 或更高，稀释方法同上）；③每孔加 4 个单位的病毒液 0.25ml；④每孔加 0.5%鸡红细胞悬液 0.5ml。

(2) 对照孔：①血清对照孔的血清稀释度和第 1 孔要相同（一般为 1/10），但不加病毒液，只加生理盐水 0.25ml 和 0.5% 鸡红细胞悬液 0.5ml；②病毒对照 4 个孔，每孔各含 4、2、1、1/2 单位的病毒液 0.25ml、生理盐水 0.25ml 和 0.5% 鸡红细胞悬液 0.5ml；③血细胞对照孔加生理盐水 0.25ml 和 0.5%鸡红细胞悬液 0.5ml。

3. 反应 混合静置经 30min、1h 各观察一次，以 1h 结果为准。

4. 观察 是否凝集。以完全抑制的一孔为终点，不凝集者为阳性。所有滴度均以血清的原始稀释倍数表示。

四、乙肝表面抗原检测（检验专业操作）

（一）材料

ELISA 试剂盒（抗 HBs 包被微孔板、HRP-抗 HBs 酶标抗体、HBsAg 阳性血清、HBsAg 阴性血清、0.05mol/L pH7.2PBS 加 0.05% Tween-20 配制的洗涤液、pH5.0 磷酸盐-枸橼酸缓冲液配制的 OPD-H_2O_2 底物、2mol/L H_2SO_4 终止液）、待检血清、加样器、吸头、酶标仪等。

（二）方法

1. 包被 用 pH9.6$NaCO_3$-$NaHCO_3$ 缓冲液将马抗 HBsAg 血清稀释至适当浓度，每孔加 100μl 于微孔板中，置 4℃18h 以上，弃去孔内液体，用洗涤液注满各孔，静置 20s，甩干，反复洗 3 次，于吸水纸上拍干。

2. 加样 每孔加 PBS100μl、待测血清 20μl，每板设阳性、阴性及空白对照，用不干胶密封微孔板条，置 43℃水浴保温 50min，弃去孔内液体，用洗涤液同上洗 3 次、拍干。

3. 加酶标抗体 每孔加 HRP-抗 HBs100μl（空白孔不加），用不干胶密封后，43℃水浴保温 50min，弃去孔内液体，用洗涤液同上洗 3 次，拍干。

4. 加酶底物 每孔加底物 OPD-H_2O_2 100μl，37℃20min 后加终止液 20μl。

5. 观察 目测孔中溶液出现橘黄色为阳性，无色为阴性；亦可用酶标仪测定 OD 值，波长 492nm，标本孔 OD 值/阴性对照平均 OD 值≥2∶1 者为阳性。

五、新型隐球菌的墨汁染色（示教）

（一）材料

新型隐球菌感染患者脑脊液，精制墨汁，玻片、盖玻片、显微镜。

（二）方法

1. 制片 取患者脑脊液等标本离心沉淀后取沉淀物涂于玻片上，待其自然干燥。

2. 染色 于玻片上滴加精制墨汁，混匀

后加盖盖玻片。

3. 镜检 用低倍镜或高倍镜观察。如在黑色背景中见到卵圆形或圆形的菌体，有的有圆形单芽，外有一层宽阔透亮的厚膜，即可初步诊断（新型隐球菌感染阳性）。

六、实验报告

1. 绘出病毒包涵体、螺旋体、真菌形态。
2. 说出病毒血凝抑制试验原理及意义。
3. 记录ELISA试验结果并分析其临床意义。

（刘宗生）

主要参考文献

白惠卿.2005.医学免疫学与微生物学.第3版.北京:北京医科大学出版社
白惠卿.2005.医学免疫学与微生物学学习指导.第2版.北京:北京医科大学出版社
陈兴保.2004.病原生物学和免疫学.第5版.北京:人民卫生出版社
储以微.2003.免疫学与病原生物学.上海:复旦大学出版社
崔焱.2002.护理学基础.北京:人民卫生出版社
冯树异.1998.医学微生物学.北京:北京医科大学、中国协和医科大学联合出版社
季晓辉,张建琼.2001.医学免疫学与医学微生物学.北京:科学出版社
贾文祥.2001.医学微生物学.北京:人民卫生出版社
刘士敬,朱倩.2003.乙型肝炎解惑答疑.北京:中国医药科技出版社
刘运德.2003.微生物学检验.第2版.北京:人民卫生出版社
刘宗生.2003.医学微生物学.北京:科学出版社
舒明星.1999.基础医学多选题·医学微生物学分册.长沙:湖南科学技术出版社
徐纪平.2003.医学微生物学.北京:科学出版社
姚秀缤.2002.病原微生物学与免疫学基础.北京:人民卫生出版社
曾庆仁.2001.病原生物学.北京:人民卫生出版社
张宝恩.2003.病原生物与免疫学基础.北京:科学出版社
张佩,李咏梅.2007.医学微生物学.北京:科学出版社
张卓然.2002.医学微生物学和免疫学.第4版.北京:人民卫生出版社
周正任.2004.医学微生物学.第6版.北京:人民卫生出版社
朱万孚.2000.医学微生物学应试指南.北京:北京医科大学出版社

医学微生物学教学基本要求

一、课程性质和任务

医学微生物学是高等职业学校护理等相关医学专业的一门主干专业基础课程，主要内容包括病原微生物的生物学特性、感染与免疫、微生物学检查与防治原则。其任务是使学生掌握本课程的基本理论和基本技能，为学习专业知识与技能，做好护理、检验等工作打下基础。

二、课程教学目标

（一）知识教学目标

（1）理解病原微生物的生物学特性。

（2）掌握病原微生物的感染和防治原则。

（3）了解病原微生物的免疫和微生物学检查。

（二）能力培养目标

（1）学会使用显微镜油镜观察标本。

（2）能进行消毒灭菌。

（三）思想教育目标

（1）通过学习和实践，培养勤奋的学习态度和理论联系实际的工作作风。

（2）通过学习和实践，牢固树立无菌观念。

三、教学内容和要求

本课程教学内容分为基础模块、实践模块和选学模块。基础模块和实践模块是本专业的必学内容，选学模块供各校根据情况选择使用。

基础模块

教学内容	教学要求			教学内容	教学要求		
	了解	理解	掌握		了解	理解	掌握
一、微生物学概述				1. 微生物学检查		√	
1. 微生物		√		2. 防治原则			√
2. 医学微生物学	√			三、常见病原菌			
二、细菌概述				（一）化脓性球菌			
（一）细菌的基本性状				1. 生物学性状		√	
1. 形态与结构			√	2. 感染与免疫		√	
2. 生理		√		3. 微生物学检查与防治原则		√	
3. 抵抗力			√	（二）肠道杆菌			
4. 变异		√		1. 生物学性状		√	
5. 分类	√			2. 感染与免疫		√	
（二）细菌的感染与免疫				3. 微生物学检查与防治原则		√	
1. 感染				（三）弧菌属			
（1）感染源		√		1. 生物学性状		√	
（2）感染途径			√	2. 感染与免疫		√	
（3）影响因素		√		3. 微生物学检查与防治原则		√	
（4）感染类型		√		（四）厌氧性细菌			
2. 免疫	√			1. 生物学性状	√		
（三）细菌感染的微生物学检查与防治原则				2. 感染与免疫		√	

续表

教学内容	教学要求		
	了解	理解	掌握
3.微生物学检查与防治原则		√	
(五)分枝杆菌属			
1.生物学性状		√	
2.感染与免疫		√	
3.微生物学检查与防治原则		√	
(六)白喉棒状杆菌			
1.生物学性状	√		
2.感染与免疫		√	
3.微生物学检查与防治原则		√	
(七)动物源性细菌			
1.生物学性状	√		
2.感染与免疫		√	
3.微生物学检查与防治原则	√		
(八)其他病原菌			
1.生物学性状	√		
2.感染与免疫		√	
3.微生物学检查与防治原则	√		
四、病毒概述			
(一)病毒的基本性状			
1.形态与结构		√	
2.生理		√	
3.抵抗力		√	
4.变异		√	
5.分类	√		
(二)病毒的感染与免疫			
1.感染			
(1)感染源		√	
(2)感染方式与途径			√
(3)影响因素		√	
(4)感染类型		√	
2.免疫			
(三)病毒感染的微生物学检查与防治原则			
1.微生物学检查		√	
2.防治原则		√	
五、常见病毒			
(一)呼吸道病毒			
1.流行性感冒病毒		√	
2.麻疹病毒		√	
3.腮腺炎病毒		√	
4.冠状病毒与SARS冠状病毒		√	
5.风疹病毒	√		
6.其他呼吸道病毒	√		
(二)肠道病毒			
1.脊髓灰质炎病毒		√	
2.其他肠道病毒	√		
(三)肝炎病毒			
1.甲型肝炎病毒			√
2.乙型肝炎病毒			√
3.其他肝炎病毒	√		
(四)黄病毒			
1.流行性乙型脑炎病毒		√	
2.登革病毒与森林脑炎病毒	√		
(五)出血热病毒			
1.汉坦病毒		√	
2.新疆出血热病毒	√		
(六)疱疹病毒			
1.单纯疱疹病毒		√	
2.水痘-带状疱疹病毒		√	
3.巨细胞病毒	√		
4.EB病毒	√		
(七)反转录病毒			
1.人类免疫缺陷病毒	√		
2.人类嗜T细胞病毒		√	
(八)其他病毒			
1.狂犬病毒		√	
2.人乳头瘤病毒	√		
六、其他微生物			
(一)支原体		√	
(二)衣原体		√	
(三)立克次体	√		
(四)螺旋体		√	
(五)放线菌	√		
(六)真菌		√	

实践模块

序号、单元题目（对应基础模块单元序号）	教学内容	教学要求		
		会	掌握	熟练掌握
二、细菌概述	1. 显微镜油镜的使用与保护		√	
	2. 细菌的形态与结构观察		√	
	3. 细菌的动力观察	√		
	4. 采菌法	√		
	5. 细菌涂片和革兰染色		√	
	6. 常用培养基的制备	√		
	7. 细菌的培养法	√		
	8. 细菌的生长现象和代谢产物观察		√	
	9. 常用消毒灭菌器	√		
	10. 消毒灭菌法：烧灼灭菌、干烤灭菌、煮沸消毒、紫外线杀菌、高压蒸汽灭菌、滤过消毒、消毒剂消毒、药物消毒等			√
	11. 细菌的分布	√		
	12. 细菌的毒素检测	√		
	13. 药敏试验		√	
三、常见病原菌	1. 病原菌的形态与培养物观察	√		
	2. 血浆凝固酶试验、抗链O试验		√	
	3. 肥达反应	√		
	4. 粪便标本病原菌的分离培养	√		
	5. 抗酸染色	√		
五、常见病毒	1. 病毒包涵体观察		√	
	2. 病毒血凝和血凝抑制试验	√		
	3. 乙型肝炎抗原检测		√	
六、其他微生物	1. 支原体菌落观察	√		
	2. 螺旋体形态观察	√		
	3. 真菌形态、培养物观察	√		
	4. 墨汁染色	√		

选学模块

序号、单元题目（对应基础模块单元序号）	教学内容	教学要求		
		了解	理解	掌握
三、常见病原菌	肺炎克雷伯菌、变形杆菌、麻风杆菌、鼠疫杆菌、布氏杆菌、军团菌、幽门螺杆菌、空肠弯曲菌等的感染和防治原则	√		
五、常见病毒	腺病毒、鼻病毒、柯萨奇病毒、埃可病毒、轮状病毒、丁型肝炎病毒、戊型肝炎病毒、庚型与TT型肝炎病毒、登革病毒、新疆出血热病毒、嗜人类T细胞病毒、人乳头瘤病毒的感染和防治原则	√		

四、说　　明

1. 本课程教学基本要求采用模块结构表述，其中：

（1）选学模块的学习可使用机动学时、第二课堂，也可不选学。

（2）机动学时可用于选学模块中的内容，也可结合本地情况另选其他内容，或根据学生情况组织其他有益于完成、拓宽本课程教学目标的教学活动，提高学生的综合职业能力。

2. 教学过程应采用教具、模型、实物和现代教育技术，注意理论联系实际。

3. 可通过课堂提问、作业、讨论、平时测验、实验及考试等对学生的认知能力及态度进行综合考核。

4. 对在学习和应用上有创新的学生应给予特别鼓励。

学时分配建议(54 学时)

<table>
<tr><th rowspan="2">序号</th><th rowspan="2">教学内容</th><th colspan="3">学时数</th></tr>
<tr><th>理论</th><th>实践</th><th>合计</th></tr>
<tr><td>1</td><td>微生物学概述</td><td>1</td><td></td><td>1</td></tr>
<tr><td>2</td><td>细菌概述</td><td>11</td><td>8</td><td>19</td></tr>
<tr><td>3</td><td>常见病原菌</td><td>10</td><td>2</td><td>12</td></tr>
<tr><td>4</td><td>病毒概述</td><td>4</td><td>1</td><td>5</td></tr>
<tr><td>5</td><td>常见病毒</td><td>8</td><td rowspan="2">1</td><td>8.5</td></tr>
<tr><td>6</td><td>其他微生物</td><td>6</td><td>6.5</td></tr>
<tr><td colspan="2">机动</td><td>2</td><td></td><td>2</td></tr>
<tr><td colspan="2">总计</td><td>42</td><td>12</td><td>54</td></tr>
</table>

目标检测选择题参考答案

第 1 章		1. C	2. C	3. A	4. ABDE			
第 2 章								
	第 1 节	1. B	2. D	3. C	4. D	5. B	6. B	7. D	8. A
		9. B	10. D	11. D	12. C	13. B	14. B	15. D	16. D
		17. CDE	18. ADE	19. BD	20. ACD	21. ABCD	22. ABCDE	23. BD	
	第 2 节	1. C	2. A	3. D	4. C	5. C	6. B	7. C	8. BCD
		9. ABDE	10. ABD	11. ABCDE	12. ABCD				
	第 3 节	1. D	2. B	3. D	4. D	5. ACD			
第 3 章									
	第 1 节	1. A	2. C	3. C	4. B	5. A	6. B	7. C	8. B
		9. ABC	10. ABCD	11. ABCD	12. ABCDE	13. AC	14. CDE	15. ABD	
	第 2 节	1. B	2. D	3. C	4. C	5. A	6. A	7. C	8. C
		9. ABDE	10. ABCD	11. BD	12. ABC	13. ABCD			
	第 3 节	1. A	2. D	3. C	4. B	5. ABCD	6. ACDE		
	第 4 节	1. B	2. C	3. D	4. D	5. D	6. C	7. ACDE	8. ABDE
		9. ABCE							
	第 5 节	1. D	2. B	3. D	4. D	5. B	6. C	7. ACDE	8. ABCDE
	第 6 节	1. D	2. C	3. A	4. AC	5. AD			
	第 7 节	1. C	2. B	3. D	4. B	5. D	6. ABC	7. ABCD	
	第 8 节	1. D	2. D	3. D	4. C	5. C	6. C	7. ABCD	8. ACDE
第 4 章		1. C	2. A	3. D	4. D	5. E	6. ACDE	7. ABCD	8. ABCE
		9. BCE	10. ABD	11. ABCE	12. ABCD	13. ABC	14. BCE		
第 5 章									
	第 1 节	1. D	2. E	3. C	4. B	5. C	6. B	7. ABC	8. ABCDE
	第 2 节	1. C	2. B	3. C	4. C	5. ABCDE	6. ABDE		
	第 3 节	1. C	2. C	3. B	4. C	5. B	6. C	7. D	8. C
		9. C	10. A	11. D	12. C	13. ABCDE	14. ABE	15. BCD	
	第 4 节	1. A	2. A	3. C	4. C	5. D	6. A	7. ABCDE	8. ABDE
	第 5 节	1. B	2. D	3. D	4. C	5. D	6. C	7. D	8. ABC
	第 6 节	1. B	2. C	3. A	4. D	5. BCE	6. ABE		
	第 7 节	1. D	2. D	3. B	4. D	5. A	6. C	7. ABCDE	8. ABCD
	第 8 节	1. C	2. B	3. C	4. B	5. D	6. D	7. ABCDE	
第 6 章		1. B	2. C	3. D	4. E	5. C	6. B	7. ADE	8. ACD
		9. ABCDE	10. DE	11. ABCD	12. BDE				

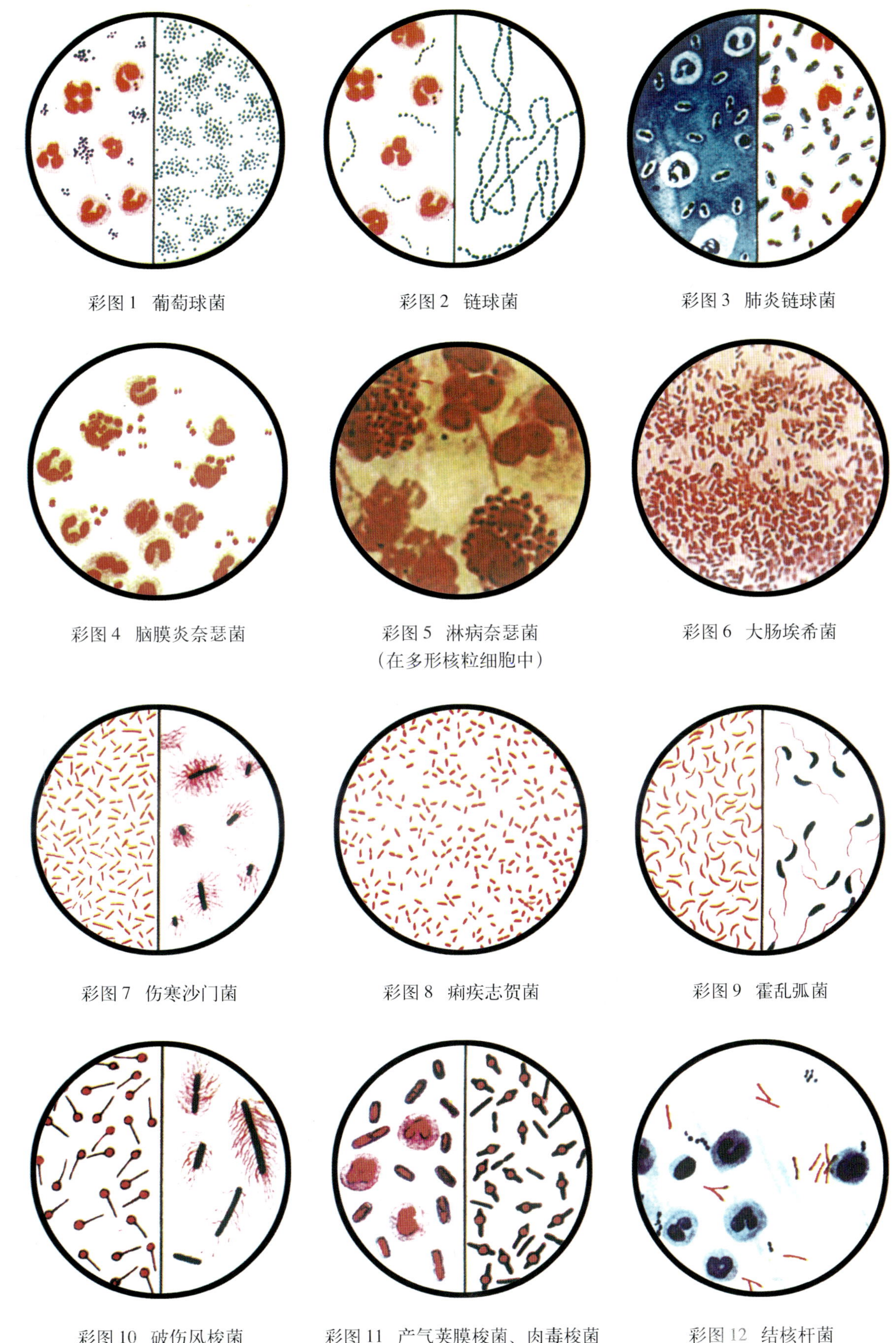

彩图1 葡萄球菌

彩图2 链球菌

彩图3 肺炎链球菌

彩图4 脑膜炎奈瑟菌

彩图5 淋病奈瑟菌
（在多形核粒细胞中）

彩图6 大肠埃希菌

彩图7 伤寒沙门菌

彩图8 痢疾志贺菌

彩图9 霍乱弧菌

彩图10 破伤风梭菌

彩图11 产气荚膜梭菌、肉毒梭菌

彩图12 结核杆菌

常见的病原微生物（一）

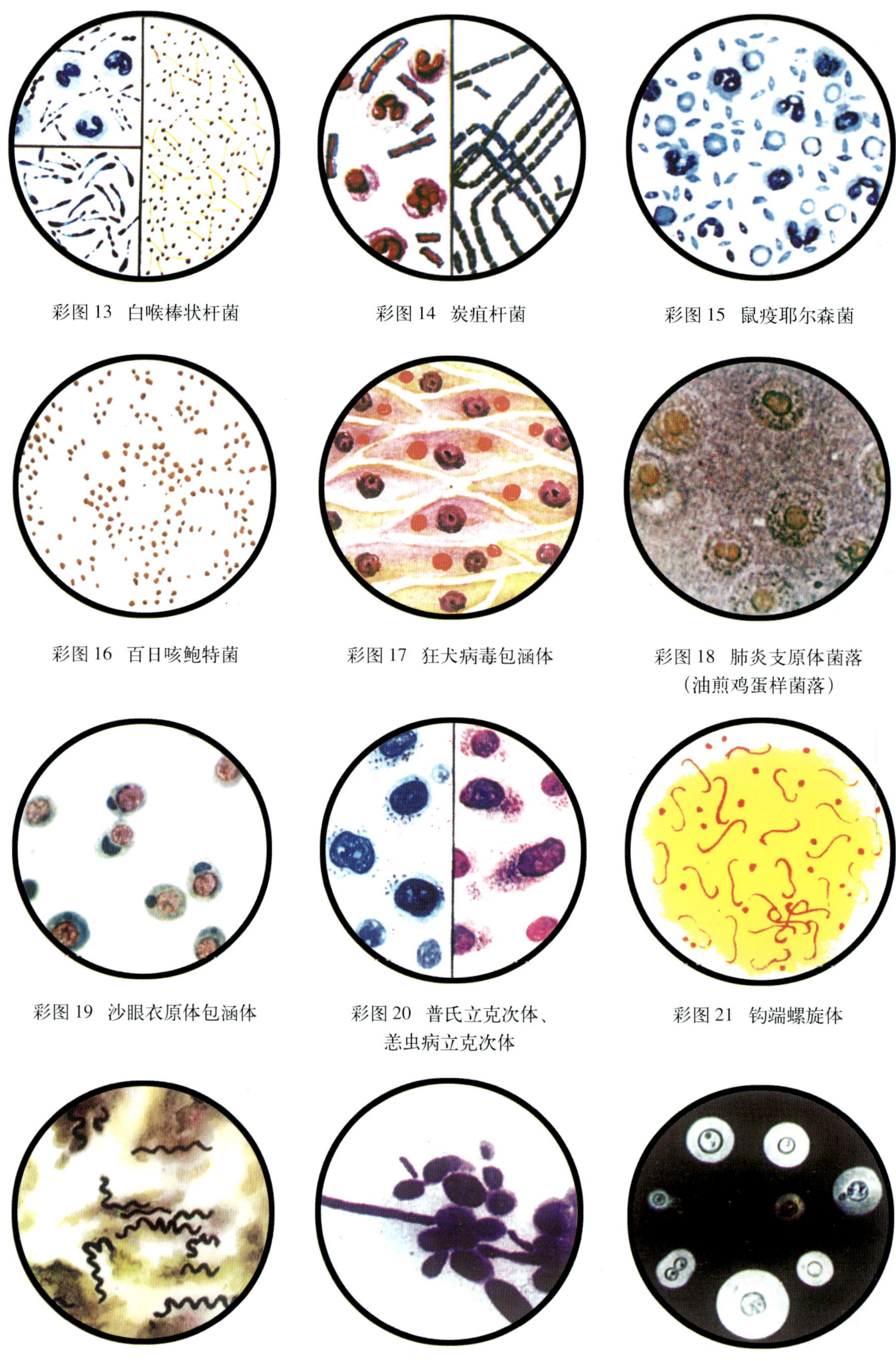
彩图 13 白喉棒状杆菌

彩图 14 炭疽杆菌

彩图 15 鼠疫耶尔森菌

彩图 16 百日咳鲍特菌

彩图 17 狂犬病毒包涵体

彩图 18 肺炎支原体菌落（油煎鸡蛋样菌落）

彩图 19 沙眼衣原体包涵体

彩图 20 普氏立克次体、恙虫病立克次体

彩图 21 钩端螺旋体

彩图 22 梅毒螺旋体

彩图 23 白色念珠菌

彩图 24 新型隐球菌

常见的病原微生物（二）